肖春艳／著

地域文化与中国式乡村现代化

教育部人文社科规划项目『地域文化视域下乡村振兴战略路径选择』（项目编号：19YJA840017）资助出版

WUHAN UNIVERSITY PRESS

武汉大学出版社

图书在版编目(CIP)数据

地域文化与中国式乡村现代化 / 肖春艳著 . -- 武汉：武汉大学出版社,2025.6. -- ISBN 978-7-307-25003-1

Ⅰ.F320.3

中国国家版本馆 CIP 数据核字第 20253FU013 号

责任编辑:沈继侠　　　责任校对:鄢春梅　　　版式设计:马　佳

出版发行:**武汉大学出版社**　（430072　武昌　珞珈山）

（电子邮箱：cbs22@ whu.edu.cn　网址：www.wdp.com.cn）

印刷:武汉邮科印务有限公司

开本:720×1000　1/16　印张:20.75　字数:333 千字　插页:1

版次:2025 年 6 月第 1 版　　2025 年 6 月第 1 次印刷

ISBN 978-7-307-25003-1　　定价:98.00 元

前 言

中国式乡村现代化进程中，乡村地域文化不可缺席。乡村建设之问题乃世界性之问题，亦乃我国近代以来所面临之问题。自 20 世纪二三十年代以来，乡村建设问题就引起了我国知识界的关注，部分学人先后从不同视角参与了这场有相同内涵的乡村建设运动，并产生了以梁漱溟《乡村建设理论》等为代表的一批乡村建设研究成果，尤其是梁漱溟先生提出的"乡村建设除了消极地救济乡村之外，更要紧的还在积极地创造新文化"（梁漱溟，2005），对于当今理解和把握乡村建设运动的精神和意义具有十分重要的启示。中华人民共和国成立以来，特别是改革开放以来，随着中国式工业化的推进和发展，我国传统意义上以从事农业活动且以农业人口为主聚落的乡村已发生了根本性变化，乡村已不再是单纯的地理概念、产业概念、文化概念和制度安排，而是特指城市建成区以外具有自然、社会、经济特征和生产、生活、生态、文化等多重功能的地域综合体（《中华人民共和国乡村振兴促进法》第二条第二款规定）；不再是单纯的生产部门，而更多的是一个社会组织载体、文化主体和伦理主体，是一个由人文、经济、资源与环境相互联系、相互融合构成的、具有一定结构、功能和区际联系的乡村空间体系，是一个由城乡融合体、乡村综合体、村镇有机体、居业协同体等组成的地域多体系统（刘彦随，2019）。而基于传统农耕文明而历经千百年积淀而形成的乡村地域文化也面临着现代工业文明、生态文明条件下的创新性转换和创造性发展。因此，实施乡村振兴战略已不是乡土中国下的乡土重建，也不是城市中国下的乡村建设，而是城乡中国下乡村的系统性重塑、整体性重构。基于这个判断，如何在城乡中国下充分发掘乡村地域文化中的优秀因子，开发利用好乡村地域文化资源，培育乡村特色产业、特色生态、特色乡风、特色治理，建设"体现农村特点，注意乡土味道，保留乡村风貌，留得住青山绿水，记得住乡愁"的特色乡村，既实现中国乡村的系统性重塑、整体性重构，又实现乡村地域文化的创新性转换和创造性发展，走出一条中国式乡村现代化之路，是当前社会科学学术理论研究中亟待深化的热点，具有重要的理论意义和现实价值。本书正是基于此主题，将乡村地域文化分解为乡土、乡居、乡贤和乡约四个要素，着力探讨城乡中国下乡村地域文化对乡村振兴的内生驱动机制，以期为乡村振兴战略实施提供路径选择和方法指导。

本书共分七个部分：第一编为导论。主要介绍研究背景及意义、研究思路及方法，涵盖文献梳理及研究目标等。

第二编为地域文化的意涵及特质。通过梳理学界关于地域和地域文化的研究现状，辨析地域与区域的意涵、地域文化的特质及要素，重在从历史流变中认识地域、地域文化及其时代价值。

第三编为乡土。土是乡村生存的依托。乡土重在体现乡村的物理特性。此编着重阐述乡土的意涵及其特质，并在阐述农为邦本、物候气节、精耕细作、地力常新的内涵特质及价值的基础上，分析乡村振兴的经典案例，探寻依托乡土特色规划和发展特色产业、特色生态等的路径和机制。

第四编为乡居。居是乡土社会的载体。乡居是人类文明发展的缩影。这里主要从历史流变中阐述乡居的意涵及其特质和构成要素，以及衣、食、住、行、乐等方面的类型及特征，并从中选择和分析乡村振兴的经典案例，探寻在乡居物质文化与非物质文化遗产保护与融合中促进乡村振兴的内生机制和路径选择。

第五编为乡贤。贤是乡民品质的标记。乡贤曾是乡土中国治理的主导力量，新乡贤更是乡村治理现代化不可或缺的重要力量。这部分将从乡贤的产生与发展中分析和把握乡贤、新乡贤的意涵、构成及其特质，并从返乡创业、乡间名士、华人华侨三个方面选择和分析乡村振兴经典案例，探寻乡贤、乡贤文化对实施乡村振兴战略的驱动融合及其路径选择和思路框架。

第六编为乡约。约是乡人邻里的自觉行为。乡约曾是乡里自治规范的一种制度，现在乡规民约已成为乡村自治的一种有效形式。这编将从乡约的起源、演变及其发展的历程中阐述乡约的意涵及其特质和时代价值，并从民俗、乡规、民约等三个方面选择和分析乡村振兴经典案例探寻乡约对乡村振兴的内生驱动机制。

　　第七编为启示。这里重在回溯历程，展望未来，从经验、缺失、完善三个方面总结研究成果，寻找研究缺失，提出完善思路，为进一步深入探究乡村地域文化与乡村振兴融合发展提供思路、方向和目标。

目　　录

第一编　导论

第二编　地域文化的意涵及特质

第三编　乡土

第四编　乡居

第五编　乡贤

第六编　乡约

第七编　启示

第一编 导 论

　　民族要复兴，乡村必振兴。全面推进乡村振兴在中国式现代化中具有极端重要性和历史必然性。而乡村地域文化则是全面推进乡村振兴的重要力量，是实现中国式乡村现代化不可或缺的精神支撑和力量支持。因此，探究地域文化与乡村振兴融合发展路径，实现乡村从"生态"向"心态"升级，非常必要，意义重大。本编将从研究背景及意义、研究思路及方法，涵盖文献梳理及研究目标等方面加以阐述。

第一章　研究背景及意义

随着乡村振兴战略的深入推进，如何实现乡村的可持续发展成为重要议题。当前，许多地区的乡村振兴仍以基础设施建设、产业扶持为主，缺乏对地域文化的深度挖掘与利用，导致乡村发展同质化、特色缺失等问题。与此同时，快速城镇化与现代化进程使得传统村落风貌、民俗技艺、方言节庆等地域文化面临边缘化甚至消亡的风险。地域文化不仅是乡村历史记忆的载体，更是其独特竞争力的核心资源，如何在乡村振兴中保护和活化这些文化资源，成为亟待研究的课题。

近年来，国家政策层面高度重视乡村文化振兴。《乡村振兴战略规划(2018—2022 年)》明确提出要"传承发展乡村优秀传统文化"，《"十四五"文化发展规划》也强调要推动优秀传统文化的创造性转化和创新性发展。实践层面，部分地区已探索出"文化+旅游""非遗+产业"等模式，如浙江松阳的传统村落保护、贵州的苗绣产业化等，均证明地域文化能够为乡村振兴提供内生动力。然而，如何系统性地实现地域文化与乡村经济、生态、社会治理的有机融合，仍需进一步的理论研究和实践探索。在此背景下，研究地域文化与乡村振兴的融合机制，不仅有助于破解乡村发展同质化困境，更能通过文化赋能增强乡村的独特魅力和可持续竞争力，为乡村振兴提供新的路径选择。

研究地域文化与乡村振兴的融合具有重要的理论价值和实践意义。从理论层面看，该研究有助于深化对乡村文化资本的认识，探索文化资源向经济和社会效益转化的内在机制，为乡村振兴提供新的理论视角。同时，通过构建地域文化与乡村发展的互动模型，可以丰富乡村社会学、文化经济学等相关学科的研究内容。在实践层面，这一研究能够为乡村振兴提供切实可行的路径。首先，通过挖掘和活化地域文化，可以培育特色文化产业，如乡村旅游、手工艺、节庆经济等，促进乡村产业多元化发展，增加农民收入。其次，地域文化的传承与创新能够增强村民的文化认同感和归属感，激发其参与乡村建设的内生动力，推动乡村治理现代化。此外，传统生态智慧与现代可持续发展理念的结合，有助于实现乡村生态保护与文化传承的良性互动。

从长远来看，地域文化与乡村振兴的融合不仅能够避免乡村发展同质化，保留中华文化的多样性，还能为全球乡村可持续发展提供中国经验。该研究对于实现"记得住乡愁"的乡村振兴目标，推动城乡协调发展具有重要意义。

第一节　国内外文献综述

一、乡村建设研究现状

1. 国外研究现状述评

乡村问题是个世界性问题。西方学界关于该问题的研究大致可以分为两个方面：

①关于乡村建设理论层面的研究。早在 19 世纪 40 年代西方学界就开始了农村聚落的景观形态和乡村社会现象的研究，如科尔、魏伯、奥特伦巴等人，但总体上研究较少。进入 20 世纪以后，西方学界对乡村社会现象的研究逐渐增多，以法国学者阿·德芒戎，美国学者约翰逊、弗里德曼，日本学者祖田修和大原兴太郎等为代表的一批社会学家和经济学家着眼于乡村可持续发展，先后研究了农村聚落类型、农村共同体建设以及乡村社区、乡村人口结构、迁移和就业、居住问题、乡村城市化、城乡相互融合以及乡村规划等问题，提出了乡村中心增长发展理论、宏观区域发展战略理论、选择性空间封闭理论、地域区域发展理论、乡村社区发展理论以及城乡融合理论、二元结构理论、农业改造与农村发展理论、生态设计理论、人居环境科学理论、中心地理论、农业区位论、经济成长阶段论、空心村生命周期理论、社区(公众)参与理论，等等([法]阿·德芒戎，1993；[日]祖田修，2005，2015；E. A. J. Johnson，1970；J. Friedmann，M. Douglass，1975，1979；Stohr，Todling，1978；William Arthur Lewis，1954；John. C. H. Fei，G. Ranis，1961；M. P. Todaro，1969；J. Hvon. Thunen，1826；Gurmar Myrdal，1957；Albert Otto Hirschman，1958；Ebenezer Howard，1898；Halfacree. K. H，1993；Murdoch. J，Pratt. A. C，1993 等)。目前，西方学界关于乡村问题的研究也出现了明显的文化

及后现代转向，并且在未来一定时期内，将成为学科发展的主流方向（Andy Pratt，2009）。

②关于乡村建设实践层面的研究。西方学界也对比归纳了不同国家乡村建设与规划的经验，例如，英国的农村中心村建设、美国的郊区新村化、韩国的新村运动、德国的村落更新计划、日本的农村整备计划、印度的乡村综合开发运动等，力图通过乡村基础设施建设、乡村经济建设、乡村产业发展，着力解决乡村建设的瓶颈问题，且积极寻找提升村民自主营造的方法，激发村民自主建设的内发动力，实现乡村平稳、和谐的自主发展。此外，西方学界还从制度、资源禀赋、社区能力等视角探讨和验证乡村转型发展机理，或从内生性、市场管制、新制度安排、社会资本等角度开展乡村转型的理论与实证研究，阐释了村域转型与发展的核心理念、框架与路径，对比不同尺度村域经济差异、空间演化机制及自主发展能力的差异，揭示了不同类型区村域转型发展机理，分析评价其资源环境效应等（［美］西奥多·W. 邹尔茨，2006；［美］马克·B. 陶格，2015；［美］埃弗里特·M. 罗吉斯、［美］拉伯尔·J. 伯德格，1988 等）。近年来，其关注的焦点已转向可持续发展、治理协同和农民主体融合方面，并且紧随政府政策的演变和经济发展水平而不断深化研究区域和研究层次，尤其重视运用理论模型和定量方法，探索这些焦点问题评价指标体系的建构。

2. 国内研究现状述评

我国学界关注乡村建设问题始于 20 世纪初，至今已有百年历程。大体上可以分为两个时期。

一是民国时期的乡村建设运动。从 1904 年乡绅米鉴三、米迪刚父子在河北定县翟城村创办的"村治"，到 20 世纪二三十年代兴起的乡村建设运动。这个时期的实践和理论成果主要有定县模式、邹平模式和北碚模式，相关研究成果有《乡村建设理论》（梁漱溟，1937）、《乡村建设运动》（陈序经，1946）、《中国乡村建设批判》（千家驹、李紫翔，2012）等。

二是中国共产党领导的乡村建设运动。目前，学界关于其阶段的划分有"三个时期"论（韩园园、孔德永，2021）和"四个历史时期九个阶段"论（王景新，2021）。正如王景新所说：从苏区和根据地建设，到农业农村经济恢复、农业合作化及"四化"、社会主义农村建设，再到中国特色社会主义新农村建设、美丽乡村建设、实施乡村振兴战略和乡村建设行动，反映了中国百年乡村建设不同阶段的特征和价值取向，但其本质都是"三农"现代化。① 我国乡村建设的百年实践探索，其实践的理论逻辑与行动逻辑是一脉相承的。②

梳理中国共产党百年乡村建设历史，在其创立和中华人民共和国成立前这个时期，其乡村建设理论成果主要有《中国农民问题》(陈独秀，1923)、《土地与农民》(李大钊，1925)、《论农民运动》(邓中夏，1923)、《中国社会各阶级的分析》(毛泽东，1925)、《中国可以不工业化乎》(恽代英，1923)、《农民政权与土地革命》(瞿秋白，1927)和《湖南的土地问题》(林伯渠，1927)以及《中国土地法大纲》(1947年10月)等。

中华人民共和国成立后至改革开放前这个时期，其乡村建设理论和实践成果主要集中于《中国农村的社会主义高潮》(中共中央办公厅，1956)、《批判梁漱溟反动的乡村建设理论与实施》(赵希鼎，1956)、《批判梁漱溟反共、反人民、反革命的"乡村建设运动"》(倪鹤笙，1956)、《梁漱溟反动政治思想批判——读〈批判梁漱溟的反动思想〉》(张立文，1977)等。这个时期是百年乡村建设的分水岭，③ 特别是中国共产党提出的建设社会主义农村的理论和实践，奠定了中华人民共和国七十余年发展尤其是乡村社会变迁的基础。

改革开放以来，乡村建设研究得到了恢复和发展。其理论和实践的关注重点逐步从乡村居住建设，转到重新思考和解读梁漱溟等乡村建设派理论与实践上来，进而开始多视角、多维度研究当代乡村建设理论和实践。其研究成果呈现逐年大幅增长之势。通过中国知网搜索"乡村建设"词条，截至2022年11月共有3.49万篇成果。特别是进入21世纪，随着社会主义新农村建设的提出，乡村建设研究主题不断细化、延伸，关注的热点问题既有村民自治，如贺雪峰《乡村治理与秩序——村治研究论集》(2003)、徐勇《中国农村村民自治》(2018)等，又有乡村统筹、乡村旅游、乡村文化、新农村、文化建设等。党的十九大将乡村振兴

① 王景新：《中国共产党百年乡村建设的历史脉络和阶段特征》，载《中国经济史研究》2021年第4期，第13~25页。
② 韩园园、孔德永：《乡村建设百年探索与未来发展逻辑》，载《河南社会科学》2021年第7期，第29~38页。
③ 韩园园、孔德永：《乡村建设百年探索与未来发展逻辑》，载《河南社会科学》2021年第7期，第29~38页。

上升至国家战略后，一时之间，乡村振兴战略不仅成为近期政策重点、各界人士热议的话题，更成为近期媒体热点。据中国农业大学农业科学规划研究所联合今日头条发布的《关于乡村振兴战略的发展研究与舆情分析报告》统计，近期关于乡村振兴的总发文量为75万篇，阅读量达24亿人次。[①] 从各界人士热议的主题和发文主题来看，关注的热点和焦点主要有农民增收、家庭农场、生态宜居、返乡创业等多方面主题；产业发展、科技创新、城乡融合、土地使用权、乡村善治及村级集体经济等相关联话题，其重点仍然在产业和经济方面，依然处于"农村"振兴的框架下。随着乡村振兴战略的实施和"乡村建设行动"的提出，数字乡村、城乡融合、新时代、艺术介入、新乡贤、大数据、生态宜居、宜居乡村等主题迅速成为学界关注的焦点。尤其值得注意的是，近年来关于中国共产党百年乡村建设宝贵经验和典型案例的研究和讨论也逐步成为学界关注之热点。

总体来看，目前国内学者将乡村发展的影响因素大多归纳为制度环境、自然资源开发、资本运作、技术进步、经济基础、人力资本、社会资本等，各种因素通过非线性联系对村域演化与类型分化产生影响，从其发展态势来看，资本和技术的影响融合不断加强。其相关研究主要也是从劳动力、产业、资本、资金等角度切入（方方，2017）。即使将地域文化运用于新农村建设和美丽乡村建设，也主要从景观设计、旅游开发、建筑规划等方面展开相关研究（韩林飞，2016；杨迪，2017；陈晓丽，2010；吕倩倩，2015），但大多是以具体的工程个案为研究对象，缺乏普遍性与代表性。有的学者研究地域文化也仅探讨了地域文化与区域经济的融合机理（殷晓峰，2011），地域文化与文化流派的形成（俞思念，2014）等。还有的学者仅泛泛地探讨了文化产业发展问题，乡村地区的文化冲突、文化多样性丧失，以及对历史小城镇与村落的保护等乡村文化问题。

此外，从乡村建设的实践层面来看，中国共产党自成立之日起就肩负着推动乡村振兴、实现农村现代化的历史使命，[②] 至今已有百年乡村建设实践探索历史。从早期农村革命根据地时期的乡村民主政权建设、中华人民共和国成立后传

---

① 《关于乡村振兴战略的发展研究与舆情分析报告》，载中商情报网，https://www.askci.com/news/chanye/20180207/155410117810.shtml，2023年3月18日访问。

② 孙海燕：《中国共产党百年乡村建设的思想脉络、逻辑主线与未来图景》，载《中共济南市委党校学报》2022年第4期，第12~18页。

统落后小农经济的改造，到改革开放后家庭联产承包责任制的确立，社会主义新农村建设的实践，再到党的十八大以来美丽乡村建设和乡村振兴战略的实施以及乡村建设行动的推进，无不体现着中国共产党领导的百年乡村建设是一部始终坚持为乡村谋振兴、为农民谋幸福的历史。①

在中国共产党百年乡村建设实践探索历程中，不同历史时期，虽然乡村建设的重点及表述各不相同，但其本质都是农业农村现代化和农民全面发展。② 特别是进入中国特色社会主义新时代以来，中国共产党的乡村建设实践日益成熟，涌现了一批新农村建设模式，如江西赣州"五新一好"模式、浙江绍兴"破旧立新""推陈出新"及"革面洗心"模式和山东省青州市南张楼村"巴伐利亚"模式等，以及一批美丽乡村建设模式，如浙江省永嘉模式、安吉模式和江苏省南京市高淳模式、江宁模式等。此外，还涌现了福建晋江"招才引智"、安徽三瓜公社"互联网+三农"、辽宁十家子村"引返乡创业发展电商"、贵州舍烹村"三变模式发源地"、河北西道村"小草莓大产业"、河南漯河"三链同构"、山西云州"小黄花大产业"等乡村振兴"再地方化"图景。但应当看到，部分地方用城市化、工业化和行政化思维推进乡村建设的案例较多，致使新农村建设、美丽乡村建设"三化"（同质化、规模化、样板化）问题依然严重，导致乡村建设地域特点、民族特色与文化风俗缺失，形成了"千村一面"或"千镇一面"的不良局面，与"注意生态环境保护，注意乡土味道，体现农村特点，保留乡村风貌，坚持融合文化"理念背道而驰，令人痛心。因此，乡村建设必须重新评估乡村的文化价值、生态价值、治理价值等多功能价值。

二、地域文化研究现状

1. 国外地域文化研究述评

国外关于地域文化的研究主要是以文化及文化研究来展开的，涉及文化人类

---

① 孙海燕：《中国共产党百年乡村建设的思想脉络、逻辑主线与未来图景》，载《中共济南市委党校学报》2022 年第 4 期，第 12~18 页。

② 王景新：《中国共产党百年乡村建设的历史脉络和阶段特征》，载《中国经济史研究》2021 年第 4 期，第 13~25 页。

学、文化社会学、文化经济学和文化哲学等多学科视角对于人类社会生活实践以及人自身的诸多侧面所进行的细致入微的探讨及其成果。① 其研究最早可追溯到巴斯蒂安的《历史的名人》，泰勒的《原始文化》和摩尔根的《古代社会》。其现代文化理论有"四个传统"。一是德国的"批判"传统。该传统始于18世纪末赫尔德的民族主义对文化个性的探索，到19世纪末的狄尔泰、文德尔班、李凯尔特等人对文化科学的建构，以及胡塞尔、海德格尔、舍勒、伽达默尔的现象学-诠释学对"理解""意义"的探索。这一时期最大的成就在于20世纪最具竞争力的马克思主义文化理论的创立。二是法国的"符号学-结构主义-后结构主义"传统。该理论以其对语言、符号、文本的深入阐释而成为20世纪文化理论的主要起源。② 列维-施特劳斯、阿尔都塞、拉康、巴尔特、福柯、德里达、德勒兹、德波、利奥塔、鲍德里亚、布迪厄以及此后的阿兰·巴迪欧、雅克·朗西埃、贝尔纳·斯蒂格勒等典型代表，特别是社会学家布迪厄的"惯习"理论更是有力地拓展了文化研究的格局。三是英国的"文化和社会"传统。雷蒙·威廉斯的《文化与社会》重建了"文化与社会"的思想传统，为当代文化研究开拓了历史资源。以理查德·霍加特、雷蒙·威廉斯、斯图尔特·霍尔等为代表的"文化研究"学派于20世纪50年代开始兴起，并随着伯明翰当代文化研究中心的成立而得到发展，至20世纪80年代波及欧美乃至全世界。该学派先后经历了社会学、结构主义和葛兰西等三次转向，其特点在于跨学科，强调广义的文化概念，肯定大众文化的价值，关注人们如何创造、解读和体验文化，主要采用文本分析和受众调查两种研究方法。后续研究成果还有物质文化研究、通俗文化理论、融合文化、集体智慧等。尽管该学派是全球文化研究的起点和典范，但其主要贡献却不是理论的原创而是对法、德文化理论的灵活运用、丰富与调整。20世纪晚期以来，这一传统在向全球扩展的过程中不断得到修正。③ 四是意大利的"自主主义运动"传统。主要代表人物有安东尼奥·奈格里、保罗·维尔诺、毛里奇奥·拉扎拉托、佛朗哥·皮帕尔诺等人，主要著作有《意大利文艺复兴时期的文化》《帝国》等。该学

---

① 盛新娣：《当代西方文化研究论域探析》，载《文化学刊》2016年第8期，第151~153页。

② 单世联：《西方文化理论的三种类型》，载《天津社会科学》2017年第4期，第4~14页。

③ 单世联：《西方文化理论的三种类型》，载《天津社会科学》2017年第4期，第4~14页。

术传统在文化研究中的影响较小。

当代西方文化研究已转向后现代主义研究，其研究领域、研究方法均发生了深刻变化，其着眼点在于"如何融合和转化""有哪些融合和转化"等方面，门类众多、成果新颖丰硕，其研究范畴涵盖文化、文学史、性别研究、种族、意识形态、大众文化、多样性、殖民主义、后殖民主义、帝国主义、民族主义、阶级等。主要理论成果集中在后殖民研究、性别/女性研究、弱势阶层研究等方面。尽管西方文化研究和文化理论与我国地域文化研究存在较大差异，但两者均属于文化的研究范畴，其中的一些合理成分和方法仍值得我国地域文化研究加以批判和借鉴。

2. 国内地域文化研究述评

我国关于地域文化研究的历史最早可追溯至先秦时期的《尚书·禹贡》《周礼·职方氏》《逸周书·职方》《诗经·国风》《荀子·强国》等著作，乃至秦汉以后的《史记·货殖列传》《汉书·地理志》《隋书·地理志》《宋史·地理志》《七国考》《明儒学案》《宋元学案》等，以及大量的区级的方志，从《太平寰宇记》到《大清一统志》，从省志到县志及更小范围的地方志，还有地方志中的某些文化专志，如北魏杨衒之的《洛阳伽蓝记》、南朝梁人宗懔的《荆楚岁时记》、宋代王十朋的《会稽三赋》、孟元老的《东京梦华录》、清代孙诒让的《温州经籍志》等，更是传统地域文化的佳作。这些方志重描述性分析，资料性较强。此外，还有《楚辞》《楚辞章句》《方言》《水经注》《广游志》和《广志绎》以及《徐霞客游记》等地域文化名著。这些传统地域文化研究成果，除少数著作之外，大多依附于历史学、地理学、方志学，并且在一定程度上具有"资治"的目的性，因而，为当代地域文化的研究奠定了坚实的基础。

近代以来，随着马克思主义传入中国以及西方人类文化学、社会学、历史学等学科的引入，我国的地域文化进入了新发展阶段。特别是改革开放以来，地域文化研究迅速成为学界的热点之一，呈现出百家争鸣、百花齐放的景象。总体来看，其研究成果大体朝着三个方向有序展开。

一是学科方向。这部分成果以建构地方学或地域文化学为目标，着力探讨地方学或地域文化学的学术体系、研究进路和社会价值等方面的学科建构问题。截至 2022 年，在中国知网输入"地方学"并检索，其研究成果约为 327 篇，但 2022 年仅发表 1 篇，且会议论文就有 161 篇，约占一半。目前已陆续兴起的地方学有 50 多种，包括敦煌学、徽学、藏学、北京学、武汉学等，主要代表有以北京学为代表的学院派和以鄂尔多斯学为代表的草根派，主要成果集中在《北京学研究文集》和《鄂尔多斯学研究论文集》。

二是理论方向。在中国知网输入"地域文化"词条，有关地域文化研究的成果高达 4.5 万篇，而有关地域文化概念、内涵、形成因素、研究进路等方面的成果仅有 195 篇，由此可见，学界对于地域文化理论的探讨仍处于初始阶段。但近十几年来，全方位、多视角研究中华地域文化的综合性文献则大量涌现，尤以《中国地域文化通览》（袁行霈、陈进玉，2013）为盛，该著作是由国务院参事室、中央文史研究馆组织全国各地近千位专家学者历时八年通力合作完成。全书共分 34 卷，每卷分上、下编，上编纵论历史，叙述文化发展历程，下编横分门类，介绍文化亮点、特色，是我国首部大型的分省文化地图，也是一部肩负弘扬中华优秀传统文化使命的大型学术著作。此外，这方面的成果还有《中华文化通志·地域文化志》（宁可，1998）、《中国地域文化丛书》（俞晓群，1998）、《中国地域文化》（蒋宝德、李鑫生，1997），以及《中国地脉》（白郎、石映照，2004）、《宋代地域文化史》（程民生，2017），等等。

三是应用方向。这方面的成果在已检索的 4.5 万篇中占比高达 95% 以上，其中主题为地域文化应用的 9628 篇，主题为文化视角、景观设计的分别是 369 篇、339 篇。总体而言，这方面的研究成果较为丰硕，应用领域非常广泛。综合来看，其研究成果呈现"三多三少"现象：（1）低水平、重复性的作品多，高质量的精品力作少。这些成果主要集中在景观设计、旅游开发、建筑规划等方面（韩林飞，2016；杨迪，2017；陈晓丽，2010；吕倩倩，2015），且大多是以具体的工程个案为研究对象，缺乏普遍性与代表性。（2）资料整理性和粗略评述性的成果多，有一定思想深度且形成体系的综合性研究成果少。这些成果主要集中在湖湘地域文化、S 地域文化、客家文化、东北地域文化等方面，这些成果中虽然有一些是国家社会科学基金重大项目，但整体来看综合性研究成果还稍显不足。（3）就文化论文化、就资料考证资料的成果多，从经济文化一体的角度研究地域文化，融合保护和开发利用地域文化资源，为经济社会发展服务的成果少。总的来看，其研究的视角主要集中在城市化和城镇化方面，以及地域文化的"个性化"方面，而将研究视角置于乡村振兴，特别是关注当代乡村系统性重塑、整体性重构，以及经济、政治、文化、社会和生态文明建设"五位一体"来研究的成果则尚未见到。因此，很有必要深入地探讨地域文化与乡村振兴融合发展的问题。

第二节　研究意义与价值

一、研究价值

本书最大的价值在于提供一套操作性强、可持续发展的地域文化对乡村振兴的内生驱动机制，为乡村振兴战略实施提供路径选择和方法指导。

二、研究的意义

1. 理论意义

乡村发展已取得阶段性成就，乡村振兴战略需要新的理论导入与对策支持。本书拟根据地域特有的乡间民情，在乡村振兴过程中嵌入"地域文化"，着力探讨地域文化与乡村振兴的融合关系及其融合机理，揭示乡村产业和经济发展背后的文化力量及其精神支撑，此举有助于丰富本土化发展理论，打造乡村现代化的"中国模式"。

2. 现实意义

如何振兴乡村，实现城乡良性互动，这不仅是中国面临的问题，也是全世界在全球化进程中需要回答的问题。显然，探索出一条地域文化与乡村振兴有机融合、相互驱动的发展路子，不仅为中部乃至全国各地健康有效实施乡村振兴战略提供范本和发展模式，还可为全世界特别是发展中国家化解城市化进程中乡村衰落与凋敝困境，提供中国样板，贡献中国智慧。

第二章 研究框架、思路及方法

第一节 研究框架

一、研究对象

本书的研究对象为基于现代乡村功能和价值多元变化情势,以及地域文化创新性转变和创造性转换的历史任务,如何选择合适的路径和方法,有效地推进地域文化与乡村振兴融合发展,从而促进地域文化的新生和乡村建设的系统性重塑和整体性重构,走出一条中国式乡村建设现代化之路。

二、总体框架

1. 厘清乡村地域文化的构成要素及资源状况

通过查阅地方志书、国家正史、私人文集、家族谱书、墓志碑刻、公私档案等资料,以及走访调查民间艺人、传人等,准确把握乡村物质文化遗产和非物质文化遗产的分布状况、典型特征及其独特价值。

2. 评估乡村建设过程中地域文化的利用现状

根据乡村振兴测度的多维指标和多层级问卷调研的采录结果,分析乡村振兴进程对地域文化刚性结构、惯性发展方向及传统融合方式的冲击,评估地域文化的物质形态与非物质形态在乡村振兴过程中遭遇的生态系统危机。

3. 剖析乡村振兴过程中地域文化的现实诉求

"五位一体"协调均衡发展是乡村振兴与转型升级的现实诉求。本书拟在深入剖析地域文化对乡村现代经济、政治、文化、社会、生态文明等各项建设具有正面推促作用的基础上，论证在乡村振兴过程中构建地域文化融合机制的重要性、必要性和紧迫性。

4. 探究乡村振兴过程中地域文化融合机制构建的方法论

梳理多年来对待地域文化的多方观点和地域文化融合机制的三种最具代表性的方法论，即注重形式的"抽象继承法"、注重内容的"综合创新说"，以及兼顾形式和内容的"批判继承论"等，仔细比较并客观评述上述观点，为地域文化融合机制的合理构建打好方法论基础。

5. 确立乡村振兴过程中地域文化融合机制的驱动系统

拟确立三个驱动系统：

(1)自正系统。重在以"五位一体"为切入点和参照点，推促地域文化自我觉醒、自我反思、自我创建，以适应乡村振兴要求。

(2)激励系统。重在激发融合载体在乡村振兴进程中自觉自发融合和发展地域文化的积极性和责任感。"激励系统"构件如图 2-1 所示。

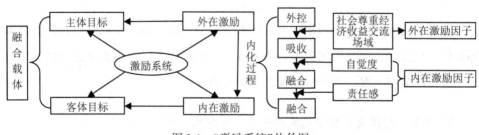

图 2-1　"激励系统"构件图

(3)社会运行系统。重在调配各融合载体在乡村振兴过程中多方联动、有机更新，有效推进地域文化与乡村建设融合发展。"社会运行系统"构件如图 2-2

所示。

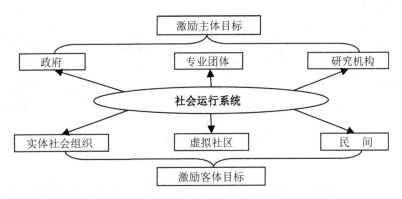

图 2-2　"社会运行系统"构件图

注：①"实体社会组织"具体包括村级组织、社区、NGO 等；"虚拟社区"主要指"网络"载体。

②"激励主体目标"主要负责相关法律、制度、规范等的制定与主导；"激励客体目标"主要承载相关法律、制度、规范等的践行与传播。

6. 构建乡村振兴过程中地域文化的融合机制

在详细分解三大驱动系统各自工作原理与工作流程的基础上，构建一套"1+3+N""内生式"动态融合机制，最大限度地保障乡村振兴与地域文化的常态化互动与可持续双赢。其中，"1+3+N"简指"一套融合机制+三大驱动系统+若干融合载体"的机制创建理念；"内生式"指重在激发地域文化融合"原动力"，将"外界输血型"融合保障变为"内生造血型"融合动力的机制创建原则。融合机制的模型构建如图 2-3 所示。

三、研究重点难点

1. 研究重点

(1)选择何种"嵌入"方式将地域文化有效地融合于乡村产业发展、生态保护、乡风建设、乡村治理之中，实施乡土特色产业发展行动、乡居建筑保护开发

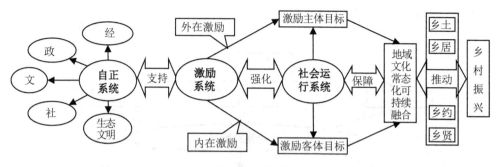

图 2-3　融合机制的模型构建

行动、乡约民俗创造转化行动、乡贤民智创新建构行动，从而构建有气质、有品位、有后劲的特色乡村，促进乡村"产业兴旺、生态宜居、乡风文明、治理有效、生活富裕"。

（2）如何处理好传统与现代的关系，文化核心与中间地带、模糊区间的关系，静物建设与动态活动的关系，有效地实现传统文化的创造性转化和时代性更新；合理规划布局文化核心与中间地带、模糊区间的功能分置和互联互动；建立制度框架和政策支持，促进静物建设与动态活动有机融合，相得益彰。

2. 研究难点

研究难点在于如何在彰显乡村地域文化优秀因子正能量的同时，有效地实现地域文化劣质因子的全新转化，获得新生。

第二节　研究思路

一、研究目标

1. 建立测评体系

建立一套基于地域文化视域的乡村振兴建设标准及其测评体系，确定地域文化与乡村振兴融合的主体、客体以及介体，明确地域文化与乡村振兴融合的机理。

2. 定位价值功能

地域文化禀赋要素对乡村振兴的融合效应，通过对各要素与乡村振兴的定量分析与对比评价，确立影响乡村振兴的较为突出的地域文化禀赋要素，定位其价值和功能。

3. 组织实证分析

选择有代表性的 20 个乡村进一步开展地域文化与乡村振兴的关系研究，验证乡村文化禀赋要素的价值与功能及其与乡村振兴融合的机制和效应。

4. 提供政策依据

根据验证结果，试验纠偏与校正，最后根据各自不同的效应提出促进各自乡村地域文化与乡村振兴的对策措施和政策依据。

二、基本思路

首先，通过文献梳理与问卷调研，对乡村地域文化构成要素及资源状况，以及乡村振兴过程中地域文化的利用现状作全景式现状扫描与归因分析。其次，以此为基础，在"五位一体"整体构架下，论证在乡村振兴过程中利用地域文化的重要性、必要性和紧迫性；再次，梳理学界对地域文化表述的多方观点，探讨在乡村振兴过程中构建地域文化融合机制的方法论原则，并以此原则为指导，确立影响地域文化融合机制有序运转的三个重要驱动系统，对其各自的工作原理与工作流程作详细分解说明。最后，调配整合各驱动系统功能，构建一套多方联动、有机更新、强效推进的"1+3+N""内生式"动态融合机制，确保乡村振兴与地域文化建设的互融共赢。

三、主要观点

（1）乡村振兴战略，要义在"乡"，必须注重乡土味道，保留乡村风貌，体现乡村特点，融合乡村文化，因此，乡村振兴实质上是乡村文化的振兴。

（2）地域文化是不可多得的特殊资源，"嵌入"乡村产业发展，可以塑造特色产业、特色产品、知名品牌，进而形成区域分工中的专门化部门和支柱产业。

（3）地域文化资源转化为文化资本，形成地方文化产业，创意产业，文化旅游、休闲产业，并以其关联带动融合，影响区域产业结构的变化。

（4）地域文化作为一种历史沉积和现代理念相结合的观念形态的文化，在核心价值体系的引导下，可以形成独具特色的乡村生活方式，实现城乡生活交融互补。

第三节　研究方法

一、具体方法

本书严格遵循"定性—定量—定性"的思路，把动态和静态的方法有机结合，具体如下：

（1）文献研究法。广泛查阅地方志书、国内外与乡村振兴和地域文化研究相关的各种文件材料、新闻报道、调查报告、统计资料和学术论著等，对乡村地域文化构成要素、资源状况以及乡村振兴与地域文化的融合情况作初步的了解，并通过文献比对整理，对乡村振兴过程中地域文化的融合现状作理论上的归因梳理。

（2）问卷调查法。①多层级问卷法：主要针对乡村振兴过程中地域文化的融合载体展开，拟分为六个层级、两大类。其中，"政府""村级组织"和"研究机构"为融合主体目标，问卷的设计偏于对其融合主导意识与实际绩效的调查；"实体社会组织""虚拟社区""民间"为融合客体目标，问卷的设计重在对乡村各领域村民对地域文化的需求特征、对地域文化损失的相关反应，以及对融合主体目标的意见与建议等进行调查。②随机抽样问卷法：主要对乡村振兴过程中影响地域文化融合的消极抑制因素与积极推动和促进因素进行厘清。

（3）深入访谈法。主要以理论上的归因分析与通过问卷调研得出的实际的归因分析为访谈主题，向高校以及研究机构的相关专家请教咨询，为融合机制的构件设计寻求理论支持。

二、调研方案

1. 调查目的

此次调查旨在通过组织科研人员深入农村地区，了解中部各地区地域文化禀赋要素价值与功能及其融合于乡村振兴的机制和效应，特别关注国家提出乡村振兴战略以来，地域文化在解决"三农"问题中的正向功能。通过与返乡市民、新乡贤、基层政府干部、村民、社会组织、民间投资人等进行面对面的交流与沟通，了解乡村振兴战略实施过程中地域文化的融合状况、政府相关部门如何利用和发挥地域文化融合乡村振兴，村民们对乡居、乡约、乡土、乡贤的期望等，为促进我国在乡村振兴战略实施进程中，有效发挥出以乡居、乡约、乡贤、乡土为载体的地域文化的巨大能量，并促进地域文化与乡村振兴战略实施健康持续融合，取得最大社会效益提供第一手资料和对策建议。

2. 调研对象

从全国农村挑选 30 个村作为核心调研点，此次调研的重点为已在乡村振兴中有所贡献的有威望的退休公职人员、有影响力的成功经商人士、学有所成的专家学者、积累了丰富经验的返乡务工人员等新乡贤，兼及乡镇和村组干部、村内农民以及拟返乡有所作为的新乡贤。同时，通过实地考察和问卷调查了解各地传统村落、乡约民俗、乡土特色等方面的开发和保护状况。

调研中要与所在县市宣传、文化、农业、统计、商务、财政和发改局等有关部门干部职工进行座谈，了解所在地区农业、农村和农民的基本状况及其发展变化，了解所在地区地域文化在促进农村发展中所作出的贡献，听取有关部门对进一步有效引导和保障地域文化融合，推进乡村振兴的意见建议。

调研地点的选择，依据典型性原则，在我国中部省份内，按照经济发展高、中、低三种类别进行抽取。考虑到我国中部省份少数民族地区的特殊性，确保在少数民族地区选取 3 个村。

3. 调查内容

调研的主要内容如第一大点所述，包括地域文化的根源与地域文化的内涵、地域文化的禀赋要素及其组成结构、地域文化融合于乡村振兴实践的路径、地域文化在乡村振兴中的主要功能、地域文化自身持续发展的路径和保障机制、地域文化融合与发展中存在的问题六大部分。

4. 调查分工

(1) 项目主持人全面负责整个调查研究工作。积极参与包括人员组织、问卷与访谈提纲设计、调查点的选择与联系、资料收集与整理、调查报告的撰写与修改等工作。

(2) 申请书内所列主要项目参与人员，分别负责 30 个调查点的具体调查任务。包括前期的问卷与访谈提纲设计、其他调查人员的组织与培训、实地调查、各调查点分报告的撰写与修改等工作。

(3) 招募 20 人左右的调查队员，在主要调查人员的指导下，参与访谈、问卷调查、资料整理等工作。

5. 调查要求

(1) 调查之前认真准备，拟定调研提纲、设计问卷、安排时间、确定调研步骤和对象。调查中既要突出调查主体，也要尽可能地体现广泛性。

(2) 精心挑选责任心强、有实际调查经验的硕士研究生、本科生作为调查队员。

(3) 深入农村基层，通过进村入户，与调查对象的实际交流获取资料，访谈、观察均应有详细的记录。

(4) 只要能获得的资料一定收集齐全，对调查过程中的重要场景进行拍照、录音。

(5) 调查报告撰写要实事求是，观点鲜明，内容翔实，建立在资料整理基础上的分析要深入透彻，建议对策具有可操作性。

三、创新之处

1. 学术思想特色和创新

乡村文化既是乡村振兴不可或缺的重要资源，又是乡村振兴所隐含的深层驱动力。深入探究乡村发展背后的文化力量和精神支撑，具有独特的学术特色和创新价值。

2. 研究方法特色和创新

本书以地域文化为核心资源，通过深入挖掘其与经济、政治、文化、社会和生态文明等乡村振兴评估指标的适应度，来展开具有中国特色的乡村发展与文化建设研究，这是一个全新的研究视角。

第二编　地域文化的意涵及特质

　　"一方水土养一方人。"地处亚洲东部的中国，山川河湖交错纵横，地形地貌错综复杂，地理气候变化万千，族群交融频度异常，是个自然环境差异巨大，地域文化丰富多彩的国家。地域性特征不仅是中华文明不断发展壮大的源头活水之一，也是中华文明多元一体历史传承绵延的强大动力之一。因此，研究丰富多彩的地域文化具有十分重要的学术价值和社会价值。该编将通过梳理学界关于地域和地域文化的研究现状，辨析地域与区域的意涵、地域文化的特质及要素，重在从历史流变中认识地域、地域文化及其时代价值。

第三章　地域与区域的意涵辨析

要准确理解"地域文化"这个概念及其研究方法的构成要素，必须首先准确理解"地域"这个概念及其特征。目前，一般把"地域"叫作"区域"，其实"地域"与"区域"是两个不同的概念。据《现代汉语词典》(第 6 版)解释，"地域"是指"面积相当大的一块地方"。而"区域"则是指"地区范围"。这种解释表明"地域"与"区域"是两个不同的概念，其不同点在于其边界确定上，"地域"的边界是模糊的，而"区域"的边界则是清晰的。为此，必须首先对"地域"与"区域"的意涵进行辨别和分析。

第一节　地域的意涵及其流变

一、"地"的解读

"地"，乃会意字，从土，从也。"土"字，在甲骨文中是个象形字。其字形为地面上有一土堆，所以"土"字的本义为泥土、土壤。

在早期的图画文字和金文中，"土"字都是用粗笔表示的。而在甲骨文中，出于刻写方便的目的，只有勾勒出的轮廓线。在古代哲学中，"土"为五行之一，用以表示具有生化、承载、受纳等特性的事物。"土"字的引申义为乡土、国土、领土等。① 而"也"字也是个象形字，本义为盥洗器物。金文中的"也"字，就像是古代的一种取水用的器物"匜"。这种器物和放在它下方的盘子结合在一起使

---

① （东汉）许慎原著，《图解经典》编辑部编著：《图解〈说文解字〉(画说汉字：1000 个汉字的故事)》下，北京联合出版公司 2014 年版，第 7 页。

用。小篆的"也"字，和金文的字形大体相同。楷书后，形成了现在的写法。在古文中，"也"字也引申为语气助词使用，放在句子末尾，作为疑问词或判断词使用。现在，该字常用作副词，表示同样、并行，如"你好，我也好"。① 从土，从也，就其本义而言，是指能够放置器物的泥土、土壤。此义正与籀文壓，地从隊同义。隊乃道边庳垣也。路边矮墙修在泥土、土壤之上。由此，可见"地"乃载万物，义为大地。正如《说文解字》曰："元气初分，轻清阳为天，重浊阴为地。万物所陈列也。从土，也声。"《白虎通》亦曰："地者，易也。言养万物怀任，交易变化也。"《博物志》更曰："地以名山为辅佐，石为之骨，川为之脉，林木为之毛，土为之肉。"从《新华字典》对其的解释来看，目前"地"字主要作为名词和助词，其基本含义乃为人类万物栖息生长的场所。也指地球或地球的某部分、地球表面的土壤或地球上的一个区域等。

二、"域"的解读

据清代段玉裁《说文解字》注：或，古音同域。《康熙字典》亦注：或通作域。（《康熙字典》第 412 页第 18 字）。至于《说文解字》则曰："或，邦也。从口从戈，以守一。一，地也。域，或又从土。于逼切。""臣铉等曰：今俗作胡国切。以为疑或不定之意。臣铉等曰：今无复或音。"②其意为"或"乃会意字，谓邦国。字形采用"口""戈"会义，用以守"一"。"一"代表土地。"域"，就是"或"的异体字，再加上"土"的偏旁。至东汉已无古之"或"音。而邦者，国也。亦即"或"乃"国"之初文。正如清代段玉裁所注：在周代，"或"与"国"为古字与今字之分。古人只有"或"字，没有"国"字。

在甲骨文中，"或"是个象形字，指持"戈"守卫"口"的形状，象征凡人各有所守，均得谓之"或"。后金文"或"在"口"下加在"一"，表示土地；"或"在"口"四周画直线，表示城围。至周时，封土建国日益扩大，以为凡人所守之"或"字未足以表达完整字意，乃又加"口"而为"国"字。既有"国"字后，则"国"训

---

① （东汉）许慎原著，《图解经典》编辑部编著：《图解〈说文解字〉（画说汉字：1000 个汉字的故事）》下，北京联合出版公司 2014 年版，第 7 页。

② 王平、李建廷编著：《〈说文解字〉标点整理本：附分类检索》，上海书店出版社 2016 年版，经 237 页。

"邦"，"或"训有，或，有也。而"域"，有也。说有，在于"域"养禽兽也。则"域"就是"或"。由此，"域"，本义乃为城邦、疆界，由武士守卫之一方地界，且此地界内养有万物。此外，"或"还加"心"而为"惑"，以为疑惑当别于"或"。至今，现代汉语已将"域"与"或"相分。"或"更多是作为连词、副词、动词和语气词等使用，表选择、不肯定之意。用本义时乃读 yù，与"域"音同。

三、"地域"的解读

"地"与"域"组成"地域"之词，究其本义而言，乃是指一定范围内的万物栖息生长的场所。其现代含义则是指：面积相当大的一块地方。"地域"的英文对应单词为 region；district，与英文"区域"相通。地理学认为：各地方明显不同的特征——自然的、文化的、位置的特征，直接表明了地理上两个重要观念。第一个是地球表面没有两个地方是完全相同的。它们不但有不同的绝对位置，而且如同人脸部的特征一样，地方的自然和文化特征有精确的组合，是绝不能被精确复制的。[1] 在有些地区、一些地方的自然、文化特征表现出相似的格局。这样的相似性往往相当突出，足以使我们得出存在空间规律的结论。这种空间规律使我们认识与定义区域。区域就是地球上显示了重要元素的内部一致性与周围地区的外部差异的地方。因此，有些地方既不同，但又相似于其他地方，既产生区域差异格局，又有互相耦合的空间相似性。正如自然界并未"划定"任何区域一样，区域是被划分出来的，是对空间的概括，旨在使地球表面无限的多样性井然有序。[2] 从这个意义上说，"地域"是指地球上一个有位置、方向和彼此之间距离的地区，是一个具有类似性和差异性的区域。首先，它具有一定的边界，但这个边界是任意的，是由人们根据需要来划分的。[3] 其次，它们内部显示出明显的相似性、连通性，且与外部具有明显的差异性。再次，它们都具有不能被精确复制的自然和文化特征，且这些属性和特征会随着时间而发展和变化。最后，它们的要素同其他地区是相互关联、彼此影响的。

---

① [美]阿瑟·格蒂斯、朱迪斯·格蒂斯、杰尔姆·D. 费尔曼著：《地理学与生活》，北京联合出版公司 2017 年版，第 82 页。

② [美]阿瑟·格蒂斯、朱迪斯·格蒂斯、杰尔姆·D. 费尔曼著：《地理学与生活》，北京联合出版公司 2017 年版，第 82 页。

③ 严飞生：《地域文化学的若干问题研究》南昌大学 2006 年硕士学位论文，第 11 页。

但地域文化不是单纯的人文地理学所能解读的，它是一个多学科、跨领域、综合性的研究领域，因此，地域文化的"地域"不仅具有文化地理学的意义，更应具有文化人类学、文化社会学和其他综合学科的意义，具有自身独特的意义认同。一般认为，"地域"应具有以下意涵特质：一是文化认同。地域除具有自然的、空间的形态以外，更应具有生成于自然形态上的文化形态。二是历史认同。"地域"要形成不可精确复制的自然特征和文化特征必须具有历史的积淀和发展，且随着时间的推移而不断推陈出新。三是社会认同。"地域"是由人与物等交互作用的场所，地域的自然属性和文化属性必然会受到特定社会结构的影响，是整个社会系统的有机组成部分。四是比较认同。"地域"的自然和文化特征的独特意义是在与其他地区的比较中显现的，具有地区之间明显的差异特征。总体而言，笔者认为：地域是具有时空特点、历史意义和社会结构功能特征的一个概念，是文化人类学、文化地理学和文化社会学等学科的核心概念，是自然要素与人文要素的有机融合。它具有地区独特性、社会人文性、形态综合性、意义历史性和特征差异性等特点。

第二节 区域的意涵及其流变

一、"区"的解读

"区"，古文为"區"，是个会意字。据《汉语趣谈》介绍：甲骨文的"區"字，由三个"口"（表示众多的物品）+一个折形符号"L"（表示藏匿之所）。其意为"區"像一个藏物品之所，三个"口"表示物品众多。甲骨文字形有多种不同的写法，其构字组件都相同，三个"口"的位置有变化，第三、四种写法为上部一个"口"，下部两个"口"，第二种的写法正好相反，上部两个"口"，下部一个"口"，而第一种写法是三个"口"似乎呈三足鼎立之势，折形符所占位置也各有异，所有这些不同，很可能是古人在契刻时对不同的书法各有所好，还有就是古人有将同一个字的组字符号上下移位或左右换位的习惯。金文用一个"匸"三包围的符号将甲骨文中的三个"口"连成一体，小篆基本上承续金文字形，隶变后楷书写成"區"，汉字简化后写成"区"。①

---

① 朱伯兰：《汉语趣谈》，载公众号"一眼眼"，2020年5月27日。

据《画说汉字》解读：在甲骨文中，"区"字的字形很像放在橱架上的三个小容器。"区"是"瓯"的本字，其本义为用来盛放食物的盆盂类的瓦器。后来，"区"引申为"区别""区域"等义。为了表达盛食物的瓦器之义，古人又另外造了一个字"瓯"。古代农民在播种时所开的穴或沟也被称为"区"。①

《说文解字》十二部下"匸"部，"區"跱區藏匿也，从品在匸中，品，从也。在这里，"區"的本义为藏匿，在此读作"ou"，好像众多的邦邑被墙或河道所半包围，形成了一个地理分隔。"區"随后则由藏匿物品延伸指分别，区别，如《论语·子张》："譬诸草木，區以别矣。"也发展至指区域，地域，如《汉书·杨雄传》："有田一壪，有宅一区。"进而还引申为表示小，少，用作形容词，如《左传·襄公十七年》："宋国区区。"这里是说宋国是一个小国。还有表示诚意的，如《古诗为焦仲卿妻作》："新妇谓府吏：感君区区怀。"可作自称的谦辞，如归有光的《山舍示学者》："则区区与诸君，论此于荒山寂寞之滨，其不为嗤笑者希。"等等。

但总的来看，现代汉语中的"区"已不再具有其本义，而更多的是指行政区划单位："区，域也。"而只有作姓氏时才读作"ou"。

二、"区域"的解读

"区域"是个最早来源于地理学的概念。地理学作为一门学科最早在古希腊产生，系舶来之学科和术语。中国古代称"地理学"为"堪舆之学"，它形成于战国之后。② 因而，地理学上翻译的"区域"经常与"地域"相混淆，或通用。其实，"区域"概念的形成，是随着地理学的演变而不断走向科学化的。自地理学作为一门学科产生以来，随着人们对自然环境的认识不断清醒，以及文明的萌芽和农业技术的开创和传播，人类加快了他们对现今已不再是"自然"环境的管理和改变。特别是工业化和资源开发技术在全世界的传播，区域内事物变化的步伐也在加快。③ 因此，为了充分地了解地方的性质和发展，评估它们相对位

①　(东汉)许慎原著，《图解经典》编辑部编著：《图解〈说文解字〉(画说汉字：1000 个汉字的故事)》下，北京联合出版公司 2014 年版，第 1150 页。

②　顾朝林：《地理学与地理学发展简史》，载《中学生地理教学参考》2021 年第 17 期，第 31~35 页。

③　[美]阿瑟·格蒂斯、朱迪斯·格蒂斯、杰尔姆·D.费尔曼著：《地理学与生活》，北京联合出版公司 2017 年版，第 86~88 页。

置的意义和了解它的自然与文化特征之间的相互作用，就必须把一个地方看作独特的自然和文化在过去运行的现代结果。① 这就是"区域"概念提出的最初动因。"区域"概念在这一时期仅是强调区域单元，如气候区、土壤区、植被区、人种区等类似于我们今天常说的"均质区"；或者指那些尚未联系起来的所看到的事物的集合，类似于某种"自然景观"概念。② 尔后，随着人类创造物日益取代"自然景观"，"区域"的内涵日渐被改变，人类与环境之间暂时建立的空间上的相互联系也被改变，使得自然与人类的分离日益加速，传统地理学开始从自然地理学向人文地理学分化，出现了以自然为对象的地理学和以人类为主要对象的地理学并存的格局。这个时期，区域不仅是强调地理空间单元，而是"用来研究各种现象在地表特定地区结合成复合体的趋向。这种结合在一定意义上说，将给予这类地区以区别于其周围地区的特点。这些复合体有一个场所、一个核心和他们边缘地区的、明确程度不同的变化梯度"③。现在，随着地方之间的可达性、连通性和空间性扩散，世界上越来越多的人和地区处于日益增强的相互联系之中，仅仅强调自然和人文相结合的区域已难以完全适应当今的需要。因为此时的"地理学仅研究所谓的地理事物是狭隘的，地表由自然的、社会的、经济的、文化的、政治的等所有的因子构成，它们组合成地球表层"④。它是一个地理系统，该系统是一个"开放的复杂巨系统"。这就使得"区域"不必一定要有一个确定不变的空间边界，关键问题乃是复杂因子之间的空间关系如何发生和建立，亦即空间系统如何被确定的问题。一个区域的空间范围的大小是会发生变化的，因为构成因子会发生变化，而因子究竟分布在哪里就是个变化着的空间问题。⑤ 从"区域"概念的这个演变中，应当看到，"区域"是个极其重要而又复杂的概念，它因地理学

① ［美］阿瑟·格蒂斯、朱迪斯·格蒂斯、杰尔姆·D.费尔曼著：《地理学与生活》，北京联合出版公司 2017 年版，第 86~88 页。

② 郑冬子：《地理学中区域概念的分析》，载《信阳师范学院学报（自然科学版）》1998 年第 11 卷第 1 期，第 4 页。

③ 迪金森著：《近代地理学创始人》，商务印书馆 1980 年版，第 202~203 页。

④ 钱学森：《谈地理科学的内容及研究方法（在 1991 年 4 月 6 日中国地理学会"地理科学"讨论会上的发言）》，载《地理学报》1991 年第 3 期，第 257~265 页。

⑤ 郑冬子：《地理学中区域概念的分析》，载《信阳师范学院学报（自然科学版）》1998 年第 11 卷第 1 期，第 4 页。

研究而起，而不断扩展至经济、政治、社会等多学科之中，成为众多学科的核心概念之一。基于地理学的分类，区域可以分为形式区、功能区和感知区三个类型。

形式区也被称为均质区，基本上是一种均质性地区，这个区域对同一性的有效概括可以参照某个或某些属性作出，也就是说，属性控制着整个区域的实质。①

与此相反，功能区或节点区，可以被视为一个空间系统，它们的各个部分是相互依存的。功能区在整个范围内作为一个有组织的动态单元运行。同形式区一样，功能区也是有一定范围的。但是，功能区在运行的联系性上并非在静态的内容上是统一的。功能区的相互作用和相互联系的典型特征在其节点或者核心上表现得最清楚，其优势向四周减弱。当一个区域的控制和相互作用程度与范围发生变化，功能区的边界也相应地发生变化。也就是说，一个节点区的边界在产生它们的相互变化保持不变的情况下，是持久不变的。②

感知区或方言区或俚俗区，是相比地理学家所拟定的形式区和功能区在结构上不太严谨的名称。在当地居民的概念和一般社会中，这种区域是存在的、真实的。作为大众心象地图的复合物，这种区域概念反映的是一些感觉和印象，而不是客观的数据。因此，感知区在个人日常生活中可能要比地理学家提出的更客观的两种区域概念更加有意义。③

此外，《简明不列颠百科全书》把区域定义为："区域是指有内聚力的地区。根据一定标准，区域本身具有同质性，并以同样标准与相邻诸地区、诸区域相区别。"④《现代地理学辞典》将"区域"解释为："具有一定地理位置和可度量的实体，各要素有内在本质的联系，外部形态特征相似的地理系统。"⑤行政学和政治

---

① ［美］阿瑟·格蒂斯、朱迪斯·格蒂斯、杰尔姆·D. 费尔曼著：《地理学与生活》北京联合出版公司 2017 年版，第 86~88 页。

② ［美］阿瑟·格蒂斯、朱迪斯·格蒂斯、杰尔姆·D. 费尔曼著：《地理学与生活》北京联合出版公司 2017 年版，第 86~88 页。

③ ［美］阿瑟·格蒂斯、朱迪斯·格蒂斯、杰尔姆·D. 费尔曼著：《地理学与生活》北京联合出版公司 2017 年版，第 86~88 页。

④ 《简明不列颠百科全书》，中国大百科全书出版社 1986 年版，第 870 页。

⑤ 左大康主编：《现代地理学辞典》，商务印书馆 1990 年版，第 537 页。

学则分别将区域定义为国家管理的行政单元，并且具有可量性和层次性。社会学则认为区域是具有共同语言、共同信仰和民族特征的人类社会群落。① 综上所述，根据"区域"的"区"和"域"的字意演变及其现代含义，以及学科的概念阐述，笔者认为：区域应该是地球表面有一定间隔的，且各部分相互依存，依据一定标准和方法划分的地理空间。其具有以下五个特点：一是空间性。该空间不仅包含自然因素，更包含政治、经济、文化等多方面因素，是个开放的复杂系统。二是边界性。区域有明确的主观划分的边界，使得它有别于不同条件或形态特征的其他地区。三是相似性。区域的形成就在于有些地区、一些地方的自然和文化特征表现出相似的格局。四是差异性。区域既要显示其内部一致性，又要产生与周围地区的外部差异。五是系统性。区域内部的一致性和与外部的差异性的产生不是自然和文化等单纯相互作用的结果，而是此起彼伏交替地发生着作用，表现为区域内外多因素相互作用，使得区域是一个地理系统。

第三节　地域与区域的意涵异同

通过上述"地域"与"区域"意涵及演变的解读，"地域"与"区域"一样，均是地球表面的一部分地理空间，均具有其内部的一致性和外部的差异性。这是为什么人们经常将"地域"与"区域"混用的根本原因。但是，必须应当看到"地域"与"区域"是两个不同语境下的学术语言，"地域"更贴近中国式话语，且其内涵与外延较之西式术语要宽泛，可能更符合中国实际。区域文化的"区域"概念来自区域地理学中"区域分析学派"的术语，所指的是具有内聚力的地区，具有特征同质性、位置空间性、模式独特性和标准多样性等特点。从现代地理科学和文化地理学的视野来看，区域具有"功能文化区"的特征，即它是在非自然状态下形成的，受政治、经济或社会功能影响的文化特质所分布的区域。因而其边界并无交错的过渡带，而是由明确该功能中心的范围所划定的确切界线；也使得它原有的文化特征的相对一致性受到破坏，往往带有异质性。而"地域"则具有"形式文化区"的特征，即它具有一个文化特征鲜明的核心区域(或中心地区)，文化特

---

① 林矗著：《外源性区域经济发展研究》，福建师范大学 2003 年版，第 10~11 页。

相对一致而又逐渐弱化的外围区以及边界较为模糊的过渡带。它表明"地域"内部的文化特征是相对一致的，这种相对一致性是不同的文化特征长期交流、碰撞、融合、沉淀的结果，不是行政或其他外部作用在短期内就能奏效的。这种地域内部的相对一致的文化特征，就是文化的地域特征。文化的地域特征的形成，与地域内部的相对一致的自然特征有重要关系。文化的地域特征与自然的地域特征相融合，就是地域性。

从这个意义上说，"地域"概念不是一个单纯的地理概念，而是一个反映时空特点、经济社会文化特征的概念，是自然要素与人文要素有机融合的概念。因而，研究"地域"思想、文化必须从时间与空间两个维度展开，运用历史的方法研究"地域"思想、文化，可以描述它的时间轨迹(历史演进之迹)并揭示其特点；用地理的方法研究"地域"思想、文化，则可以描述它的空间结构并揭示其特点。研究这些"地域"思想、文化，仅仅用历史的方法来梳理它的发展轨迹是不够的，还必须同时使用地理的方法，来分析它的形成机制、空间结构和地域特点。只有准确地把握"地域"思想、文化的内涵，充分认识它的时空交融的特点，在使用历史研究方法的同时，较好地使用地理的研究方法，才能真正还原"地域"思想、文化的真相，并深刻地阐述它的地域与超地域的意义与价值。

任何思想、文化都是在特定的时空下形成的，它有历史性(时间性)，更有地域性(空间性)。据上分析，笔者以为"地域研究"的构成要素应该由三个层次组成。

第一层次是"地域研究"的考辨要素，主要考辨"地域"思想、文化是否具备地域性的特征，即核心地区(中心地区)、相一致的思想或文化特征、较为模糊的边界。

第二层次是"地域研究"的地理要素，主要包括自然地理特征与人文地理环境。自然地理特征主要有地理位置、地形地貌、气候类型、水文状态、土壤生物等。地理位置：就是地域所处的半球位置、海陆位置、经纬度位置、交通位置等方位。地形地貌：就是地域的海拔、地面起伏和地势、地形类型及分布，以及海岸线状况、地质条件等。气候类型：就是地域属于全球哪种气候类型，其气温状况、降水量、气温的季节变化等方面具有哪些特点。水文状态：就是地域河流水位、流量、含沙量、结冰期、汛期、水能、凌汛、径流量变化、流速等特征。土壤生物：就是地域土壤类型、土壤资源、土壤分布、土壤形态特征以及生物的种类、数量及类型特点。人文地理环境就是人类的社会文化和生产生活活动的地域组合，包括人口、民族、聚落、政治、社团、经济、交通、军事、社会行为等许多成分，是疆域、政区、军事、人口、民族、经济(农业、手工业、商业)、城市、交通、文化等各种活动的分布和组合。且人口的增长、分布和迁徙，民族分布和融合，已成为历史人文地理中十分重要的部分。

第三层次是"地域研究"的分析要素，主要包括"地域"思想、文化的形成机制、空间结构和地域特点等方面。

第四章　地域文化的本质及要素

中华民族在漫长的历史进程中形成了"多元一体"的中华文明。与世界其他文明相比，中华文明虽然始终具有比较清晰的自我认同，但在其内部，由于历史和现实的原因，其地域文化也呈现出丰富多彩的景象。① 近年来，特别是在建设社会主义文化强国不断深入之际，当代地域文化研究已成为学术研究的热点之一，且其热度正不断上升。然而，学界关于地域文化的内涵、特质、成因和价值等的认识仍然没有达成共识。本章重在对此进行学术梳理，并提出地域文化的概念、特质和要素，以期为后续研究提供依据和参考。

第一节　地域文化的概念

何谓"地域文化"？"地域"与"地域文化"的关系如何？其内涵和界域是什么？目前，学界至今仍然没有得出一个统一的定论，直接影响了地域文化在提升中华文明凝聚力和传播力，增强国家文化软实力方面作用的有效发挥，也对于探究地域文化与乡村振兴融合的路径和方法产生了不利影响。为此，必须在梳理现有学术界已有成果的基础上，进一步深入探讨其概念、内涵及特质。学界关于"地域"与"地域文化"概念的探讨集中在 21 世纪第一个十年，近年来其焦点转向对"地方学"或"地域文化学"概念的解读。目前，学界关于"地域文化"概念和内涵解读主要有以下几个代表性的观点：

---

① 吴涛：《地域文化研究界域构建刍议》，载《黄河科技学院学报》2022 年第 24 卷第 7 期，第 6~12 页。

1. 人类学视域下的解读

该解读更突出强调地域文化的人本性属性。认为："地域文化是人类文化独特的空间组合，它是在特定的地理环境和人文环境中、在相当长的历史时期内逐步孕育而形成的，具有较强的稳定性和传承性"（贺宝林，2005）；或"地域文化是某一特定地域的人类群体在长期实践中形成的，对其周围自然环境、社会环境、人类自身环境，以及与本地域联系较为密切的地域的适应性体系，是反映人与自然、人与社会以及人与人之间关系的总和"（刘新有，2007）；或"地域文化的发展基础是人类赖以生存的地理环境，在文化的形成及发展中，地理环境通过影响人类活动而对文化施加影响"（程民生，1997）等。这些观点关注点在于人类各民族所创造的文化及其人类文化的本质，强调人类在地域文化的形成和发展中的作用和地位，更侧重于历史沿袭或约定俗成的意义及其对人类行为和生活方式影响的研究。

2. 社会学视域下的解读

该解读更突出强调地域文化的社会性特征。认为："地域文化是指生活在特定区域的人群在从事物质生产、精神生产和社会生活中所形成的具有浓厚的地域特色的价值观念、思维方式、人文心态、民族艺术、风俗习惯、道德规范等的总和"（张玮，2006）；或"地域文化是在繁衍于地域自然生态环境与信息资源环境之中，由地域传统文化和外来文化相融合的，历史特征和时代属性相统一的，相对于一定空间维度存在的，强调差异、重视发展、促进交流的动态发展的文化范畴"（王纪武，2008）；或"地域文化是在一定的地域范围内长期形成的历史遗存、文化形态、社会习俗、生产生活方式（唐永进，2004）等。这些观点的关注点在于地域文化与"价值共同体"的形成与演化，以及与政治、经济的联系，强调各具特色的地域文化内人类集居群落的共同价值取向及其文化多样性、差异性和传承性等问题的研究。

3. 历史学视域下的解读

该解读更突出强调地域文化的历史性属性。认为："地域文化就是一定地域内历史形成并被人们所感知和认同的各种文化现象"（雍际春，2008）；或"地域文化不是一个简单的地理概念，而是一个文化时空概念。一般是指具有相似文化特征的某个区域及其文化生成的历史空间。因此，地域文化具有文化的普遍性、群体性、继承性和渗透性四个基本特征"（蒋宝德、李鑫生，1997）；或"地域文化"是一门研究人类文化空间组合的地理人文学科，但在某些方面，地域文化又与文化地理学有着明显的区别，即文化地理学以地理学为中心展开文化探讨，而地域文化则以历史地理为中心进行文化探讨"（邱文山，2003）等。这些观点关注的是地域文化在形成和发展过程中各个不同历史时期的人们心理意识中所认同而约定俗成的空间区域特征和区域差异问题，强调地域文化的历史沧桑和文化变迁及其边界模糊性、感知性和认同度的研究。

4. 地理学视域下的解读

该解读更突出强调地域文化的空间性属性。认为："地域文化是指在一定空间范围内特定人群的行为模式和思维模式的总和，地域文化研究应当属于人文地理学范畴"（张凤岐，2008）；或"地域文化是一定区域内人的精神活动的总和，它是由区域地理环境、社会生产方式、区域传统文化等因素综合作用的结果"（李秀金，2006）；或"地域文化是以地域为基础，以历史为主线，在社会进程中发挥作用的物质产物与精神产物之和"（严飞生，2006）等。这些观点关注的是各地的环境差异，包括地域、地貌、气候等对人们空间行为和相互作用的文化与组织过程的影响，强调从人地关系中探究各有特色的地域文化圈形成、归因和结果。

5. 文化学视域下的解读

该解读更突出强调地域文化的文化性属性。认为："地域既不是一个单纯的地理概念，也不是指行政区域的划分，而是特指文化区域，即在一定历史阶段所形成的、相对于其他地区有自己文化传统的文化区域"（李伯齐，2006）；或"地域文化也就是以自然环境和地形地貌为标志所形成的特色文化，这种地域文化十分明显地制约和影响着人们的生活方式和思维习惯"（李敬敏，2002）；或"地域文化属于文化学的范畴，并通过地、天、人、道四个要素进行了阐释"（白欲晓，

2011）等。这些观点关注的是从文化的角度区分文化，探究其地域性特点；又从地域的视角分析文化，从而既探究地域内部的一致性和相似性，又揭示该地域与其他地区的差异性和独特性。

6. 综合学科视域下的解读

该解读更突出强调地域文化的全面属性。认为："地域文化指特定区域源远流长、独具特色，传承至今仍发挥作用的文化传统"（唐永进，2004）；或"地域文化是文化的空间分类，是指在一定区域范围内形成和发展起来的具有自己明显特征的一种文化形态，也是一个国家或者一个民族传统文化中主体文化的组成部分"（朱存军，2008）；或"地域文化应该概括为一定地理范围内人们在社会生产过程中所创造的物质生产和精神生产的总和，是支撑其区域人们生存和发展重要的精神力量，是人们从地域社会生活中创造的并应用于社会生活的文化类型"（黄意武，2018）；或"地域文化是特定时期和特定地域形成的中国文化中的一个子系统，地域文化研究就是专门考察和分析某一地区独特的地理人文环境、经济形态、政治状况、文化教育、社会习俗、文化心理等方面"（徐进昌，2015）等。这些观点关注的是地域文化的复杂性、多样性和全面性的研究，强调的是运用多学科的视角探究地域文化的历史意义、形成因素、基本构成等方面的问题，其系统性的描述和阐释更容易被认同。

7. 马克思主义视域下的解读

该解读更突出强调地域文化的实践性属性。马克思主义经典作家几乎鲜有专门论述文化概念和地域文化概念的，他们更多的是将文化与文明等同论述，强调文明的产生和发展受地理环境和自然资源的影响，也受人类认识世界、改造世界的劳动实践的影响。文明是同自然相区别的，文化概念是相对自然而言的，人化的、社会化的实践活动的总称，是人类社会历史实践中的物质文化和精神文化的产物，是一种更精神化、更民族性的、更追求人的自由全面发展的文明。[1] 从马

---

[1]　黄意武：《多学科视野下地域文化概念及内涵解析》，载《地域文化研究》2018 年第 3 期，第 107~112 页。

克思主义视野出发，该解读认为："地域文化与同一个地方生产、生活息息相关，是地区内人们产生归属感和认同感的精神纽带，是凝聚地方核心价值体系的过程，是让人们生产、生活的文化基础。"（黄意武，2018）关于这方面的解读目前甚少，处于起步上升阶段，相信后期关注度将会增强。

基于上述分析，目前学界对地域文化内涵的界定差异较大，各抒己见的较多，但也在以下几个方面达成了共识：一是认为地域文化是与地理环境和人类活动相关的文化；二是地域文化是人地相互作用的产物；三是地域文化随着不同时期人地关系的变化而变化；四是地域文化是人类社会实践的产物，且随时间而发展和变化。因而，可以说，地域文化不是单纯的空间概念，也不是单纯的历史概念，而是一个具有"文化"的共同特征，涵盖经济、社会、历史、地理等不同领域的综合性概念。笔者认为：所谓地域文化，就是一定地理空间范围内人类社会实践所创造和传承的物质和非物质的文化传统。该定义的内涵包括以下几个特点：一是强调地域性，阐明地域文化必须是一定时空范围内人地互动的产物；二是强调实践性，地域文化必须是人的社会化的产物；三是强调历史性，地域文化必须是历久弥新的传统产物；四是强调全面性，地域文化必须是物质生产和非物质生产的总和；五是强调功能性，地域文化必须是至今具有价值和功效的文化产品。这些特点表明，地域文化既覆盖着文化的观念形态、精神产品和生活方式等基本领域，又具有鲜明的时空结构和主体特性。

第二节　地域文化的特质

关于地域文化的特质研究，目前学界主要关注在特征上，且归纳研究较少。主要代表有严飞生、马冀、雍际春、黄松筠、马桂英等，其中严飞生认为："中国地域文化具有地域独特性、传统性和乡土性、多元性、界限的模糊性和地域范围确定性的统一以及行政区划限定性和意识形态主导性等五个共性特征。"①马冀则从研究着手认为："重点应该放在研究当地文化的独特性、稳定性、关联性三

① 严飞生：《地域文化学的若干问题研究》，南昌大学2006年硕士学位论文，第12页。

个方面。"①雍际春则认为研究重点应放在历史性、地域性和文化特色上。② 黄松筠则从东北地域文化分析着手，认为东北地域文化具有典型而独特、多民族文化聚合、多元文化并存、开放性与兼容性、地域性与不平衡性等五个特征。③ 马桂英则从草原文化分析着手，认为草原文化具有天然性文化本性、前仆后继性文化轨迹、流动性文化行为、尚武性文化心理、开放性文化精髓和诚信性文化内核等六个特征。④ 于丽萍则从拉卜楞藏区地域文化分析入手，认为该区地域文化具有地理环境特殊、语言独具特色、宗教文化浓郁、建筑风格别具一格、民俗文化多彩、学术传统悠久等特征。⑤ 此外，还有的学者认为地域文化应当与非地域文化区别明确，不能混淆、不能产生歧义；要形成独特性的机制；划分地域文化必须考虑方言、族群等。

地域文化是以文化为核心、以地域为基础的一种具有鲜明地域特色的文化传统。笔者认为，地域文化的意涵特质应当在时间、空间、主体、文化和环境等方面体现出来，呈现其鲜明特征。这是由地域文化的时空结构、层次结构、价值结构和功能结构等决定的。

首先，从时间而言，地域文化是个历史的概念，不同历史时期的地域文化具有不同的特征，但其内核必须一以贯之。具体而言，不同地域的语言文字、价值观念、思维方式、生活习性等文化现象是相对稳定和传承的，而不同地域的气候环境、人口迁移、交通条件以及生态状况等均是发展和变化的。因而，地域文化是不完全相同的。但是，其生产方式可以传承与发展，且呈现出鲜明的地域特色。当今社会，这种地域性特征更加突出且传播深远。

其次，从空间而言，自然现象与文化现象是不断交互作用、共同发展的，但

　　① 马冀：《论地域文化学的概念、研究路径和社会价值》，载《鄂尔多斯学研究》2014 年增刊，第 45~52 页。

　　② 雍际春：《地域文化研究及其时代价值》，载《宁夏大学学报（人文社会科学版）》2008 年第 30 卷第 3 期，第 52~57 页。

　　③ 黄松筠：《东北地域文化的历史特征》，载《社会科学战线》2005 年第 6 期，第 164~168 页。

　　④ 马桂英：《略论草原文化的特征》，载《天府新论》2006 年第 1 期，第 119~122 页。

　　⑤ 于丽萍：《拉卜楞地域文化特征及思考》，载《西藏民族大学学报（哲学社会科学版）》2019 年第 40 卷第 1 期，第 82 页。

文化的力量越来越强大，甚至可以改变局部的自然现象，从而衍生新的景观，然而这种改变并不是无穷尽的，必然受到新的自然现象的制约。所以，地域文化始终处于局限与反局限、突破与反突破、创新与反创新的不断转换和发展之中。但当今社会，这种文化的力量和自信，使得人类不断冲破这种自然的局限而成为改造自然的主人。因此，文化现象与自然现象的交互作用越来越取决于文化的力量。

再次，从主体而言，地域文化的产生、形成和发展先后经历了以自然为主向以人类为主的转换过程，这种转换同自然现象与文化现象的转换一样，使得地域文化更反映出人类在其间的创造、传承和发展。地域文化的这种主体转换是一定地理范围内自然现象与文化现象交互作用的必然结果，而不是人为行政干预的必然产物。所以，具有行政色彩的区域文化并不一定代表具有鲜明特色的地域文化。但两者之间存在偶合的地方，甚至有重合的可能。

复次，从文化而言，地域文化与文化是辩证的、历史的、具体的关系。一方面，地域文化属于文化范畴，是个性和共性的关系；另一方面，文化的产生和发展必然离不开地域，正所谓"一方水土育一方文"。文化的这种地域自带性，决定了文化与地域文化不能是从属关系，而是相互依存、相互促进、相互发展的，是在人类与自然的相互作用下不断创造、传承、创新、转换，再创造、再传承、再创新、再转换的历史循环且螺旋式上升的过程。所以，地域文化研究既要包含文化的基本领域，又要着眼于文化的整体考量，全面考察一定地理空间范围内的自然条件、地理环境乃至人文因素的差异，以及人们在从事采集、耕种、渔猎、游牧、生产、创造等活动中，各地人们自然而然地在居住心理、性格习惯、思维模式、行为方式和语言风俗诸方面的差异，寓共性与个性之中，从而彰显其独特的地域特色。

最后，从环境而言，这里的环境包括山川河流、地形气候等自然环境，还包括人化景观、市场条件、交通状况等环境。这些环境与地域文化的关系，正如物质与意识的关系一样，物质决定意识，意识是客观存在的反映，意识对物质具有能动作用。因此，一方面，这些环境决定着地域文化的产生、形成和发展，使得地域文化更具有独特的地域性；另一方面，地域文化既能够能动地认识这些环境，又能够能动地改造这些环境，不断产生、形成和发展人化的文化现象，丰富地域文化的人文特色。这种环境与地域文化的相互能动作用，推动地域文化延续、多样、独特的传承、创新和发展。

第三节　地域文化的要素

目前学界关于地域文化要素的探讨，主要有两个方向：一是形成要素；二是构成要素。

从形成要素方面看，主要代表人物为葛剑雄、王修智等。其中，葛剑雄从历史文化地理的视角分析认为：地域文化的成因在于：(1)特定的地理环境、交通条件，使得不同地域之间的交往有限，以及生产力水平普遍低下，推动各地产生了独特的文化；(2)移民因素促进了主客文化的相互融合，共同构成了一个地域的文化；(3)政治权力和行政区划使得地域文化得到加强；(4)民族、宗教以及外来文化的影响使地域文化得到传承或发生改变。① 王修智则从具体案例出发探讨认为：齐鲁文化的产生既受到宜居宜人的自然地理环境的影响，又受到从远古时代至战国秦汉悠长的历史渊源的影响，还受到礼乐文化、百家争鸣、稷下学宫等社会背景的影响。②

从构成要素方面看，马冀认为：地域文化应该包括自然要素(山、河、草、沙、气候、土壤等自然地理要素)、实体要素(建筑、遗址、墓冢等物质文化要素)、人文要素(政治历史、民族民风、文学艺术等精神文化要素)和关联要素(与当地有关联的其他地域文化，如人口迁徙、文化传播等要素)四个要素③；黄意武认为：地域文化至少具备这些要素：一是地域要素，必须基于一定范围、一定空间的人类对其所处环境适应的产物；二是文化要素，是人的价值观念在社会实践中对象化的过程与结果，也就是物质与精神产品的总和，即物质、制度和精神等三类文化；三是功能要素，能够满足人们的精神需求，并且随着人们精神生活的有效需求增长而不断成长壮大，能在社会发展、个体行为和人类历史的变迁

---

① 葛剑雄：《中国的地域文化》，载《贵州文史丛刊》2012年第2期，第7~11页。
② 王修智：《齐鲁文化与山东人》，载《东岳论丛》2008年第4期，第1~14页。
③ 马冀：《论地域文化学的概念、研究路径和社会价值》，载《鄂尔多斯学研究》2014年增刊，第45~52页。

中发挥重要作用。① 此外，还有学者提出划分地域文化的因素应当考虑行政区划、方言、族群、民俗、经济文化类型、流域文化、区域市场、宗教信仰、地理单元和方位等。

基于上述分析，笔者认为地域文化的研究既需要从国家之视角的宏观叙事，更需要以乡为主的微观探究。因为乡村乃是中国地域文化产生、形成、发展和变化的本源。正如梁漱溟先生在其《乡村建设理论》一文中所说"中国这个国家，仿佛是集家而成乡、成乡而成国。我们求组织，若组织家则嫌范围太小，但一上来就组织国，又未免范围太大；所以乡是一个最适合的范围。——不惟从大小上说乡最合适，并且他原来就是集乡而成的一个国，所以要从乡入手。"②所以，本书着眼于古为今用、推新去陈、历久弥新、美美与共的原则，以乡村地域文化与中国式乡村现代化融合入手，将地域文化的要素划分为四个部分，即乡土、乡居、乡贤、乡约等。这四个部分涵盖了自然要素、实体要素、人文要素、流动因素等多方面，融合了地域文化的形成要素和构成要素的主要内容，具有鲜明的田园气息，旨在以小窥大，从微观探究延伸至宏观叙事之中。

乡土的"土"就是山川河流、地形土壤、气候生态等特定的地理环境，以及附着其上的人化景观和劳作方式；乡居的"居"就是以居为核心的吃、穿、住、行、娱等生活方式，以及依附其上的社会化产物，包括宗教信仰、价值观念等诸多社会方面；乡贤的"贤"就是不同权利主体包括政治权利、经济权利、文化权利等和行政区划对地域文化成果的强化和改造，以及附于其上的流动性所引起的不同文化之间的相互融合和改变；乡约的"约"就是处于一定地理空间的人们约定俗成且普遍接受的具有地域约束力的行为准则，是主动之人化成果，具有精神和制度的"双重"属性，制约和主导着地域文化的变迁和发展。

总体而言，乡土、乡居、乡贤、乡约，并不是孤立存在，它们相互联系、相互依存、相互促进，共同推动乡村地域文化与乡村建设的融合发展，促使乡村建设更具有地域特色，更具有中国风采，彰显中国模式。这种要素的划分并不是凸

---

① 黄意武：《多学科视野下地域文化概念及内涵解析》，载《地域文化研究》2018 年第 3 期，第 107~112 页。

② 《梁漱溟全集（第二卷）》，山东人民出版社 2005 年版，第 313 页。

显地域文化定义的行动目标，而是在于"提出一个文化观，将文化看成收纳象征符号、故事、仪式、世界观的一个'工具箱'，人们在不同情况下可以从中取出不同工具来解决各种问题。然后，为分析文化的因果作用而聚焦于'行动策略'，即经过时间检验的组织行动的一些持久方式。最后强调文化的因果重要性在文化为形成行动策略提供文化组件上"①。

---

① 周怡主编：《文化社会学：经典与前沿》，北京大学出版社 2022 年版，第 4 页。

第三编　乡　土

　　费孝通先后在其《乡土中国》一书这样描述：乡下，"土"是他们的命根。在数量上占着最高地位的神，无疑的是"土地"。"土地"这位最近于人性的神，老夫老妻白首偕老的一对，管着乡间一切的闲事。① 这段描述告诉我们，"土地"在中国文化里所占和所应当占的地位。随着乡村经济活动和社会关系的变化，虽然中国的乡土社会发生着深刻剧烈的变化，但以乡为基点的活动空间没有变，以土为基础的生存依托没有变，② 乡土依然是城乡中国不可替代的非常重要的空间和沃土。该篇着重阐述乡土的意涵及其特质，并在阐述地理气候类型及特征、地理资源禀赋及特征、历史资源禀赋及特征的基础上，分析乡村振兴的经典案例，探寻依托乡土特色规划和发展特色产业、特色生态等的路径和机制。

---

① 费孝通著：《乡土中国》，北京联合出版公司 2018 年版，第 6 页。
② 刘奇：《中国乡土社会正在发生十大转变》，载《管理观察》2018 年第 2 期，第 14~15页。

第五章　乡土的意涵及其特质

不管乡土社会如何转型，怎样变化，以乡为亲，以土为生的乡土格局仍然不会变。"土"仍是乡村振兴的生存依托，"乡"仍是乡村振兴的活动空间。本章将重点阐述"乡土"的意涵及其特质，以及具体要素。

第一节　乡土的由来及流变

一、"乡"的解读

汉字"乡"的字意，在古时常也写作"鄉""饗"，甲骨文字形是左右各有一个人，中间摆放着已经煮熟、还冒着热气的食物，他们相向而坐，共同吃着美食。所以，"乡"的本义就是用酒水和食物来款待远方而来的亲朋。古代，该字还通"卿"和"响"。后来，"乡"引申为乡里乡亲之间亲密无间的关系，如故乡、家乡。经过演变，现在，人们常常用其指代某种美好的意境，如梦乡、醉乡。① 这个可从"鄉"的甲骨文、金文、篆书、隶书、楷书直到简体字的演变过程可以看出。

图 5-1 为"鄉"的字形演变过程，从 1 中可以看出，甲骨文的"鄉"字，像是两个人相对而坐，中间部分则是"簋"的象形字，而"簋"在古代是一种盛食物的器具。由此，可以看出"鄉"的本义是两人相对而食。从演变过程 5 开始则变成了易于书写的符号，其字义也开始逐渐演变为《说文解字》的"乡，国离邑，民所封乡也；啬夫别治封圻之内六乡六卿治之，从邑（xiang）声"，这里的字义乃为："古

---

① （东汉）许慎原著，《图解经典》编辑部编著：《图解〈说文解字〉（画说汉字：1000 个汉字的故事）》下，北京联合出版公司 2014 年版，第 359 页。

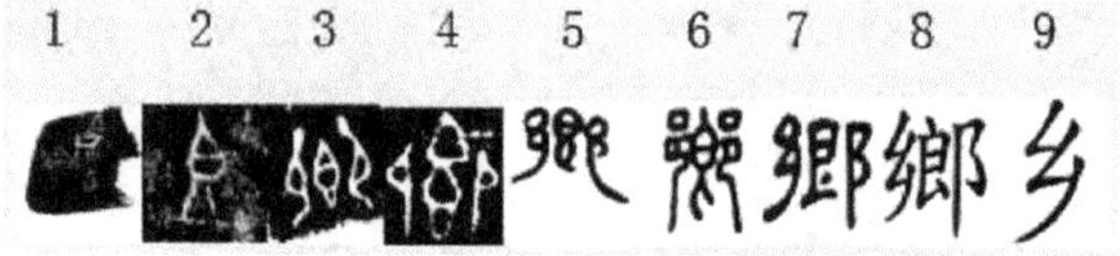

图 5-1　"鄉"字的演变过程

代相互亲近、有共同饮食、彼此宴请的氏族部落",亦即故乡、家乡之义。① 继而又进一步引申为:"古代大小不同的地方行政区域"②,亦即"基层行政区划"之义。故而,至《现代汉语词典》则解读之"乡"的字意:一为乡村,与"城"相对;二为家乡;三为行政区划的基层单位。此"乡"已非"鄉"之本义也,"乡"的繁体字"鄉"也并不是许慎所说的形声字,而是典型的会意字。③ 本书所探讨的"乡土"之"乡"则是为乡村,与城市相对的字义。

二、"土"的解读

"土"字在我国古人眼里很神圣。正如费孝通先生在其《乡土中国·生育制度》所描述的:"我们的民族确是与泥土分不开的了。"④关于"土"字,目前学界共同认可的说法是:"土"字的甲骨文表示一堆土的形状,"一"指地面,两者合起来的意思是在地上的一堆土。古文的"土"字中的"一堆土"向左右延伸成线形,逐渐变成今天的"土"字,其演变过程如图 5-2 所示。⑤ 对于甲骨文"土"字的本义是否为泥土、土壤,则有较大的争议。

有学者认为:甲骨文"土"字大致经过了第一种 ☒(6407)、☒(合 8475);第二种 ☒(合 11403)、☒(合 34186);第三种 ☒(合 21103)、☒(合 33049);第四种 ☒(合 28195)、☒(合 36975)等字形的演变,以第一种字形为最古,然后经由

<hr>

① (东汉)许慎著,汤可敬撰:《说文解字今释》,岳麓书社 1997 年版,第 1~10 页。
② 陈鼓应注评:《庄子今注今译》,商务印书馆 2016 年版,第 528 页。
③ 武超:《"乡"字演变过程及与他字关系》,载《晋中学院学报》2019 年第 36 卷第 4 期,第 98~101 页。
④ 费孝通著:《乡土中国·生育制度》,北京大学出版社 1998 年版,第 6 页。
⑤ 该图引自《汉字的故事——趣说"土"和"地"》,载微信公众号"国学堂之说文解字",2021 年 12 月 17 日。

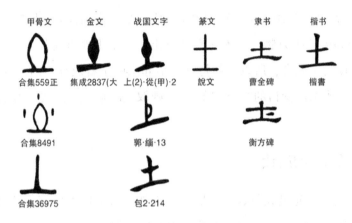

图 5-2　汉字"土"字形演变、字源演变过程

第二、第三种字形最后演变为第四种字形。王国维据此认为："下一象地，上象土壤也。"①后人或以为像土块，这都是将"土"的本义误作为土壤之义。他们认为"土"字的本义当为土地，与地表的"水"即河流相对应，而非指物质状态的土。泥土义为其本义土地之引申。且"土"字用以表示物质的土，盖始于春秋时期。至于泥土之义，古时可称作"壤"。如《尚书·禹贡》"厥土惟白壤""厥土惟黄壤"等语，"壤"与"土"对举，"土"表土地而"壤"表泥土，区别明显。② 同时，他们还认为："土"的本义虽然是地，但"地"的本义不能简单地等同于土地，而是与"天"相对的一个概念，含有"低、下"的语义。后词义发展，"土"与"地"才成了同义词。对于这点可从"地"的造字晚于"土"字而来。"地"字在甲骨文和金文中还没有出现，最早见于小篆。

在古代哲学中，"土"为五行之一，用以表示具有生化、承载、受纳特性的事物。"土"字的引申义为乡土、国土、领土等。③"土"的小篆和今之"土"形体相同。《说文解字·土部》："土，地之吐生物者也。象地之下，地之中。物出形

---

① 王国维撰：《戬寿堂所藏殷虚文字考释》，上海仓圣明智大学 1917 年版，第 1 页。

② 雷缙碚：《"土""地"语义流变及甲骨文中的"土"》，载《殷都学刊》2015 年第 2 期，第 102~103、106 页。

③ （东汉）许慎原著，《图解经典》编辑部编著：《图解〈说文解字〉（画说汉字：1000 个汉字的故事)》下，北京联合出版公司 2014 年版，第 222~223 页。

也。"具体地说："二"中的第一横画指"地面"，第二横画代表"土壤"，一竖代表"植物"。土地能吐生万物。古人非常敬重土，有了土地就能从事农业生产，有了农业生产就有了衣食，所以人们把这种堆起来的土看成神，因而称其为地母，并向它祭祀。本书所探讨的"乡土"的"土"则取"土地"之义，是一定范围的物质状态之地。

三、"乡土"的解读

"乡土"的词义先是款待远方亲朋的一堆地，后引申为氏族部落共同饮食的一块地，其后则发展为以乡为基点的一方土地。如今，"乡土"一词已远不是古代的词义。特别是随着费孝通先生的《乡土中国》的问世，更赋予了"乡土"更多的意涵。

《现代汉语词典》对"乡土"的释义，一是"故乡"；二是"地方"，按照这个词义去理解"乡土中国"，那"乡土中国"的语境就会是"故乡中国"或"地方中国"，这显然与费孝通先生所阐述的"乡土"词意相背离。因此，"乡土"意涵的解读必须与其语境相符。实际上，费孝通先生笔下的"乡土"是"乡土性"，是将中国底层看待一个乡土社会而去解读其意涵。理解费孝通先生笔下的"乡土"的意涵，还要与费孝通先生笔下的"土气""熟人""礼俗"等词意联系起来，费孝通先生讨论的"乡土"，不是地理学的人地关系，而是乡村社会的社会结构、社会治理和社会转型问题，是一个社会学语境下的"乡土"，是透过"土"这个中国乡下人的命根，分析中国底层是从"土"里长出来的文化，构成了中国底层的乡土性特征。所以，费孝通先生虽然强调"土"，但这个"土"已不再是人地关系的"土"，而是这个"土"上的以乡为基点的社会，这个社会是个"熟人"社会、"私人"社会和"礼俗"社会。这里的"乡土"，"土"是原生性的，"种地谋生"是根本性的，"乡"则是因"种地谋生"的生产方式所造成和决定的，是后生的、人为的、社会性的组织单位，具有"乡村"的词义。

中国知网输入"乡土"之字发现，关于"乡土"方面的研究成果达 6.61 万之多，但真正探讨"乡土"意涵的甚少，人们大多沿着费孝通先生的"乡土"概念而展开。正如有的学者所说的：费孝通将传统中国概念化为"乡土中国"，源于他的"从基层上看去，中国社会是乡土性的"这一观察，熟人社会、差序格局、礼治秩序、无讼政治等是他对这一社会形态一般化的主要概念。但是在《乡土中国》一书中，费老并未详细搭建出一个关于乡土中国基本特征的架构，也并未详细阐述农村土地思想。但是不难读出，中国传统的人的行为与制度规则深深嵌入人与土地的关系之中（李珊珊，2021）。基于这个视角，近年来许多学者开始关注和延伸对"乡土"意涵的认识，重新发现"乡土"，认识"乡土"价值。如萧放先生认为：乡土，既不是与现代社会悬隔、落后时代的传统保留地，也不是抽象审美的乡愁寄托之区。乡土只是一种生活方式，乡土有自己的本质属性，有自己社会运行的逻辑原则、秩序体系与审美趣味。乡土是物质生命的基础，是人类智慧最初产生的温床，是现代社会的一个独特的空间。① 所以，我们解读"乡土"既要承继前人，又要着眼于解决现在的问题。

从社会学意义上认识"乡土"，"乡土"就是社会。但从地域文化的视角来看，因为乡下人的"风尚、性格等等依地块而各不相同"②，人与地的紧密依存才是乡土文化最本质的特征。因而，从地域文化视角解读"乡土"，不是仅仅将"乡土"作为一种精神意象，而是要理解此乡此土的物质价值和生活状态，从人与地关系的历史变迁中，找出地域文化嵌入"乡土"的"行动策略"和"路径选择"。所以，本书认为："乡土"是自然现象与文化现象交互作用、具有特定价值的特定地域空间。该解读强调人地关系的核心价值和特点。正如笔者前面所述，尽管中国的乡土社会发生着深刻剧烈的变化，但以土为生仍然是乡土的核心特征。乡土重建的重点仍然是人地关系。此外，强调人地关系，可以清晰地了解和把握在人地关系的历史演变过程中，生长于"土"之上的乡土文化所载的价值观与行动的关系演变和发展，以便从中寻找"乡土文化"嵌入"乡土重建"过程中的创新性转换和创造性的路径和方法。因为，如今的"乡土"，已不是传统"乡土"的范围，而是面向世界市场的"乡土"，人和土地要素需要释放更大的功效，在这种情况下，如何以"活业"带动"活人"，实现"活村"，全面复兴乡村空间，正是研究和探讨"乡土文化"与中国式乡村现代化首要回答的命题。

---

① 萧放：《重新发现乡土》，载《学习与政策》2019 年第 4 期，第 59~61 页。
② ［德］马克思著：《1844 年经济哲学手稿》，人民出版社 2000 年版，第 44~45 页。

第二节　乡土的特质及要素

一、乡土的特质

如上所述，乡土文化最本质的特征是人与地的关系，乡土的核心价值与特征也是人与地的关系。那么，当下语境基于"乡土"的人地关系具有哪些特质呢？其分析的视角和要素包括哪些呢？要分析这个问题，"必须寻找一些新的分析视角，从而可以更具体有效地分析文化如何被行动者运用，文化要素如何约束或促进行动模式，文化传统的哪些方面对行动有持久的作用，特定的历史变化如何破坏了某些文化模式的生命力并催生了其他的文化模式。文化意义的影响和命运都依靠它们所支持的行动策略"①。要做到这一点，必须首先了解和把握人地关系的历史演变及其不同行为背后的文化支撑和解释。

人地关系，即人类社会和自然环境的关系，始终是地域文化必须直面和探讨的重要问题，是中国式乡村现代化必须首先研究和解决的重要课题，也是人类认识世界的永恒命题。在漫长的人类历史发展进程中，人与地的关系先后经历了崇拜自然、改造自然、征服自然的过程，至今越来越趋向于和谐共生。在这个过程中，人类也先后从采猎文明走向农业文明，从农业文明走向工业文明，如今正从工业文明走向生态文明。伴随这一历程，人类也先后产生了环境决定论、人类意志决定论、可能论、适应论、和谐论、可持续发展论和"两山论"②等人地关系思想，也出现了解释这些行为的一些文化理论，如进化论、"扳道工命题"以及"唯意愿行动理论"，直到今天的"工具箱理论"等，特别是马克斯·韦伯关于文化的基本观点以及当代安·斯威德勒的文化"工具箱"观点均具有"里程碑式"的意义。马克斯·韦伯认为：直接支配人的行动的并非理念，而是物质型利益和理念型利益。不过，由观念创造出来的"世界图景"，常常像扳道工一样决定行为沿着哪

---

①　周怡主编：《文化社会学：经典与前沿》，北京大学出版社 2022 年版，第 26 页。

②　郝兆印等：《"两山论"：人地关系理论的中国实践与时代升华》，载《中国人口·资源与环境》2022 年第 32 卷第 3 期，第 136~144 页。

条利益驱动的轨道发生。本书认为马克斯·韦伯这种"扳道工"命题正是对人类意志论下的行为作出的文化解释。这种解释对于当下乡土文化"嵌入"乡土重构仍然具有借鉴价值。因为我们正在进行的乡土重构，是在农耕文明、工业文化与生态文明三种并存的历史情境下进行的，乡土重构中出现过的乡村工业化、乡村城市化等现象，以及当下的资本下乡以及由此产生的问题等应当看到其背后的物质性利益和理念性利益。这个利益的核心是土地及其附着的价值。所以，贯穿整个人类历史进程的文明进步和社会发展，始终在于人类如何正确认识和对待土地及其附着的价值。因为无论有无人类，土地都在那里，正是因为有了人类，才有了不同的文明；正是因为有了土，才有了乡土；有了乡土，才有了生长于"土"之上的乡土文化。"土"始终是"乡土"的根，也是乡土文化的根。

　　此外，也应当看到，我国的乡土文化是在一个以农立国、结构稳态的传统中国社会中产生、发展的。这种以农本立国、以地为本的政治经济结构，以及由人地关系紧张所形成和强化的家本位小农经济，加之以村而治的乡村治理，共同造就了"人不离土"的经济形态，积淀出附着于土的特定文化与价值观念，① 就是我们独特的乡土文化。这种乡土文化具有土地价值伦理。中华人民共和国成立后，我国将家庭联产承包责任制确立为农村基本经济制度，虽然农地关系出现了一些新情况，但这种独特的乡土文化仍然存在。因而，乡土重构必须关注和研究这种土地功能的复杂性及其附着的价值和观念。正如周飞舟先生在其《中国式现代化，田野调查大有可为》一文中所说的：面对这样的社会，无论是国家权力还是产业资本，下乡时所采取的行动方式与其说是主动选择的手段或策略，不如说是为"适应"这样的社会基础而不得不采取的行动。因为文化并非如韦伯所强调的那样是通过提供终极价值来引导行动并对行动产生影响的，而是通过塑造一个包含惯习、技能和风格的"剧目库"或"工具箱"。人是凭借"剧目库"或"工具箱"去建立日常"行动策略"的。在稳定时期，作为"工具箱"的文化能够独立作用于行动，但其只是为人们组织多种可能的行动提供可用的资源。在非稳定时期，"工具箱"不起作用，而是明确的意识形态直接统摄行动。在不同意识形态呈现的情况

---

　　① 李珊珊：《乡土中国的农地哲学：费孝通农村土地思想理论对乡村振兴的启示》，载湖南师范大学官网，https://www.zgxcfx.com/xczx/119733.html，2021 年 12 月 22 日访问。

下，行动所面对的结构性因素将决定哪一种意识形态能够在竞争中获胜且长久生存。这种替代性文化观，对于我们分析当下乡土文化"嵌入"乡土重构，塑造行动者行动提供了新的视角。①

　　基于上述分析，本书认为：在乡土文化"嵌入"乡土重构语境下，"乡土"的特质在于土地的功能和价值。土地的功能与价值是一个辩证统一体。土地的功能决定价值，但价值作用于功能，并且在一定条件下，功能与价值会发生转化，这时价值将破坏功能。因而，乡土文化"嵌入"乡土重构的"乡土"必须正确认识和处理好土地的功能与价值的关系。

二、乡土的要素

　　乡土的特质在于土地的功能与价值，因而，乡土的要素必须围绕其特质而展开。所谓土地，就是地球陆地表面由地貌、土壤、岩石、水文、气候和植被等要素组成的自然历史综合体，它包括人类过去和现在的种种活动结果。具有以下几个方面：一是土地是综合体，土地的性质和用途取决于全部构成要素的综合作用，而不取决于任何一个单独的要素。二是土地是自然的产物。人类活动可以引起土地有关组成要素的性质变化，从而影响土地的性质和用途的变化。三是土地是地球表面具有固定位置的空间客体。四是土地是地球表面的陆地部分。陆地是突出于海洋面上的部分，包括内陆水域、海洋滩涂等。五是土地包括人类过去和现在的活动结果。② 因而，一方面，土地具有自然属性，是自然的产物，必须尊重、顺从和保护土地的功能和价值，在活化乡村土地资源要素上下功夫；另一方面，土地具有历史属性，凝结着人类过去和现在的活动结果，必须尊重和利用乡土的"社会基础"，探究和建立具有乡土特色的农地制度和组织形式，为中国式乡村现代化提供强大动力。再则，土地具有综合属性，是自然历史综合体，必须从系统工程和全局角度寻求土地全部构成要素的综合利用，提升农地关系系统的稳定性和可持续性。

---

　　① 周怡主编：《文化社会学：经典与前沿》，北京大学出版社 2022 年版，第 10~12 页。
　　② 《土地的概念》，载濮阳市自然资源和规划局官网，http://zyghj. puyang. gov. cn/sitesources/pyblr/page_pc/zwgk/kxpj/airtide1394ea6dfgeb43e984d614606fb3ff24.html，2023 年 8 月 15 日访问。

在乡土文化"嵌入"乡土重构的语境下，土地除了上述属性外，它还是乡民的根、乡产之本、乡村之基。因而，本书认为，影响"乡下"土地功能和价值的因素应该是自然要素、人文要素、时间要素和空间，且系统中任何一个要素的变化都会引起其他要素的相应变化。

地理学认为：农业生产具有明显的地域性和周期性。农业生产首先要遵循"因地制宜、因时制宜"的一般原则。其次要充分考虑农业区位因素。农业区位因素主要包括自然因素和人文因素两个方面。其中，自然因素主要从气候(光照、热量、降水、昼夜温差等)、水源、地形、土壤等方面进行分析；人文因素主要从市场、交通运输、政策法规、资金、劳动力、科技、历史、文化、政治等方面进行分析，且农业区位因素是不断变化的，人类可以通过培育良种、改良耕作制度等技术改革，可以扩大某种农作物的区位范围；人类还可以根据经济技术条件，对不适宜某种农业生产的自然因素进行改造，使之适宜发展某种农业。其结构如图 5-3 所示。

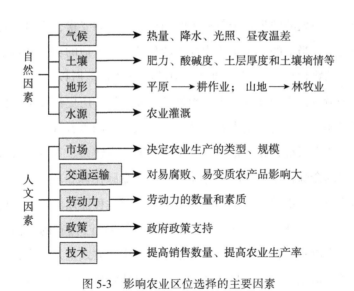

图 5-3　影响农业区位选择的主要因素

此外，随着现代科学技术在农业领域的广泛推广和应用，人类通过对地形、光热、土壤的改造或对市场、交通等因素的影响，直接和间接影响农业发展。其结构如图 5-4 所示。

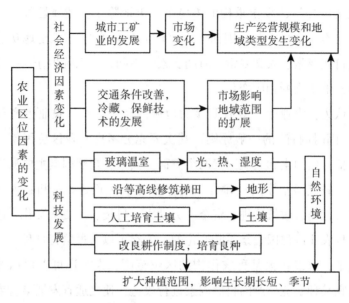

图 5-4　农业区位因素的变化图

这个分类，最大的缺失在于忽视了时间要素和空间要素，而这正是地域文化的基本特征之一。当下的乡土是历史乡土的延续，其土地的功能和价值也是延续的，当下没有的物种也许在过去却是当地的特色物种。所以，乡土文化"嵌入"乡土重构的语境下，必须体现乡土的地域性、文化性、历史性和全面性。

何谓自然要素，就是由山水林田湖草沙组成的，涵盖着气候、地形等为一体的自然系统。这个系统是相互依存、紧密联系的有机链条。人的命脉在田，田的命脉在水，水的命脉在山，山的命脉在土，土的命脉在林和草。因而，必须统筹兼顾、整体施策、多措并举，全方位、全地域、全过程加以保护和利用。

何谓人文要素，就是黏附于"土"之上所形成的自己特有的生活样式、社会结构和价值伦理以及精神状态。这种乡土的生产生活方式是人们在世代生活的土地上逐渐生长与形成的惯习、技能和风格等，是特定的自然风土人情。因而，必须探究制度改革、政策设计与社会结构、社会意识层面的变化紧密结合，形成上下感通、贯通、畅通的渠道和机制。

何谓时间要素，就是人地关系演化的历史脉络，以及人口、气候、土壤、地形、水源等的变化和生产方式的演化和发展。透过这种历史的演变，可以洞察古今气候的异同、人口的迁徙、交通的状况、生态的平衡与失调等演变，发现该地域人类活动与自然的矛盾、与人文环境的矛盾及其影响的主导因素和限制性因素。

何谓空间要素，就是地域内人居空间的状况，包括聚落形态与环境的和谐程度、生态移民的适应能力、城镇的辐射带动能力以及人力资本的发展程度和单位土地上的获利能力。透过这种空间剖析，可以了解地域内宏观政策、中观环境与微观主体的互动关系，发现地域内人居空间的时空演化规律和现实特征，提出清晰的理想人居空间策略和技术手段。

我国自古以农本立国，在认识和处理土地的功能与价值，调适乡土各要素和要素之间、要素与系统之间、系统与环境之间的关系等方面，已经探索和形成了以天时、地利、人和为核心的传统农学理论，以精耕细作、集约经营等为主要内容的传统农耕技术和经验体系，且在长达两千多年的传统农业社会，因其地域多样性、历史传承性和乡土民间性而绵延不断、长盛不衰。这种具有地域特色的农耕文化维持的是一种文化特质，传承的是一种文化精神，重构的是一种文化和谐，实现的是激活农耕文化的能量。而这正是乡土文化"嵌入"乡土重构的目的所在。梳理这种具有地域特色的农耕文化，本书认为："农为邦本"的思想、物候节气的利用、精耕细作的技术、"地力常新"的理论等至今仍然具有实用价值，是乡土文化"嵌入"乡土重构的传承渠道和路径选择。特别是在"绿水青山就是金山银山"的当下，认真学习和总结具有乡土特色农耕文化的成功经验，坚持创造性转换，创新性发展，对于推进中国式乡村现代化更具有重要的借鉴意义。为此，本书将从"农为邦本""物候节气""精耕细作"和"地力常新"四个维度，结合相关案例，探究乡土文化"嵌入"乡土重构，推动乡村振兴，加快中国式乡村现代化的方法手段和路径选择。

第六章 "农为邦本"的内涵特质及价值

"农为邦本"的思想是传统乡土中国的基色,是农耕文化的基本命题,是乡土中国绵延不绝的重要保障。如何汲取传统"农为邦本"思想的合理内核,实现其创造性转化和创新性发展,以促进乡土重构和中国式乡村现代化建设,是乡土文化"嵌入"乡土重构的内在要求。本章从"农为邦本"的内涵特质及其解读入手,结合相关案例,分析和解剖乡土重构过程中"农为邦本"思想运用的成功经验和存在的不足以及相应的对策建议。

第一节 "农为邦本"的解读

"农为邦本"思想产生的历史可以追溯至神农氏、后稷等原始传说之中,而系统阐述重农思想的则始于西周。以商鞅变法为转折,农本观念正式确立,农业真正成为"决定性生产部门"。其后各朝代基本上沿袭前代"以农为本,以工商为末"的思想,直到近代这种重农抑商的思想和传统仍然继续发挥着巨大影响。

梳理相关文献,在中国知网上以"农本思想"为关键词检索,发现相关成果有203篇;以"农为邦本"为关键词检索,发现成果仅16篇。这些成果对于"农为邦本"思想的内涵与外延的解读接近或比较接近的观点:一是认为"农为邦本"体现在"农本之要"。农既为民,也为国,即"民之大事在农,国之大事在农",因为农业乃民生之本,国之财富之源;二是认为"农为邦本"体现在"农政之道"。农乃"足国之道,兴农之法,力农务本,上农为教"。因为民生之本在于丰衣足食,而衣食之源又以农业、农事为本,农业、农事则又有赖于民众努力耕作才能有收获,因而农政之道要以民为重;三是认为"农为邦本"体现在"治道之本"。此乃"古先圣王之所以导其民者,先务于农。民农非徒为地利也,贵其志也"①。

---

① 参见《吕氏春秋·上农篇》。

"民舍本而事末则好智,好智则多诈,多诈则巧法令,以是为非,以非为是。"①这便是重农抑商之策。

而近年来有学者则认为"农为邦本"并非只有此三义,故而从经济模式出发,对司马迁之《史记·货殖列传》中关于"农本商末"的思想进行了新的解读。他认为"农本商末"思想的本义在于"农"的逆向调节作用,在于形成农、工、商协调发展,这种农耕经济模式更具合理性。② 因为"夫用贫求富,农不如工,工不如商"③。故"农不出则乏其食,工不出则乏其事,商不出则三宝绝,虞不出则财匮少"④。也有学者从"重农抑商"政策的历史演变路径,探究农商关系这个经典理论命题,以期对当下工商资本下乡进行现实之观照。他认为"资本下乡"的深层次问题是农商博弈。虽然商业对农业发展带来了诸多好处,但封建统治者们在利弊权衡之下最终还是选择了"重农抑商",并从一而终贯彻整整两千年,比起商业的巨额利润,他们更关心商业对农业造成的侵蚀力。毕竟农业是一国之本,容不得半点撼动。⑤

综观上述分析,"农为邦本"思想虽然存在着一定的历史局限性,并也有其合理内核,必须深度挖掘,加以创造性转换和创新性发展。本书认为:"农为邦本"的核心在于农商关系,解决这个问题的关键必须参照历史重在观照现在,解决的路径在于处理好政府与企业的关系;企业与农民的各自利益观照,建立农、工、商协调发展机制。目前,全国许多地方的实践探索已经成为成功的范例。

第二节　乡土的实践

笔者在调查中发现,"农为邦本"思想在当下中国式乡村现代化进程中主要呈现以下三个特点。

---

① 许维遹撰:《吕氏春秋集释》,中华书局 2009 年版,第 1~27 页。

② 张孝德:《传统乡村是财富经营总部——兼谈"农为邦本"与乡村经济学》,载 360 个人图书馆网,http://www.360doc.com/content/22/0502/12139925164_1029395777.shtml,2023 年9 月 15 日访问。

③ (汉)司马迁撰:《史记·货殖列传》,中华书局 1982 年版,第 3274 页。

④ (汉)司马迁撰:《史记·货殖列传》,中信出版社 2018 年版,第 275 页。

⑤ 陕红宇:《"重农抑商"政策的历史演变路径》,载行业研习网,https://www.hangyanshe.com/asticle-list/1/1531767.html,2022 年 8 月 30 日访问。

一、农商互动

纵观当下乡土产业发展状况，绝大多数乡土产业兴旺的县域或乡村无是农商互动的产物，而那些曾经辉煌一时的乡土产业，其凋落或沉寂也大多与农商互动不足相关。以中部某省小龙虾产业发展为例，该产业是我国近年来发展迅猛的一个乡土产业，笔者亲身经历了其产业发展从无到有，从小到大的全部历程。其实它的发展轨迹乃是从"一盆油焖大虾"开始，以"餐桌"为媒，迅速反推"田头"，继而催生出小龙虾"虾稻连作"模式，让小龙虾产量暴增，小龙虾产业随之应运而生。随着二十多年的发展，小龙虾产业已遍地开花，形成了小龙虾养殖、加工、流通、餐饮等一体化产业链。如今全国已有 23 个省养殖小龙虾，2021 年全国小龙虾养殖面积 2600 万亩，产量 263.36 万吨，同比分别增长 19.01% 和 10.02%，继续保持较快增长；小龙虾养殖产量占全国淡水养殖总产量的 8.27%，位列我国淡水养殖品种第 6 位；现有小龙虾规模以上加工企业达到 162 家，新增约 30 家。其中，中部省小龙虾规模以上加工企业超过 80 家，小龙虾加工量超万吨企业 9 家，国家级农业产业化重点龙头企业 5 家，年加工量超过 30 万吨（如图 6-1 至图 6-3 所示）。① 其中最亮眼的是中部某省 Q 市。该市小龙虾产业发展的历程就是农商互动的最好印证。

其实，小龙虾是外来物种，原产自美国和墨西哥部分地区，20 世纪 30 年后由日本传入我国。因与海中的大龙虾相似却个头稍小而得名"小龙虾"。国人开始吃它从 20 世纪 80 年代末 90 年代初起，但市场很小。真正让"小龙虾"火爆市场的则是 20 世纪 90 年代末，一个叫小李子的四川人在江汉油田五七厂租了一个家属区旁的平房开了一家餐馆，主卖"油焖大虾"，这道菜就是将"小龙虾"用清水洗净，把锅烧开，将虾倒入爆炒，伴以麻辣香料、冰糖啤酒等调料，翻炒几遍，然后开大火焖上几分钟，盛上铁盆端上餐桌，取名"油焖大虾"。每盆 20 元左右。由于口味适宜，价格不贵，加之地处油田，所以吃的人越来越多。刚开始由于房间太小，待客只能容得下几桌，老板就把餐桌摆在餐馆前面的空地上。周

① 全国水产技术推广总站、中国水产学会、中国水产流通与加工协会：《中国小龙虾产业发展报告（2022）》，载搜狐网，http://news.sohu.com/a/570435276_121119260，2023 年 7 月 22 日访问。

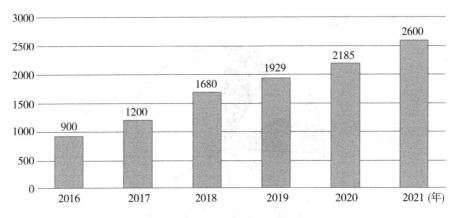

图 6-1　2016—2021 年小龙虾养殖面积(单位：万亩)

资料来源：全国水产技术推广总站、中国水产学会、中国水产流通与加工协会：《中国小龙虾产业发展报告(2022)》，载搜狐网, http://news.sohu.com/a/570435276_121119260, 2023 年 7 月 22 日访问。

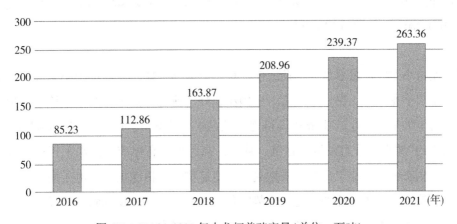

图 6-2　2016—2021 年小龙虾养殖产量(单位：万吨)

资料来源：全国水产技术推广总站、中国水产学会、中国水产流通与加工协会：《中国小龙虾产业发展报告(2022)》，载搜狐网, http://news.sohu.com/a/570435276_121119260, 2023 年 7 月 22 日访问。

边的餐饮店看到"油焖大虾"的生意这么火爆，也纷纷向小李子学习开始卖"油焖大虾"。此时，虾源就是问题了。作为当时小龙虾货源的主产地 Q 市积玉口镇，当地宝湾村民刘主权开始尝试虾稻连作，无意间成功破解了小龙虾人工养殖的难

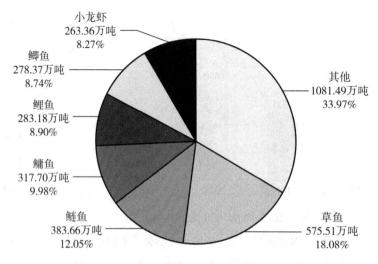

图 6-3　2021 年按品种分淡养殖产量及占比

资料来源：全国水产技术推广总站、中国水产学会、中国水产流通与加工协会：《中国小龙虾产业发展报告（2022）》，载搜狐网，http://news.sohu.com/a/570435276_121119260,2023 年 7 月 22 日访问。

题，使得小龙虾产量暴增。由此，Q 市获评中国小龙虾之乡、中国小龙虾美食之乡、中国小龙虾加工出口第一市、中国小龙虾产业第一强市。当下，该市正抢抓中部省十大重点农业产业链建设机遇，按照"人口集中、产业集聚、功能集成、要素集约"要求，着力延链、强链、补链，高起点、高标准、高水平打造集选育繁育、生态种养、加工出口、餐饮美食、冷链物流、精深加工、电子商务、研学旅行、节会文化于一体的小龙虾优势特色全产业链，进一步巩固 Q 市龙虾在全国小龙虾产业的引领地位、标杆地位，全力打造千亿产业集群。

　　这座地处江汉平原腹地，境内湖泊河塘众多的县域城市，虽然具有独特的土壤、气候、水质环境，为小龙虾在该市的繁育生长和大规模养殖提供了条件。但同样具有这种条件的其他地方为何没有成为中国小龙虾之乡，占领小龙虾产业高端市场，引领小龙虾产业不断发展壮大，让一只小龙虾蹦出一个千亿级产业集群？关键在于该市走出一条以农引商、以商促农、农商互惠、士农商工同频共振、协同联动的发展新路，形成了一个以小龙虾为核心，融育苗、养殖、加工、物流、餐饮等于一体，链链相扣、条条相接、环环相扣的联农带农发展格局，破解了重农抑商的历史循环，让"农为邦本"的传统思想实现了华丽转身，涅槃重生。这种农商模式的核心在于"政"的持续重视和绵延支持，在于"民"的持续自觉与永续创新，在于"企"的持续参与和扎根底气。反观中部某省的板栗产业、核桃产业等一些曾经风靡一时的乡土产业，为何发展停滞乃至失败，笔者认为其关键在于没有形成农商互动，处于乡土产业的低端市场，而产业链延伸不够。

二、政企协同

政企协同的关键在于乡土产业的发展不能采取行政命令的方式推进，政府与企业的关系必须建立在市场需求框架下，既发挥政府的主导作用，更要重视企业的市场主体地位。这是目前乡土产业能否兴旺的瓶颈之一。笔者在调查中发现，有些地方政府"以政代企"，从选种到栽培及至交易，均"大包大揽"，结果是"声势浩大""烂尾收场"。反观那些乡土产业发展好的地方，政府与企业则处于协同共振状态，政府的主要职责就是搭台、推广和服务。仍以中部某省 Q 市为例，在其小龙虾产业发展壮大过程中，政府几十年如一日，坚持与时俱进抓了以下几件事：一是搭平台。建立全国最大的小龙虾苗种选育和繁育中心、全国最大的小龙虾交易中心、生态龙虾城、现代农业科技示范园，筑巢引凤；二是重推广。"会"动"资"助，促进"虾稻共作"遍地开花和升级提档及拓展；三是聚焦点。突"重"显"焦"，加快"人集""产聚""功成""素约"，不断延链、强链、补链。四是增农利。盘活土地，实行土地"三权"分离，探索"企业+合作社+农户"等产业组织形式和"反租倒包"经营体系，开辟了中国式乡村现代化新路。该市历经 20 多年的发展，小龙虾产业持续保持活力，历届政府一代一代传承不断，把小龙虾产业作为农本之要，倾心倾力倾财，为产业发展"逢山开路、遇水搭桥"，体现了"农为邦本"一以贯之的精神内核。截至 2022 年年底，该市小龙虾产业已有生产主体 32855 个、龙头企业 33 家、专业合作社 204 个、家庭农场 140 个；虾稻共作面积 85 万亩、池塘精养 5 万亩，建成 13 个万亩和 70 个千亩集中连片虾稻共作标准化生态种养基地，荣获首批国家级水产健康养殖和生态养殖示范区称号；建成集度假旅游、龙虾美食、文化展示于一体的生态龙虾城，创新推出油焖大虾、蒜蓉虾、清蒸虾、卤虾等 128 道小龙虾菜品，其中中国名菜 4 道、中部名菜 10 道，在全国开设"虾皇""味道工厂""小二上虾"等 Q 龙虾餐饮名店 3000 余家；拥有全国最大的小龙虾交易中心及 12 家功能齐全的区镇街道交易分中心，实现"基地直采、产地直销、城乡直通"，形成覆盖全国 500 多个大中城市的冷链物流网，高峰期日均交易量可达 800 吨至 1200 吨。①

三、农民主动

笔者调查发现：当下乡土产业的发展，既要技术的支撑，更离不开农民的主动，特别是农民在乡土产业发展过程中的创造和创新更是乡土产业持续健康发展的力量之源。从小龙虾产业到香菇产业再到魔芋产业等乡土产业，其间的发展无不凝结着农民的首创精神和企业的自主意识，彰显着农民的主体作用和企业的主体地位，填补了"农为邦本"重农抑商的历史遗缺。以小龙虾产业为例，我国中部省份 Q 市地处江汉平原，地理和气候十分适合水产养殖。2001 年该市农民刘某看到当地一到冬春季节，稻田就基本上搁荒，开始尝试在低洼稻田里开挖简易围沟，放养小龙虾，种一季中稻、养一季小龙虾，意外探索出小龙虾"虾稻连作"模式，实现了稻谷与小龙虾的双丰收。在此基础上，该市某国有农场农民贺某则针对"虾稻连作"模式的不足，在相关部门的指导下，创造出了"虾稻共作"模式，从而实现"一季稻，两季虾"，使得农民亩产收益增长了 5 倍。这种农民的主动探索，为该市形成小龙虾养殖、加工、出口、餐饮一体化的产业链发挥了示范和牵引作用。当下随着"资本下乡"政策正在各地实施，也引起了广泛的社会和学界的关注，如何在农业日渐变弱、商业日渐变强的洪流中，阻止商业盘剥农业，如何在发挥商业优势的基础上最大化减轻它的伤害，如何实现农商关系和谐共处②是新时代"农为邦本"思想必须回答和解决的难题。中部省份 Q 市小龙虾产业的实践已经交出了最好的答卷，为乡土文化"嵌入"乡土重构，探索中国式乡村现代化提供了成功范例。目前，全国各地像中部省份 Q 市立足地域特色，发展地域特色产业的还有很多，如无纺布产业、香菇产业、秭归脐橙等一大批特色产业，正有力地助推着乡村振兴。

---

① 艾帅、吴曾爽：《小龙虾"链"出大产业》，载《潜江日报》2024 年 12 月 12 日。

② 陈红宇：《"重农抑商"政策的历史演变路径》，载行业研习网，https://www.hangyanshe.com/article-list/1/1531767.html，2022 年 8 月 30 日访问。

第七章　物候节气的内涵特质及价值

物候节气实乃由物候和节气两部分组成。所谓物候是指动植物与当地的生态环境协同进化而形成的生长发育节律现象。依据不同植物的生长、发育和活动的变化规律进行生产活动的时间制度被称为"物候历"。① 在二十四节气发明之前，我们的远古祖先最初使用的是"物候历"。节气就是根据太阳的位置，在一年的时间中定出的二十四个点，每一个点叫作一个节气，通常也指每一点所在的那一天，通称为二十四节气，它是指中国农历中表示季节变迁的二十四个特定节令，是通过观察太阳周年运动，认知一年中时令、气候、物候等方面变化规律所形成的知识体系。它确立后成为我国最早的结合天文、气象、物候知识指导农事活动的历法。二十四节气及"物候历"对我国农耕文明的形成与发展发挥了重要的历史作用，其间所蕴含的精神内核对于当下乡土文化"嵌入"乡土重构仍然具有重要价值。本章将在解读物候节气的内涵特质及价值的基础上，选择相关案例，分析和解剖乡土重构过程中物候节气传统思想的传承和再造。

第一节　物候节气的解读

《吕氏春秋·审时》云："夫稼，为之者人也，生之者地也，养之者天也。"天、地、人，乃中国农耕经济赖以生存与发展的三大要素。所以，华夏先人"仰观天文，俯察地理"，将气候、物候、时候的观测方法不断总结应用于农业生产、社会活动之中，由此形成了具有中国特色的时间知识和实践体系，是中华优秀农耕文化成果的典范，具有丰富的内涵和价值作用。

---

① 张苏：《二十四节气与物候》，载《农民日报》2016 年 12 月 9 日。

一、物候节气的历史演变

史传我国祖先因圈养动物、种植生物的需求，开始通过观察动物和生物的生长发育节律，将周天以二十八星宿为轮廓定位，以木星、金星、太阳为定位，这些都是肉眼直接可以观测到的最主要的天体参照物，而且长时间观测下来，并不会出现偏差，所以制定了以五日为候，三候为气，六气为时，四时为岁，一年"二十四节气"共七十二候。各候均以一个物候现象相应，称"候应"。其中植物候应有植物的幼芽萌动、开花、结实等；动物候应有动物的始振、始鸣、交配、迁徙等；非生物候应有始冻、解冻、雷始发声等。七十二候"候应"的依次变化，反映了一年中物候和气候变化的一般情况。关于这些的最早记录见于《逸周书·时训解》。该书记载了七十二候和与之对应的节气，全面完整地形成了物候与节气的对应关系，并在此书中划定了仲春、仲夏、仲秋和仲冬四个季节。至秦汉年间，二十四节气已逐步确立。公元前 104 年，由邓平等制定的《太初历》，正式把二十四节气定于历法，规定太阳每运行 15° 所经历的时日称为一个节气，每年运行 360°，共经历 24 个节气，每月两个。其中，每月第一个节气为"节气"，包括立春、惊蛰、清明、立夏等 12 个节气；每月的第二个节气为"中气"，包括雨水、春分、谷雨、小满、夏至等 12 个节气。"节气"和"中气"交替出现，各历时 15 天。历经传承和演变，二十四节气逐步从单纯的时间标尺发展成为综合性知识体系及其实践系统，内涵、价值也日益丰富起来。2006 年，"二十四节气"被列为首批国家级非物质文化遗产；2016 年 11 月 30 日，联合国教科文组织保护非物质文化遗产政府间委员会第 11 届常会，一致同意将"二十四节气"列入人类非物质文化遗产。①

二、物候节气的内涵特质

物候节气因"农"而生、因"地"而特、因"节"而扬，历经千百年的传承和发展，已从黄海流域扩展到整个华夏大地，远播海外各大洲，具有鲜明的农耕性、

---

① 隋斌、张建军：《二十四节气的内涵、价值及传承发展》，载《中国农史》2020 年第 6 期，第 111~117 页。

地域性和生活性，体现着我国古人独特的生产观、生活观和生态观，蕴含着丰富的精神文化内涵，是可以持续汲取营养的优秀农耕文化遗产。关于物候节气内涵特质的研究成果，大多集中在二十四节气方面，目前的观点大体有以下三个方面：一是认为二十四节气具有丰富的科学、哲学和文化内涵，包含着中国人的科学观、世界观和价值观，① 主要代表为隋斌等。二是认为二十四节气是古代农民世代传承的农业时间制度，其基于"敬畏天时以应时宜、施于地以应地德、帅天地之度以定取予、依自然之法精慎管理"的四大农业伦理原则，② 主要代表为胡燕等。三是认为二十四节气体现了中国人特有的宇宙观和自然观，彰显着人与自然和谐相处的生态观和蕴藏其中的哲学思想，③ 主要代表为徐旺生等。以上这些阐述各自分析视角不同，但均对于破解当下农业生态系统问题具有独特的价值。本书认为：物候节气文化是乡土文化的重要组成部分，也是乡土重构和中国式乡村现代化不可或缺的文化力量。尽管当下乡土生产和生活均发生了深刻剧烈的变化，但以土为生的生存方式没有改变。因而，"仰观天文、俯察地理"，"顺天时，量地利"仍然具有重要的借鉴意义和现实价值。所以，本书认为物候节气的内涵特质主要体现在生产观、生活观和生态观三个方面。

1. 生产观

物候节气产生来自两个方面：一是天象变化。物候节气的划分充分考虑了季节、气候、物候等自然现象的变化。由于我国地域辽阔，具有非常明显的季风性和大陆性气候，各地天气气候差异巨大，因此不同地区的四季变化也有很大差异。所以，就有"观天象、听八风"。而何谓"八风"呢？《吕氏春秋·有始览》云："东北曰炎风，东方曰滔风，东南曰熏风，南方曰巨风，西南曰凄风，西方曰飂风，西北曰厉风，北方曰寒风。"此"八风"乃二十四节气中八个节气反映的八种

---

① 隋斌、张建军：《二十四节气的内涵、价值及传承发展》，载《中国农史》2020 年第 6 期，第 111~117 页。

② 胡燕、张逸鑫、陆天雨：《农业伦理视域下二十四节气与现代农业生产体系的耦合》，载《江苏社会科学》2019 年第 5 期，第 130~141 页。

③ 徐旺生：《"二十四节气"在中国产生的原因及现实意义》，载《中原文化研究》2017 年第 4 期，第 95~101 页。

季候风。汉代《易纬通卦验》："八节之风谓之八风。立春条风至，春分明庶风至，立夏清明风至，夏至景风至，立秋凉风至，秋分阊阖风至，立冬不周风至，冬至广莫风至。"年复一年周而复始的四季和如约而至的八风，构成了二十四节气"四时八节"的自然基础。二是地理节律。每种生物的生命运动，无论是单细胞生物的、高等动植物的或是人类的，其生长过程总是经历着个体的出生、成长和衰亡，而子代个体又重复这一类似的过程。这样，一定区域的生物类群便遵循着各自的生命长短呈现阶段性的节律变化。同时，自然地理过程和现象也按照严格的时间间隔重复地规律变化，它发生在地球自转和公转及地表光、热、水的周期性变化基础上。这种周期性节律既有昼夜，还有季节等。早在远古时代，华夏先人就发现了生物长期适应温度变化条件的周期性变化，形成了与此相适应的生长发育节律。这种生物的生长发育节律的发现，使中国先民认知到农事活动与天象变化的关联，从而历经千百年形成了二十四节气的知识体系和实践系统。这种顺天应时、相地之宜的生产观，呈现了古人尊重自然、顺应自然和利用自然的智慧和创造，具有旺盛的生命力。

2. 生活观

物候节气既是中国先民观察天象，洞悉物象和气象，形成时间知识体系及其实践的过程，也是中国先民观天察地，洞悉人类自我生命，形成天人和谐宇宙观和道法自然生活观的过程。一方面，二十四节气讲究天人和谐，这一理念不只表现在精耕细作、自然平衡的传统农业生产体系中，也融入了社会交往过程中，成为乡土中国的思维方式和行事准则。正如《管子》云："故春仁，夏忠，秋急，冬闭，顺天之时，约地之宜，忠人之和。"①"用天之道，分地之利。谨身节用，以养父母，此庶人之孝也。"②另一方面，农业生产活动的地理节律，也必须要求乡土社会生活表现出一定的节奏性。二十四节气不仅成为农业生产的时间指针，也由此成为乡民年度时间生活的重要节点和时间坐标，在一定程度上成为乡民日常社会生活的时间指针。这种黏于土之上的时间制度，因其是乡民的命根，使节气

---

① 黎翔凤撰：《管子校注(上)》，中华书局2004年版，第121页。
② 石声汉校注：《农桑辑要校注》，中华书局2014年版，第3页。

与节日相连，赋予了节气更多的信仰崇拜和民俗习性，形成了一套融节庆、故事、传说等于一体的生活和民俗系统。

3. 生态观

我国是一个古老的农耕民族，而农耕生活与自然地理节律息息相关，物候节气的形成和实践始终贯穿着以土为生这个主题，根据自然季节循环的节律、物候、气象、天文等划分农耕周期、安排农事劳作，蕴含着丰富的尊重自然、顺应自然、保护自然的生态思想，彰显了人与自然和谐共生的生态观。主要表现在"耕""养""节""管"四个方面。"耕"，坚持"以时系事"，顺应时序，观候而乘乎天时的自然观；"养"，坚持"以应地德"，万物土中生，无土便无农，地力常新壮的乡土观；"节"，坚持"以定取予"，张弛有度，合理循环，御欲尚俭的节用观；"管"，坚持"自然之法"，遵循"万物并育而不相害，道并行而不相悖"的共存观。

三、物候节气的当代价值

物候节气是我国先民适应农耕生产和生活的生存智慧和生活策略，是我国先民乡土生产生活的经验和规律的科学总结，为后人的实践活动提供了依据和遵循，具有当代价值。关于这方面的论述，社会和学界讨论集中的要点有以下四个方面：一是认为随着工业化、信息化、全球化的迅速发展，我国现在的生产体系与社会生活已发生了极大变化，二十四节气应发挥其在当下社会文化建设过程中的积极作用；重新认识人与自然的关系，发挥二十四节气比较准确反映自然律动与节奏的作用；让其介入现代民众的社会生活，充分发挥二十四节气在民众日常交往、休闲娱乐、饮食养生等的功能与价值，让"日子"继续有滋有味地进行下去。[1] 二是认为二十四节气在当代依然具有重要价值，是农业生产的时间指针；是人们生活实践的方向标；极大地丰富了人们的文化生活。[2] 三是认为二十四节

① 王加华：《二十四节气的历史功用与当代价值》，载中国民俗学网，https://www.chinesefolklore.org.cn/web/inclex.php? NewsID=19131，2023年9月29日访问。

② 隋斌、张建军：《二十四节气的内涵、价值及传承发展》，载《中国农史》2020年第6期，第111~117页。

气与现代农业生产的应然耦合，加强自然环境的保护、气节精神的追求和民俗文化的认同。① 四是认为在乡村振兴战略中要发挥"二十四节气"文化的价值引领作用，主要是生态观的价值引领、科技观的价值引领、文化自信的价值引领。② 这些研究成果视角不同，宏观叙事较多，贴近乡土的较少。本书认为：物候节气文化的精神内核在于怎样正确认识和看待以土为生的乡土主题，以及与此相关的人地关系问题。物候节气始终把自然界存在的地理节律和气象变化放在首位，尊重、顺从和保护这一人类赖以生存与发展的基础。只要以土为生的依托不改变，乡土中国就必须依然遵循自然地理节律和气象变化规律。从这个意义上说，物候节气的当下价值就是回归天、地、人这个历久弥新的课题，把握人与自然和谐共生的精神内核，实现二十四节气文化的创造性转化和创新性发展。因为自然界是包括人类在内的一切生物的摇篮，是人类赖以生存与发展的基本条件。保护自然就是保护人类，建设自然就是造福人类。③ 人与自然是生命共同体。生态环境没有替代品，用之不觉，失之难存。当人类合理利用、友好保护自然时，自然的回报常常是慷慨的；当人类无序开发、粗暴掠夺自然时，自然的惩罚必然是无情的。人类对大自然的伤害最终会伤及人类自身，这是无法抗拒的规律。④ 在乡土文化"嵌入"乡土重构，加快中国式乡村现代化的当下，物候节气文化更具有不可替代的现实价值和长远影响。

第二节 乡土的实践

一、内外有别的社会基础

笔者在走访中，深深感到：顺天应时，相地之宜，不仅在于把握物候节气

---

① 胡燕、张逸鑫、陆天雨：《农业伦理视域下二十四节气与现代农业生产体系的耦合》，载《江苏社会科学》2019 年第 5 期，第 130~141 页。
② 李卿、霍兴花：《乡村振兴背景下〈齐民要术〉中的"二十四节气"及其现实意义》，载《山东农业工程学院学报》2022 年第 39 卷第 6 期，第 103~108 页。
③ 《胡锦涛文选(第二卷)》，人民出版社 2016 年版，第 171 页。
④ 《毛泽东思想和中国特色社会主义理论体系概论(2018 年版)》，高等教育出版社 2021 年版，第 248 页。

的物理属性，更在于把握其"土"里生长出来的情理关系和内外有别的伦理观念，这对于乡土重构和中国式乡村现代化具有不可或缺的意义和价值。这里笔者选择了两个相邻且同处于一个山脉的两个县域和其两个支柱产业进行样本分析。通过这两个样本，可以洞察物候节气文化的创造性转化和创新性发展及其当下价值。

在中部省份，一座山脉横亘三省，山脚下有两个山区县，且地形地貌、气候土壤相似，一个县选择具有 500 多年种植历史的油茶作为其支柱产业，引进一个本地人的油茶加工企业作为龙头；另一个县选择当地人的"舶来品"，以外地人引种栽培、以外地人销售市场为主，作为其乡村乃至县域的龙头，但其发展的轨迹却呈现不同的发展景象。

前者为中部省份 T 县，别名为隽邑、隽州、下隽，乃湘鄂赣三省交界处，下辖 9 个镇、2 个乡，共有 20 个居委会、165 个村委会。雨量充沛，溪流密布，水利资源丰富，县境东、南、西三面群山环抱，县域土地总面积 113121.22 公顷，其中海拔 250 米以上中高山区面积 483.9 平方千米，丘陵地区面积 525 平方千米，占总面积的 46.02%；平畈面积 127 平方千米，约占总面积的 11.13%。由于历史原因，这里曾是一个集山区、库区、老区和贫困地区的省级贫困县，自然生态失衡较为严重。

在调查中，笔者发现，虽然油茶在该县有 500 多年的历史，但该县在介绍其木本植物也仅将其列入五大种类之后，并没有引起多大关注。2007 年 8 月，在外打拼多年的该县黄袍山狼荷洞人晏某，辞去某药业股份有限公司总经理的职务，回到家乡，成立了一家专业从事油茶产业化开发的民营企业——黄袍山绿色产品有限公司，在这片"七山一水两分田"且以低山丘陵为主的土地上，他发现发展油茶产业很适合家乡的山水和人多地少的实际，可以打破制约农民增收的瓶颈。因为油茶树适应性强，丘陵、山地、沟边、路旁均能生长，不与粮、棉争地，不但可以绿化荒山、保持水土，还能为农业生产提供肥料、农药，更重要的是能给农民带来不菲的经济效益。于是，他就在家乡开始大规模发展油茶产业的探索和实践。起初，山民们对油茶种植热情并不高，认为投入长、见效慢，一般需要种植 3 年才能挂果，5~7 年后进入丰产期，且对生长环境和管理要求较高。所以，晏某选择了从自己的出生地开始。在他的出生地，由于土壤气候适宜，家家户户都有种植油茶的传统。油茶树就长在附近的山上，每当油茶林结满硕果，附近的山民就纷纷上山采摘，再用最原始的工艺压榨出来，每日炒菜做饭都用自榨的茶油。但晏某从小就知道，家乡的油茶虽然品质很好，却没有得到好的推广和开发，他便通过熟人进行推广和开发。

笔者在调查该县大坪乡栗坪村时，该村的村书记介绍说：他们村的油茶果收入已成为该村山民主要收入之一。其源头是一个老人，该老人跟晏某所在的塘湖镇黄袍山林场的人很熟，有个远房亲戚在那里，那个亲戚向他推荐了油茶种，还具体指导该老人管理。在老人的精心护料下，油茶树开始挂果了。老人把成熟的树果运到黄袍山绿色产品有限公司，换回了真金白银。这个无形的示范，带动了周边的山民，人们也开始在其山脚下田埂边、低洼处种植油茶。这种"扎根熟人、示范牵引、技术引导、互利共赢、逐步推开"的模式迅速在当地产生了连带效应，也引起了该县政府的关注和支持。2009 年以来，该县四届班子坚持"造改结合、集中连片、产业带动、企村共建"，对油茶新造每亩奖补 1000 元（其中整地和抚育管理 700 元、苗木 300 元）；对油茶新型经营主体按照带动脱贫户及监测户的具体情况进行分类奖补。联合省建设银行开发裕农信用贷（随心贷）产品，帮助油茶经营主体解决融资难、融资贵的问题；推广地方油茶特色保险，对符合投保条件的油茶树按保险金额 1000 元/亩进行投保。目前，已有 16 家油茶企业、合作社和村集体投保油茶基地 56247 亩，县财政统筹资金按保费的 40% 给予补助，有效分散油茶生产经营风险，增强油茶经营主体抵御自然灾害和意外事故的风险能力，切实保障油茶经营主体利益。2009 年以来，全县新造 20.4 万亩，加上 2009 年以前老油茶林 11.85 万亩，截至 2024 年 11 月底，全县油茶总面积达到 32.8 万亩，300 家油茶企业、专业合作社和种植大户，年综合产值达 30 亿元，附加值达 70 亿元。① 其中，2022 年完成新造 1.2 万亩、低产低效林改造 2.08 万亩。2020 年 4 月 21 日，省政府发布通知该县退出省级贫困县，并成为中部省油茶主产区、全国油茶重点县、全国经济林产业区域特色品牌（通城油茶）建设试点县、中部省"绿水青山就是金山银山"试点县。

---

① 陈新、刘玉关、王春红、刘颖：《强县富民黄金果——通城油菜产业发展观察》，载《咸宁日报》2024 年 12 月 4 日。

返乡创业的晏某也迎来了人生的再次辉煌，所创企业——黄袍山绿色产品有限公司，目前产业链已覆盖油茶品种研发、基地种植、精深加工、培训教学、生态文化旅游综合利用以及鄂南茶油储备等多个领域，建有4条油茶生产线，年加工油茶籽能力4万吨、可生产高品质茶油1万吨，研发的"油茶籽脱壳冷榨茶油生产技术"属于国内首创，是全国林业产业化重点龙头企业，也是中部省唯一参与了木本油料协会茶油行标的制定者。2021年，该公司获评为"全国脱贫攻坚先进集体"，"本草天香"茶油品牌被认定为"中国驰名商标"。近年来公司拟投资兴建集精深加工、高产栽培示范、科研教学培训、鄂南茶油储备及生态文化旅游于一体的"黄袍山油茶产业示范园"，计划于2025年建成后可年创产值50亿元，实现利税11亿元，带动周边100万亩高产油茶基地种植及6万余户农民家庭投入油茶相关产业、年户均增收8000余元。

后者则为中部省C县，该县与T县毗邻，同位于湘鄂赣三省交界处，县域东西长61千米，南北宽52千米，国土面积1968平方千米，折合295.2万亩，且四面环山，峰峦叠嶂，地处大幕山、大湖山、大药姑山之间，属低山丘陵区，河谷平畈海拔高程在100米以下，面积66.59万亩，占全县总面积的22.56%；丘陵海拔高程在100~500米，面积198.35万亩，占全县总面积的67.19%；低山海拔高程在500~1000米以上，面积30.26万亩，占全县总面积的10.25%。全县下辖8镇4乡、16个社区、187个行政村，古时被喻为"天城之乡"，同属"八山半水分半田"的格局。据该县政府网站介绍，该县森林覆盖率62.28%，共有木本植物91科262属728种(含变种、亚种、栽培种)，其中竹类品种较多，有楠竹、雷竹等近20个品种，素有"鄂南竹乡"之称。加之该县境内广泛分布的红壤和黄壤，质地优良，土质疏松、排水透气性好，自然肥力较高，适宜雷竹生长，因而亦被称作"中华雷竹之乡"。

自20世纪80年代，浙江人蒋氏夫妇来到该县桂泉镇桂花村开始流转土地种植雷竹起，此后至20世纪90年代，该县开始引种种植雷竹，至1998年大面积推广。1999年又决定将雷竹产业作为富民强县的主导产业来抓，并从浙江引进雷竹100多万株，面积发展到1万多亩。到2000年年底，全县建成各类雷竹基地150多个，面积2万多亩。此后10多年里，该县雷竹产业发展缓慢，到2013年雷竹种植面积才达到3万亩，主要分布在白霓、天城、桂花泉、石城、青山、沙坪等乡镇。近年来，除了备受瞩目的"雷竹小镇"项目之外，雷竹产业很少被提及，境内实际产笋的雷竹面积仅1万—2万亩。而近年来，全国雷竹笋产业不断发展，总产值已超过150亿元。笔者曾先后三次赴该县进行调研，也曾多次与浙江人蒋氏夫妇及子女沟通，从技术方面来看，主要原因是保鲜问题。而最根本的原因笔者认为在于内外有别的社会基础，使得该产业的发展缺失当地人的认同和信任，因而造成推广和开发始终处于停滞不前的状况。尽管该县曾于2000年左右通过行政干预加以强行推广，但由于缺乏当地人的认同和信任而事倍功半，效益欠佳。这种现象，笔者在调查研究郧阳区木瓜产业、十堰油橄榄产业等情况时也曾遇到。这种现象说明，尽管乡土中国已发生深刻的变化，但根植于"土"之上的熟人社会及其内外有别的社会基础，仍然在当下的乡土重构中发挥着重要作用。

比较中部省份T与C两个县域主导产业的发展，可以清晰地看到：扎根熟人，把握内外有别的社会基础，对于资本下乡来说是多么重要，这也是顺天应时的物候节气精神传承与发展所在。通城县的油茶产业，一乃返乡之当地人，在熟悉的山上、熟悉的乡民里，依托熟人的示范牵引，委之以政府的顺势而为，形成政、企、民之遥相呼应，产、供、销之利益分担共享，从而形成众人拾柴之效果、同频共振之聚集。这种具有乡土特色的"关系"纽带和信任起到了关键性的作用。反观，崇阳县的雷竹产业，一乃产品为"舶来品"，而不是从本"土"里生长出来的东西，当地人对此"陌生"，物候节气难以把握；二乃创业者为异乡人，且市场依托异乡，虽然他们扎根C县多年，也让"C县雷竹笋"获准为国家地理标志保护产品，但至今仍然没有获得C县当地人的认同，处于陌生人的状况。这一点，从目前该县雷竹产业的种植经营人员构成可以反映出来。目前，该县本土林场、公司、农户参与度不高，即使参与也仅限于务工和土地出租等。而真正种植过百亩的雷竹基地则基本以浙江人经营为主。

因而，乡土文化"嵌入"乡土重构，推进中国式乡村现代化，必须重视和适应这种从"土"里生长出来的社会力量，因为无论是国家权力还是产业资本在进入乡村时，面对的并非"原子化"的农民，而是源于历史传统，具有各种血缘、亲缘和地缘关系构成的乡土性社会。这种乡土性社会所形成的情理关系网络和内外有别的伦理观念仍然在当下乡土重构中发挥着至关重要的作用。

二、相地之宜的行动策略

笔者在中部省份 S 市三里岗调查其香菇产业发展历程时发现：为什么一个曾经因"三里一道岗，年年闹饥荒而苦瘠甲天下"的三里岗，凭靠四十多年一"朵菇"做出大产业，成为闻名海内外的中国香菇之乡？关键在于因地制宜的行动策略。

首先，从地理环境来看，该镇版图面积 318 平方千米，其中山地面积 226 平方千米，森林覆盖率 73%，是"八山半水分半田"的山区镇，耕地面积稀少，过去靠卖炭勉力维持生计，成为远近闻名年年闹饥荒的贫困镇。但该镇位于北纬 30 度，处于长江、淮河流域的交会地带，南北地理气候的分水岭，属典型的亚热带季风气候，四季分明、雨量充沛，栎树资源十分丰富，具备人工段木栽培香菇的合适气候和条件。

其次，从人文资源来看，梁漱溟先生在《乡村建设理论》一书中说："乡村问题的解决，第一固然要靠乡村人为主力；第二亦必须靠有知识、有眼光、有新的方法、新的技术(这些都是乡村人所没有的)的人与他合起来，方能解决问题。没有第一条件，固然乡村问题不能解决；没有第二条件，乡村问题亦不能解决。"[1]纵观 S 县三里岗香菇产业的前世今生，华中农业大学的杨新美教授就是那个有知识、有眼光、有新的方法、新技术的人。这个生于 1911 年 10 月，毕业于浙江大学农学院农业植物系的江西南昌人，1950 年年底在获得英国伦敦大学帝国理工学院哲学博士学位后回国应聘为武汉大学农学院植物病理学教授，1952 年任华中农业大学教授至去世。1979 年春，这位年过半百的老人伴随改革开放的春风，东渡日本考察食用菌产业发展，回国后，他便开展食用菌生产资源调查。在调研中，他发现三里岗很适合栽培香菇。但当时山区交通闭塞，当地农民对香菇并不认同。为了打消村民们的顾虑，他拿出自己的课题经费和个人收入补贴给香菇种植户，赢得村民的信任。就这样，山区农民种菇的积极性被调动了起来。1981 年初，三里岗镇杨家棚村的农民纷纷种植香菇。"一年种菇盖新房，两年种菇娶新娘，三年种菇奔小康。"这是当地百姓津津乐道的顺口溜，也是香菇致

---

① 《梁漱溟全集(第二卷)》，山东人民出版社 2005 年版，第 351 页。

富的真实写照。

最后，从合作精神来看，天时不如地利，地利不如人和。三里岗杨家棚村香菇产业关键在于人和。正如当年参与杨新美教授一起蹲点的吕作舟回忆所说：1978 年杨新美教授从日本引进 200 多个菌种，当时中部省的恩施、十堰、宜昌等地理论上都可以栽培香菇，问题是在哪里种植更适合？所谓更适合关键在于天、地、人三者之和，核心是人和。当年杨新美教授带领团队踏遍中部的山山水水，最终准备选点 S 县三里岗进行香菇菌种驯化与推广试验的意愿，很快就得到了当时 S 县政府的积极响应。无论是春夏秋冬，还是阴晴雨雪，三里岗和 S 县政府都热情接待华中农业大学研究团队，四十多年来，虽然换了一任又一任，但他们有一个共同的特点，那就是对香菇产业给予不遗余力的支持。这种四十多年持续、稳定的产学研合作模式，是一"朵菇"做成大产业的核心支撑。正如梁漱溟先生所说：好法子的产生，一定要经过，一面是对问题顶亲切的乡村人，一面是有新知识、新方法的有心人，两者接头，两边逗合；把他们的意见，他们的方法，经过切磋，经过陶炼，然后才能是一个合用的法子。这个法子，从其效用上说，因其是新的，一定有效用；从其切合实际问题上说，因其是经过切磋陶炼的，一定能行得通。① 而此一过程乃"相地之宜"也。

如今，三里岗镇杨家棚村的香菇已成为星星之火，燎原全国。截至 2024 年 12 月，据不完全统计，仅 S 市就有 10 多万户农民直接从事香菇种植，创造的相关就业岗位超过 30 万个，常年从事食用菌交易的经纪人 3.4 万，活跃在全国各大食用菌市场的有 5000 余人，常驻境外的经销大户 60 多个。有菌种生产企业 200 多家，食用菌加工企业 100 多家，产业链总产值达 230 亿元，打造出了一个食用菌产业"航母"。② 正如该市市委常委、常务副市长所说："我们有 30 万成熟掌握香菇种植的农民。在 S 市，平均每 4 个劳动力就有 1 个是香菇种植能手。"③ 目前，S 市已建成品种繁育、技术推广、袋料栽培、设备制造、市场交易、精深

---

① 《梁漱溟全集（第二卷）》，山东人民出版社 2005 年版，第 355 页。

② 唐峥：《湖北随州全国香菇交易中心，将实现千亿元香菇产业发展目标》，载《新京报》2024 年 10 月 19 日。

③ 《以"香"为媒 点"油"成金》，载长江云，https://news.hbtv.com.cn/p/1767969.html，2024 年 7 月 8 日访问。

加工、外贸出口等相对完整的产业体系。跟香菇生产相关的农业产业化国家级重点龙头企业 1 家，省级龙头企业 11 家，市级龙头企业 26 家，具有自营出口资质的企业 48 家。"每生产两斤，就出口一斤"的 S 香菇远销东南亚、日本、韩国、欧美等 60 多个国家和地区，连续多年占据香港香菇市场 70% 左右的份额。不仅如此，该市所有香菇出口企业的产品都进行了境外认证和商标注册。2018 年，"S 香菇"获得国家农产品地理标识登记认证和中国特色农产品优势区认证，并入选全国具有代表性特色农产品区域公用品牌。2019 年，S 县创建国家现代农业（香菇）产业园项目获得国家批准，中部省份也明确提出要把"S 香菇"培育成为国家级品牌，"S 香菇"再次迎来新的重大发展机遇。

三、循律守节的路径选择

近年来，"森林康养"陆续出现在了各个景区和场所，仿佛一夜之间兴起的一种卖场。对于这种一哄而上、蹭热点的行为，笔者认为：必须从物候节气的循律守节中寻找解决路径和方法，切不可泛化和滥用森林康养之名，造成森林资源不可挽回的损失，也使乡土文化"嵌入"乡土重构，推进中国式乡村现代化再次陷入环境恶化之困境。

大家知道：森林是由树木为主体所组成的地表生物群落。它具有丰富的物种，复杂的结构，多种多样的功能。森林与所在空间的非生物环境有机地结合在一起，构成完整的生态系统。森林是地球上最大的陆地生态系统，是全球生物圈中重要的一环。它是地球上的基因库、碳贮库、蓄水库和能源库，对维系整个地球的生态平衡起着至关重要的作用，是人类赖以生存和发展的资源和环境。在陆地上，森林的分布范围相对广阔，约占陆地面积的 22%，在寒带、温带、亚热带、热带的山区、丘陵、平地甚至沼泽、海滩等地都有分布。森林用途多、效益大。森林动植物能持续地提供木材、能源物资、动植物林副产品、化工医药资源等。同时森林具有涵养水源、改善水质、保持水土、减轻自然灾害、调节温度和湿度、净化空气、减弱噪声、美化环境等生态效益和经济效益。所以，森林被誉为"人类文化的摇篮""大自然的装饰美化师""生命的资源"等。因此，森林资源是一个国家重要的自然资源，是维护国家生态安全的基础。

随着工业化、信息化、智能化迅猛发展，人类对森林的认识历经资源利用、审美欣赏和渴望回归的过程，最初是原始崇拜、资源获取与简单利用，逐步向审美自然、体验文化、感知生命、医疗保健等综合认知方向发展，产生了回归自然的渴求。森林康养便是这种渴求之一，是近年来我国政界、学术界和企业界的一个"热词"，它来源于国外流行的词汇"森林浴"（Forest Bathing）和"森林疗法"（Forest Therapy）。但直到现在，对于什么是森林康养、森林康养具有哪些意涵和特质、森林康养应具备哪些条件与基础等问题，无论是政界、学界还是商界均未能给予明确统一的表述，致使目前森林康养成为一个"热词"而被泛用。因此，很有必要厘清森林康养的意涵特质。笔者通过对中部几个地区森林康养项目的实地考察及与部分政界、学界和商界人士的交流探讨，认为森林康养虽然来源于森林浴等国外概念，但其内涵与特质却与他们有诸多不同，具有诸多鲜明的特性和内在要求。

1. 森林康养中"森林"的意涵

森林康养之所以存在，基础在森林。离开了森林，森林康养也就失去了其意义。如何理解这里的"森林"内涵与特质对于森林康养的健康持续发展至关重要。森林康养的"森林"，既不是我国《森林法》所指向的较为狭义的"林"，即将森林分为防护林、用材林、经济林、薪炭林和特种用途林五类，也不单纯是指林木，而是指森林资源，它不仅包括森林、林木、林地，还涵盖依托森林、林木、林地生存的野生动物、植物和微生物，是个具有生态系统意涵的特定概念，与林权的"林"的意涵相一致。因此，森林康养必须从整体出发，不仅要系统地考虑林木、林地与森林的相互依存、互为条件的关系，确保林地的土地性质不得随意变更，而且要从森林生态系统的生命支持的整合功能出发，将野生动物、植物与微生物与特定的森林、林木、林地相结合，统筹规划和建设森林生态环境。从这个意义上来说，森林康养的森林基础地位，也就是以森林生态环境为基础，它是由林地的基础地位决定的。森林、林木与林地虽然是三个具有各自意涵的独立概念，但三者又是相互依存、互为条件的，缺一不可。林木是森林的主体，林地是林木生存的基础，林木又展现了林地的价值，三者的相互结合才能形成一个完整的森林生态系统。只有维护森林生态系统的完整，才能发挥其规模效益，才能既提高其资源的效用，又实现其生态功能。因此，森林康养必须把保护森林生态环境置于首位，充实和完善有关林权的法律法规，进一步强化林权意识，切实发挥林权在森林康养中的积极作用，坚决纠正当下森林康养泛化的问题，严厉打击假借森林康养之名随意变更林地性质的不法分子，还森林康养之清白。森林康养绝不是森林旅游，更不是森林地产。

2. 森林康养中"康养"的意涵

森林康养的核心要义在于"康养"，在于利用良好的森林生态环境为大众健康服务。这里的"康"不仅仅是医学上的单一身体健康，而是融身心与身体健康于一体的大健康概念，因此，它也就决定了"养"不单单是养生，而是养心与养生的融合，是修行与治疗的统一。从这个意义上说，森林康养不仅要关注人的生态，更要关注人的心态；既要发挥森林资源的药物治疗效用，更要发挥森林生态的修身养性功能；既要挖掘和利用森林遗产的物理价值，更要传承和创新森林遗产的心理价值，做好中华民族养生养心遗产创新性发展和创造性转变这篇大文章。这也说明，森林康养的关键在于"养"。既然森林康养贵在"养"，那就不是走马观花式的参观游赏，就要以促进身心健康为目的，利用森林生态资源、景观资源、食药资源和文化资源，融养生、修行和医疗等各种功能于一体，开展保健养生、康复疗养、健康养老等多种服务活动。

3. 森林康养的意涵及特质

综上所述，笔者认为森林康养是指以森林生态系统保护与建设为基础，以促进大众健康为目的，利用森林资源的物理价值和心理价值，融养心养生于一体的多种健康服务活动。它以森林为基础，以康养为核心，目的是促进大众身心身体健康。森林康养的特点就是具有普惠性、层次性、公益性、综合性、便利性、生态性。所谓普惠性，这是由林权归国家所有的属性决定的，其提供的服务产品理应属于公共产品，必须以满足人民日益增长的美好生活需要为目的。所有社会成员均应享有森林康养的权利。所谓层次性，这是由林权的经营性可以转让及社会需求的层次所决定的。森林康养，既要加强森林康养的事业建设，提供大众基本公共服务，又要大力发展森林康养产业，最大限度地满足人们的各种不同层次的需求。所谓公益性，就是森林康养必须有序利用，限额发展，这是由林权的国家所有、林地不可随意变更及森林生态系统维护的特质决定的，森林康养绝不是森林地产、森林旅游，必须有限度地利用，实行接待容量控制和发展规模的控制，决不能以牺牲森林生态而换取森林康养发展。因此，坚持森林康养的公益性至关重要。所谓综合性，就是森林康养的功能配置和服务产品必须系统集成，配套完备，以确保其安全稳定健康持续发展，这是由森林康养承担的职能和履行的义务所决定的，森林康养既要维护森林生态系统，又要达到养生养心，促进身心健康的目的，必须使功能配备和服务产品体现综合性。所谓便利性，就是森林康养的设施设备和基本建设必须操作简便，使用方便，环保安全，确保森林生态系统的生成与发展，这是由森林康养的健康养生养心功能履行所决定的。所谓生态性，就是森林康养所覆盖的森林、林木和林地及森林资源必须达到国家规定的技术含量指标和评价指标，这是由森林康养的意涵特质所决定的。森林康养包括六大要素：森林生态培育建设、基础设施配套建设、农林文旅康养建设、中药医疗服务建设、异业多产融合建设、康养体验项目建设。

4. 森林康养的主要发展模式

(1)依托森林旅游发展森林康养。依托森林旅游是目前主要的森林康养模式。仅就中部而言，全省现已有国家级康养基地 13 个，分别是英山国有吴家山林场、崇阳金塘镇红河谷林场、咸安区温泉镇潜山森林公园、赤壁市国有陆水林场、大冶市双港口林场、鹤峰县下坪乡九连山林场、咸丰县坪坝营国家森林公园、宜昌市夷陵区樟村坪林场、长阳土家族自治县高家堰镇龙池山林场、南漳九集绿谷、京山市太子山林管局的太子小镇、谷城县茨河镇狮子岩水库、孝昌县陡山乡京穗农林等地，这些项目基本上都是以森林旅游为主。

(2)依托中医药养生发展森林康养。目前这方面仅处于探索阶段，主要分布于中医药产业较好的地区，目前，中部省有以蕲春的蕲艾养生、龙感湖蕲艾小镇等为主题的依托中医药养生发展森林康养的模式。

(3)依托农家乐发展森林康养。依托农家乐发展森林康养主要是针对城市居民休闲养生需求，设置森林采摘等体验类项目。此类模式数量众多、规模较小。

5. 当下存在的问题和建议

关于这方面的问题，首先主要表现为政策和办法参差不齐。虽然国家林业和草原局 2018 年 2 月已发布《森林康养基地总体规划导则》《森林康养质量评定》，但仅有湖南、四川、贵州等省近两年先后出台森林康养建设、管理和评价的地方标准。中部在这方面由于各种原因，至今仍未能出台相应的森林康养总体规划、发展意见，森林康养基地建设和服务质量也未形成完整的制度体系，没有系统可供操作的行业规范和标准，缺乏对市场的宏观引导和监督，容易导致长时间的行业发展混乱。

其次，市场混乱、标准不一。目前各地对新兴领域的热情高涨，森林康养产业体系发展得到了地方政府的支持，但是森林康养基地建设和服务质量尚未形成完整的制度体系，法律层面也属空白，使得发展期待和愿景与森林康养的内在要求存在较大落差。而森林资源是森林康养的依托，如果缺乏一定标准的生态做基础，森林康养的目的就无从谈起。某些地方在经济利益驱使下，打着康养的旗号大兴土木，不仅无法满足森林康养的需求，还对森林生态系统造成了一定程度的破坏。从公众角度来看，对于"康养"这一概念的认知程度不高，对森林资源的生态功能和社会功能认识缺位，一般民众认为森林康养不过是游山玩水，感受大自然和森林的魅力，没有真正了解森林康养的内涵和核心实质，对养生休闲及医疗康体功能服务认识更是不足，可以认为森林康养这一保健康体的方式尚未被公众广泛接受和认可。

最后，巧立名目，发展地产。有些从事森林康养的市场主体过分注重经济效益，出现忽视森林资源的稀有性和森林康养自身的特殊性，过度开发利用资源，造成资源容量过载。甚至有些企业打着森林康养的旗号发展森林房地，缺乏对资源的保护责任和可持续利用意识，严重破坏了生态资源。以中部利川的苏马荡景区为例，由于夏季气候宜人，成为武汉、重庆人民的避暑胜地。2013 以来，各开发商一拥而上开发森林房地产，使一条 15 千米长的公路两旁深山密林间，密布了上百个大大小小的避暑房项目，总体量超过 300 万平方米。2017 年夏季，仅有常住人口 2 万人的谋道镇，涌入外来人口 20 余万人，彻底"挤爆"小镇，停水停电，垃圾堆在森林边无人处理，"避暑胜地"原有的优越自然环境条件不复存在。根据以上问题，本书建议：

（1）加强宏观引导，实现功能分区、科学发展。从产业定位、发展布局、政策激励、平台构建、措施引导、科学管理等各方面系统谋划发展战略，衔接土地利用总体规划、林地保护利用总体规划、旅游与中医药发展规划等，编制全省森林康养产业规划，科学确定产业布局，建立健全森林康养产业的开发体系和运行体系。

（2）制定完善的森林康养标准与认证体系。充分发挥森林康养行业学会、研究会、协会等第三方研究组织的作用，在科学研究的基础上，围绕森林康养基地的选址、建设与认证，康养技术方案与评价系统等方面，制定适合森林康养产业特点的技术规范与标准，促进湖北省森林康养产业的规范化、专业化发展。积极建立森林康养从业技术人员教育培训认证的标准或体系。对具有自主知识产权的技术和产品加强保护，支持开展国家认证和国际注册。

（3）加大监管力度，切实保护森林资源。加强对森林康养项目的开发建设占用林地、林木等生态资源的全过程监管，避免出现开发建设偏离项目定位，甚至变相地发展商业地产，破坏森林生态资源。切实依法维护和保障基层村级集体组织和农民的合法权益，避免农村森林资源廉价出让，甚至损害当地群众利益。

（4）构建专业人员培训和资格认定体系。制定并实施森林康养专业人才培训计划，支持高职高专和职业学校建设森林康养学科，通过校企合作，培养实用型、技能型专业人才，打造一支熟悉掌握森林医学、健康保健、运动休闲和旅游服务等专业知识的复合型人才队伍。强化对森林讲解员、森林康养师、森林康养服务管理等从业人员的森林康养理论和职业技术培训工作，深化引进来、走出去的人才交流与培养策略，提高森林康养行业、康养基地的整体服务质量和水平。

（5）改变观念，大力宣传教育，提高公众认知。建立森林康养大数据统计平台，建立行业部门、康养基地、经营主体、消费人群互联互通的信息网络，打造"互联网+森林康养"发展宣传与推广模式。建立森林康养环境指标监测体系，将良好的生态指标数据化，及时展示森林康养效果并向目标人群推送。推广物联网、大数据和智能穿戴等技术和装备在森林康养中的运用，实现智慧森林康养。鼓励各地举办以森林康养为主题的公益活动，倡导绿色理念，强化科普教育，提高公众认知，提升森林康养的社会影响力。促进旅游业、养老业、商业、医药、文化教育、体育产业和健康服务业等与森林康养产业的对接，在森林康养产业充分发展的基础上，逐步探索将森林康养纳入职工疗养体系，将森林康养相关服务纳入医保范畴。

（6）试点示范，探索森林康养发展模式。四川的洪雅、湖南的杜家冲、江西的龙南，这些都是当地的森林康养名片，在带动各省产业发展中发挥着重要示范作用。在前期调研的基础上，建议中部在神农架林区围绕中医药和资源特色，打造森林康养目的地；武汉发挥城郊区位与资源优势，打造大型城市城郊型森林康养体验地。在"五区"突出区域特色和资源优势，着力打造幕阜山区温泉森林康养示范区、大别山区中医药特色森林康养示范区、大洪山区体验文化森林康养示范区、秦巴山区食养结合森林康养示范区、武陵山区土苗风情避暑森林康养示范区。通过迅速聚集政府、企业和部门力量，办成亮点，发挥效益，提升中部在国内的森林康养影响力，为中部产业发展提供示范。

第八章　精耕细作的内涵特质及价值

精耕细作是我国古人从事农业活动的技术和方法的总称，凝聚着我国古人"以土为生"的智慧和技艺，体现着我国古人天人相参、天人相协的灵魂和品质，是乡土文化"嵌入"乡土重构，推进中国式乡村现代化不可或缺的力量所在和精神支撑。本章在梳理和分析精耕细作的内涵特质及价值的基础上，选取具有代表性的乡村建设实践案例加以阐述和分析，以期实现精耕细作这一乡土文化"嵌入"乡土重构实现创造性转换和创新性发展。

第一节　精耕细作的解读

一、"精耕细作"的解读

"精耕细作"并非古文所有，乃今人所为，且这一概念的产生、形成与发展可能与近代中国延安大生产运动相关联。据有关学者考证："精耕细作"一词，最早见于 1946 年 6 月 15 日《人民日报》的报道，而不是 1957 年 10 月 9 日毛泽东发表的《做革命的促进派》讲话。因为在 1946 年 6 月 15 日至 1957 年 10 月 9 日这个时期，《人民日报》曾先后在 588 篇报道中用过该词，其中以"精耕细作"为标题的报道有 25 篇之多。此外，还先后有罗珂和山东省实业厅、山东省教育厅等以"精耕细作"为书名的著作问世。[1] 他们发现："精耕细作"的提法是在宣传吴满有等劳动英雄过程中对吴满有农业生产经验的总结，并且在动员和组织大生产

---

[1]　曾雄生：《从"改进农作法"到"精耕细作"——延安大生产运动时期"精耕细作"提法的由来》，载《中国经济史研究》2018 年第 4 期，第 153～168 页。

过程中逐渐流行起来的。其最初的提法是"深耕"，后来"深耕"又与"多锄""多粪"等，统称为"改良作法"，再后来出现了"深耕细锄""深耕细作"的说法，最后在 1943 年定型为"精耕细作"，并一度与"深耕细作"交替使用。并且在 1957 年经毛泽东的再次提及之后，受到广泛的重视，成为中华人民共和国农业发展和经济建设的指导思想。① 目前，"精耕细作"一词的使用和影响早已超出农业之外。

在中国知网以"精耕细作"为关键词检索发现，与该词相关的研究成果有 4249 篇之多，所涉领域达 19 个之多，几乎在各个行业都有派上用场，造成此原因的关键在于对"精耕细作"概念的泛用，且已失去其原有的意义和内涵。据《现代汉语词典》所载："精耕细作"泛指认真细致做事，无论是哪个行业和哪些方面。另外，百度对其的解释则更较为偏重农业，本义指农业上认真细致的耕作。而《中国农业百科全书》的定义则为：用以概括历史悠久的中国农业，在耕作栽培方面的优良传统，如轮作、复种、间作套种、三宜耕作、耕耨结合、加强管理等。这些解读还是局限于精细的土壤耕作，而没有完全反映这个词丰富的内涵特质。因此，要精准解读"精耕细作"的内涵特质，必须从中国传统农业的历史进程中去了解和把握，而不能单纯地从这个概念的提出背景来理解。该概念的提出只是对我国传统农业的精华的一种总结和概括，那么，我国传统农业的精华主要体现在哪些方面呢？这就必须从历史语境中去追寻。我国发达的传统农业，既有农业工具的改进，也有耕作技术的提高，还有发达的水利技术，因而，精耕细作不是单纯的土壤耕作，而应该是一个包含农业工具、耕作技术和水利技术的中国传统农业技术体系，它的目的在于提高单位面积产量，解决人多地少的矛盾。因此，有学者认为：精耕细作是指以土地的集约利用方式（提高土地利用率和土地生产率）为基础和目标，以"三才"理论为指导的，具有丰富内涵（主要包括改善农业环境和提高农业生物生产能力）的一系列农业科学技术措施。② 也有学者认为：精耕细作是现代人对中国古代传统农业精华的一种概括，指的是在一定面积的土地上投入较多的生产资料或劳动，采用先进的技术措施（如生产工具的革新、

---

① 曾雄生：《从"改进农作法"到"精耕细作"——延安大生产运动时期"精耕细作"提法的由来》，载《中国经济史研究》2018 年第 4 期，第 153~168 页。

② 李根蟠：《精耕细作三题》，载《历史教学（中学版）》2007 年第 4 期，第 5~9 页。

灌溉、施肥技术等)进行细致耕作，从而提高单位面积产量来增加产品总量的农业生产技术体系。① 另外，许多学者认为，精耕细作的灵魂和精髓在于天人相参、天人相协。还有学者认为精耕细作已经成为中国历史的一个"基因"。其中最早提出这个观点的是许倬云先生，他认为精耕细作是中国历史发展的三原色之一。也有学者称精耕细作是联结中国自然条件和中国社会的中轴，也是中国社会发展一切有异于西欧特点的最终归宿。② 还有的学者认为：精耕细作是农业耕作技术的本质内容。我国传统农业是在人稠地窄和自然条件严峻的情况下形成的，人们不得不在困难的条件下，采取一切当时可能的方法向农作物索取尽可能多的产量。这在以下三个方面表现得最为突出：以兴修水利、防洪排涝、引水灌溉、抗旱栽培为主的抗逆性耕作；以治理贫瘠土壤为主的农田整治和肥培方法以及以精细耕作与复种栽培为主的栽培管理。这三个方面的综合，构成了被国外誉为绣花式的中国独具一格的精耕细作的农艺耕作体系。③ 还有学者提出：精耕细作是近人对中国传统农法精华的高度概括，主要是指由种植制度、耕作技术和田间管理技术等构成的综合技术体系。从广义上说，精耕细作既包括选种、育种、合理耕作、灌溉施肥、旱地保墒、田间管理、植物保护等技术措施，还包括多种经营、农牧结合、利用自然界的物质循环、节能低耗、维持生态平衡、实行农产品综合加工利用等，也包括兴修水利、改良土壤、利用多种能源、进行工具改革等一系列改善生产条件的措施。说到底，就是充分运用各种生产技术，在有限的土地上获得较高的单位面积产量。④

通过上述梳理，笔者认为：精耕细作的本义是我国传统农业技术和方法的高度凝练和概括，是我国古人应对自然条件的农业实践成果，包含着农业工具、耕作技术和水利建设等内容的一系列农业生产技术体系，贯穿着天人相参、天人相协的精神内核，体现着单位面积产量的评价标准，是中国古代人民为人类社会贡

---

① 赵青：《如何理解中国古代"精耕细作"的农业生产模式》，载《中学历史教学参考》2008年第5期，第17~19页。
② 席海鹰：《论精耕细作和封建地主制经济》，载《中国农史》1984年第1期，第10~23页。
③ 方原：《试论我国传统农业精耕细作经验》，载《经济研究》1984年第2期，第43~48页。
④ 姚兆余：《中国农耕文化的优良传统及其现代价值》，载《甘肃社会科学》2008年第6期，第71~74页。

献的宝贵财富，在当下乡土文化"嵌入"乡土重构，推进中国式乡村现代化进程中，精耕细作仍然具有重大的现实意义和不可或缺的应用价值。

首先，精耕细作是因"农"而生。无论是从其提出，还是其历史追溯，均与"农"相关，仍然是向"土"而生的根基，体现的仍然是天、地、人三者的关系，是天人相参、天人相协的自然观、生存观和发展观，具有哲学意蕴的整体观、联系观和动态观。对于解决人多地少格局和生态危机下的人类生存与发展问题具有不可或缺的价值引导作用。

其次，精耕细作是因"技"而存。无论是深耕、多肥、多锄，还是"粪多力勤""深耕细锄""深耕细作"等，虽然其领域从最初的粮食作物生产，发展到棉花生产和畜牧业生产，逐步从农业领域延伸到各行各业，但究其精神实质仍然属于技术范畴，而未能上升至科学范畴，处于实践经验阶段，缺乏科学论证及精准之数据支撑，呈现出"三重三轻"即重综合轻分析、重定性轻定量、重应用轻机理的缺陷和不足。

再次，精耕细作是因"特"而优。精耕细作的特点和优势在于其指向为单位面积产量，在人稠地窄的格局下如何从"土"中获得更多的收益和农产品，是其产生、形成和发展的出发点和落脚点，因而精耕细作的目的和标准就在于单位面积产量的高低。尽管西方现代农业发展取得巨大成就，但在单位面积产量等各项指标中我国仍处于世界领先的地位，这充分说明"精耕细作"的技术和经验仍然具有强大的生命力，仍然是中华民族历代渡过一个个难关的重要保证。

最后，精耕细作是因"理"而弘。精耕细作强调的是人不是天、地的奴隶，也并不是天、地的主宰，而是天、地的参与者、调控者、应对者，是天人合一的实践者、顺应者和利用者，人在农业生产中不能仅仅凭借体力，而且还要认识和利用自然规律，做到"因时""因地""因物"制宜，其间所体现的有机统一的自然观，必将为破解当下生态危机和人多地少困境提供方向指引。

第二节　乡土的实践

综观我国精耕细作的传统农业技术措施，大体上是沿着两个维度形成和发展的，一个是适应和改善农业生物生产的环境条件；另一个是提高农业生物自身的生产能力。在当下乡土文化"嵌入"乡土重构，全面推进中国式乡村现代化的进程中，精耕细作的传统农业技术也正沿着这两个维度得到传承和发展，尤其是在农业生物自身的生产能力及其产品综合利用上不断走向精细化、产业化、系统化，加快产业链、利益链和价值链延伸，实现现代农业技术与传统农业技术的有效衔接与融合发展，有力地推进了精耕细作传统农业文化的创造性转化和创新性发展。目前，这方面呈现出以下三个方面的特点：

一、"吃干榨尽"的循环

笔者调查发现：在当下乡土文化"嵌入"乡土重构的进程中，精耕细作对于乡土产业的作用和意义已不再局限于"农"，而是一个完整的产业链、供应链和价值链，是一个"地"力、"物"力、"智"力的有机融合和产业再造，将"地"力之"物"获得了前所未有的利用与开发，正朝着"吃干榨尽"的循环方向发展。正如国务院印发的《"十四五"推进农业农村现代化规划》所言："顺应产业发展规律，开发农业多种功能和乡村多元价值，推动农业从种养环节向农产品加工流通等二三产业延伸，健全产业链、打造供应链、提升价值链、提高农业综合效益。"①目前，全国各地正在推进的重点农业产业链建设，就是这方面实践的最好例证。仅以中部某省为例，该省以优质稻米、生猪、特色淡水产品(小龙虾)、蔬菜(食用菌、莲、魔芋)、家禽及蛋制品、茶叶、现代种业、菜籽油、柑橘、中药材等为"十大重点农业产业链"，加快农业由单一的农副产品生产为主向科研、生产、加工、贸易、休闲旅游等全产业链拓展。笔者曾先后深入中西部三个省份调查农业产业链发展状况，仅以清平猪产业、竹产业、油茶产业为例加以解读和剖析。

1. 清平猪全产业链建设实践

清平猪，又名育溪猪，是国家确认的中国优良地方猪种，1962—1965 年经我国中部某省品种资源委员会审定命名，1985 年被确定为中部某省优良地方畜

---

① 《国务院关于印发"十四五"推进农业农村现代化规划的通知》，载中华人民共和国中央人民政府官网，https://www.gov.cn/zhengce/content/2022-02/11/content-5673082.htm，2023 年7 月 17 日访问。

禽品种，1986 年被录入《中国猪品种志》，1991 年被定为全国五大地方猪种之一，2000 年被列入《国家畜禽品种保护名录》，2006 年被列入《国家畜禽遗传资源保护名录》。"清平猪"已成为中国地理标志商标。为了保护和开发"清平猪"这一国家重点保护的地方品种资源，1976 年中部某省畜牧局在"清平猪"种源地专门建立了清平种猪场，2008 年该种猪场被列入国家级保种场。近年来，"清平猪"的优良肉质更是受到党和国家领导人的高度赞誉。目前，"清平猪"已成为中部某省 D 市某镇不可多得的产业资源和亮丽名片。为进一步擦亮这张名片，将"清平猪"的品质优势转化为品牌优势，最终转化为经济优势，实现"清平猪"产业链、价值链、利益链的延伸，D 市正以 M 镇 J 村美丽乡村建设为契机，遵循"产业支撑、休闲观光、循环发展"的理念，突出"清平猪"文化这个主题，以打造"清平猪"特色小镇为核心，以发展乡居民宿和优质香稻为主导，形成集生产、加工、销售、休闲观光农业、网络购物于一体的主题农庄，融观光游览、科普教育、产品展览、餐饮美食、休闲体验、商品购买、度假住宿等服务，进一步激活"清平猪"休闲观光农业与乡村旅游的品牌效应，实现"产业兴、百姓富、乡村美"，成为产业特色独具、农旅功能齐备、循环经济示范、村美民富幸福的美丽乡村。

该村按照"群体为本、产业为用、生态为体、文化为魂"的方向，遵循"产业支撑、休闲观光、循环发展"的理念依据中部某省美丽乡村建设规范，突出清平猪文化特色，以打造清平猪特色小镇为核心，延伸乡居民宿和优质香稻等附属产业，建设猪文化展示区、许由山风景区、民俗风情表演区等功能区，创建清平猪品牌推广、乡居民宿智能服务、特色产品加工交易、职业农民技能培训等平台，实施清洁家园、景观再造、猪粮融合、农旅关联、"一统三治"等工程，将 M 镇 J 村整体开发为集观光游览、科普教育、产品展览、餐饮美食、休闲娱乐、商品购买、度假住宿为一体的综合性文化旅游景区。

"一个核心"：清平猪特色小镇。

猪是人类最早驯化的野生动物之一，也是华夏大地最早开始圈养的家畜。古人崇拜野猪的力量与勇猛，也将猪视为神圣之物，创造了以猪为雏形的玉猪龙。同时，古人也崇拜猪繁殖能力强、产仔多的习性，希望人也能像猪那样多子多福。因此，民间流传了许多猪的美好传说和故事，比如，"猪是开天辟地之神"

"无猪不成家""猪是聚宝盆""猪是农家的恩人"等。这些传说与故事都可以变成休闲农业与乡村旅游的设计要素，融入休闲农业与乡村旅游的活动之中。清平猪不仅具有繁殖力强，适应性好，肉质上乘的特征，而且具有独特的妊娠期短、杂交效果显著的特点，是经过当地农民和广大科技人员长期选育形成的。因而，需要对更多具有体验地方风情的民间传说与故事加以开发和利用。

清平猪特色小镇将以 S 农夫餐饮、民宿区为重点，建立以清平猪科普知识展览为主题的猪文化博物馆，以休闲娱乐和特训表演为主要特征的迷你小猪场和以观光浏览为主的清平猪等猪种养殖学习牧场。

"两大附属产业"：乡居民宿和优质香稻。

一个是乡居民宿。J 村位于 D 镇以西南方向，东至育溪镇，西邻桐树垭村，南与清平河村毗邻，北与烟集村接壤。距市区 9 千米，面积 11.49 平方千米。全村有 7 个村民小组，计 722 户 2652 人，总劳动力 1931 个，其中外出务工人数 713 人，因而拥有大批闲置的民居。且这些民居建设均较好，以修复为主进行改造就可以得以充分利用和开发。该项目以 S 农夫农业科技有限公司为龙头，采取集中与分散的方法，发展与清平猪特色小镇相配套的度假民宿，满足农民多渠道增收节支的需要。

另一个是优质香稻。该村地处丘陵地带，世代以粮油种植为生，积累了丰富的传统耕作技术和方法。随着清平猪特色小镇的建设，有机肥将需要大量消化和加工处理。该村鼓励农民合理回收粪屎并进行无污染处理和有机肥加工，然后用于农田耕作之中，从而可以提高本地农民粮油质量，发展绿色环保的优质粮油，从而实现农民开源增收。

"三大功能区"：猪文化展示区、许由山风景区、民俗风情表演区。

一为猪文化展示区。猪文化展示区分为猪文化展示、办公接待区，展厅、贵宾厅、会议室和休闲区四个部分，集猪文化展示、科普教育、学术研讨交流、休闲娱乐于一体，通过通俗易懂的文字、图片、实物和音像资料，生动形象地展示有关猪的起源、驯化、民俗传统、养殖技术及产品工艺，营造浓郁的猪文化氛围，使游客置身猪文化潜移默化的渲染之中，尤其是节庆展示部分，都要按照猪的民间传说、图腾、艺术再现及现代意义等方面划区域进行展示。

二为许由山风景区。许由山位于 D 镇桐树垭村内，左右山峦绵延起伏，唯有一山独秀傲立于东南，古人称之为箕山，后因许由隐居此山，改称许由山，民间误传为水牛山。山腰有一岩洞，传说为许由隐居避身之处，故称许由洞。许由山距今已有4000多年历史。许由山与清平猪特色小镇核心区遥相呼应，构成天然的文化旅游圈，作为清平猪特色小镇的文化旅游景区加以规划十分必要。要以许由洞、许由传播农耕文化的讲学台，许由开垦的农田和许由"洗耳池"为景点，加强民间传说和故事的收集与整理，充实历史史料，修缮碑帖及亭台楼阁，将许由山之精神和高风亮节之品德，融入猪文化的意涵和精神之中，使这一历史胜迹再昭天下。

三为民俗风情表演区。选择离村委会和党员群众活动中心相近的地区，利用现状闲置用房和空地，为村民提供休闲娱乐场所，同时承担旅游接待、集散服务功能。设置接待中心、村史馆、戏台和休闲广场，作为小镇猪文化及民俗风情表演场地。接待中心满足游客接待、集散、问询等功能，也是村民服务接待、餐饮、住宿等素质培训的场所。村史馆主要是对村庄历史重大事件、人物、老旧乡贤、生产生活文化和美丽乡村建设过程的展示空间。露天大戏台满足村民和游客自娱自乐的需要，也是节庆活动、民俗风情表演的舞台，可以看百家戏，自己也可以上台表演。休闲广场是村民茶余饭后纳凉闲聊的地方，也是村民锻炼身体、娱乐活动的场所，是农村热闹生活的舞台。

"四个平台"：清平猪品牌推广平台、乡居民宿智能服务平台、特色产品加工交易平台、职业农民技能培训平台。

一为清平猪品牌推广平台。按照线上线下相互统一、传统业务和新兴业务相互补充、个性服务和多元增值服务相互组合的原则，线上部分重点建设清平猪文化数字博物馆、数字化传播平台和电子商务平台，线下部分重点建设清平猪科普文物展览馆、综合服务中心、休闲体验村落和创业梦工厂，打造集清平猪文化历史展示、内容加工、休闲体验、产权交易、综合服务等于一体的清平猪品牌推广平台，推动清平猪文化与乡村生活、文化、科技、网络的有机结合，为消费者提供一个与清平猪文化零距离、无界限，体验复合式、多元化、多业态的乡村文化家园。

二为乡居民宿智能服务平台。乡居民宿智能服务平台重点建设数据自动化收集系统、数据标准化处理系统、数据跨媒介转化系统、数据精准化服务系统和数据多元化业务系统，致力于构建清平猪特色小镇以移动化社交化的渠道、动态化可视化的形式、人本化互动化的内容、专业化精准化的营销、多元化市场化的业务为特色的智能服务平台。

三为特色产品加工交易平台。根据市场的需求，进一步培育清平猪等地方品种资源的新品系，利用新品系，打出本品种特色品牌，开发优质地方品种深加工产品，使优质猪等特色产品进军餐饮业及其他附加值高的行业；积极探索"专业合作社＋养殖户"等养殖模式，利用农家乐等平台，吸引消费者，现场烹调，提供加工服务；建立加工市场交易中心，打造冷链物流和深加工基地，把清平猪等特色产品推销到全球网络，形成"合作社＋养殖户"生态猪养殖产业链，延长产业链，提高产品附加值，促进清平猪等特色农业产业发展壮大。

四为职业农民技能培训平台。无论是清平猪的养殖，还是优质粮油的种植，乃至乡居民宿、休闲观光农业的发展等，这些都是新产业、新业态、新技术，迫切需要培养大批职业新型农民，掌握新知识、新技能、新方法，适应新时代发展的挑战和威胁，因此，在建设清平猪特色小镇过程中，必须构建职业农民技能培训平台。该平台将基于大数据、云计算和移动互联技术，聚集各类农业科技教育资源，为农民用户提供在线学习、专家问答、农业资讯、农技推广、农资农产品销售、农村金融等综合农业服务，涵盖农业职业经理人、现代青年农场主、新型农业经营带头人、专业技能型农民、专业服务型农民、农业产业精准扶贫、现代创业创新青年培训等多种类型，覆盖资讯、课堂、社区、问答等四个方面，涉及大田粮食作物、水果、蔬菜、水产、畜牧、家禽、植保、种植、养殖、飞防、园艺以及经营管理多个领域，使职业新型农民可以随时将农业生产中遇到的技术问题以文字、图片等方式提交给平台，平台推送到农技人员、农业专家手机 App 中及时给予在线解答。

"五项工程"：清洁家园工程、景观再造工程、猪粮融合工程、农旅关联工程、"一统三治"工程。

一为清洁家园工程。要按照美丽乡村建设规范的标准，充分发动群众，从打扫房前屋后开始清洁家园，因地制宜发展规模化沼气，建立以"户分类、村收集、镇转运、县处理"为主的垃圾收运处理体系；生活垃圾无害化处理率≥90%；提倡垃圾分类化处理，按国家标准的要求对村庄内坑塘河道进行整治、清淤，河道、沟渠、水塘保持清洁，水流通畅，无黑臭、无异味，无垃圾、漂浮物、有害浮游植物等杂物，无侵占河道行为；现有污水排放口应进行截污整治，生活污水处理率≥80%；农户应使用无害化卫生厕所，村内无露天粪坑和简易茅厕；村民集中活动区域应配置公共厕所，合理设置卫生公厕，每个村庄至少有1个卫生公厕，人口流量大的村庄应按人口比例适当增加卫生公厕数量；卫生公厕按 GB 7959 的要求进行粪便无害化处理，公厕有专人管理，运行维护正常，定期进行卫生消毒，保持公厕内外环境整洁；户厕应有地下化粪池，卫生符合 GB19379 要求，农户卫生厕所普及率不小于 80%。

二为景观再造工程。坚持清平猪特色小镇的目标定位，沿袭 S 农夫的建筑风格，从原点激活并放大"猪文化"、乡居民宿特色，将村落定位为"产业支撑、休闲农业、循环发展"的特色小镇，依托清平猪的文化特质和基础，打造休闲农业与乡村旅游融合的，具有产业特色独具、农旅功能齐备、循环经济示范、村美民富幸福的荆楚山水特色村落。

三为猪粮融合工程。清平猪特色小镇建设首要解决的问题就是养殖污染，必须把解决养殖污染和发展循环经济结合起来，将养猪积肥与种粮相结合，实施养猪与种粮融合工程，加强畜禽粪便无害化处理和有机肥加工，探讨"政府、企业、合作社、养殖户"分担消化机制，形成粪便、沼气、沼渣、有机肥、优质粮油的良性循环，促使清平猪特色小镇和美丽乡村环境朝着生态改善的方向发展，为以猪文化为主的休闲观光农业发展提供良好的自然环境基础。

四为农旅关联工程。农旅关联工程的关键在于做好休闲农业与乡村旅游的无缝关联，既要延伸猪文化的第二、三产业的价值链、利益链和产业链，也要做好乡村旅游食、住、行、游、购与休闲农业各个环节的无缝融合，创造密切关联的农旅产业链效益。

五为"一统三治"工程。坚持将"枫桥经验"理念植根于乡村社会治理之中，抓重点、攻难点、补短板，着力构建以党建为引领，德治、法治、自治"三治融合"社会治理体系。采取"村两委+乡贤理事会"模式，针对本村发展规划、社会治理，制定村民乡规民约，建立理事机制，实现自我管理、自我服务，为发展献智、为平安出力，平安乡村建设取得明显成效。

该项目计划用五年时间把 J 村建设成为产业特色独具、农旅功能齐备、循环经济示范、村美民富幸福的美丽乡村，发展成为中部某省西部地区独具特色的国家 5A 旅游景区，正常经营年份游客量达到 50 万人次。

2. 竹产业全产业链建设实践

竹子是重要的生态、产业和文化资源。世界有竹类植物 70 余属，1200 余种，主要分布于热带和亚热带地区，少数种类分布于温带和寒带。我国是世界上最主要的产竹国，竹类资源、竹林面积、竹材蓄积和产量以及竹产品对外贸易量均居世界首位，素有"竹子王国"之誉。据统计，我国有竹类植物 39 属，500 多种，主要分布在北纬 35°以南地区。① 全国现有竹林面积 672.74 万公顷，主要分布在全国 16 个省（自治区、直辖市）。我国的竹产品涉及传统竹制品（建材、日用品、工艺品）、竹材人造板、竹浆造纸、竹纤维制品、竹炭和竹醋液、竹笋加工品、竹子提取物等 10 大类，包括几千个品种。竹产业是我国林业重点发展的十大绿色富民产业之一，既是生态产业、绿色产业，又是碳汇产业、循环产业。我国山区面积占国土总面积的 69%，山区人口占总人口的 56%，广阔的山区汇集了一大批具有区域特色的竹种。从有效利用国土资源的战略高度出发，发展竹产业是开发和建设山区，提高林地生产力，改变山区落后面貌的最好途径之一。

我国现阶段竹产业开发的产品仅有竹编、竹浆造纸、菜板、竹纤维板等产品，对竹子的深加工生产高附加值产品特别是竹叶黄酮素、竹原纤维的高附加值产品开发、生产还处于空白阶段。21 世纪以来，我国虽然在竹产业生产工艺及其新产品开发方面取得了一系列突破，已产生一批较成熟的科研成果、专利，开发出一系列产品，但这些突破仅限于对竹子的物理性能的开发和利用，产品也不外乎是竹编、竹制器物、造纸纸浆、竹原纤维的初级产品，但对竹子里面的活性生物物质的开发和利用却是空白，往往是当着废弃物丢弃或者是想尽一切办法把竹子里面所含的活性物质去除干净，以保证制品的防腐性能、工艺性能和实用性能，这是极大的浪费。天然苦竹因在其生长过程中不需要施肥和农药杀虫，因此竹沥绝对是纯天然的、不含有任何农药残留和重金属的活性物质，且我国几千年

---

① 《全国竹产业发展规划（2013—2020）》，载中国竹产业协会官网，http://www.cbiachina.com/inclex.phq/industrial/view/id/45.html，2023 年 6 月 21 日访问。

以来中医证明了其具有很高的药用价值，是不可多得的天然保健品。近年来研究发现，竹子中含有的天然的竹叶黄酮素，具有优良的抗自由基、抗氧化、抗衰老、增强免疫力、美白皮肤的作用，同时具备了黄酮类化合物的心血管系统活性、抗菌及抗病毒活性、抗肿瘤活性、抗氧化自由基活性、抗炎、镇痛活性、保肝活性及防治老年退行性疾病等多种生物学功效。纯度达 99% 以上高纯度竹叶黄酮在心脑血管药品应用和靶向治疗方面对银杏黄酮有着良好的替代价值，同时也是竹产业价值提升的核心产品；竹原纤维通过超微粉加工而成的膳食纤维粉是非常好的营养保健食品。近年来国内对竹叶黄酮素的萃取和提纯、膳食纤维的超微粉加工一直是空白。

笔者深入我国西部某省 J 县 G 镇参观考察和实地调查了该省一家专门从事融竹子栽培、种植以及竹产品研发、生产、销售于一体的林业龙头企业，该公司经过多年努力，已突破了多项关键技术，成功研发了一系列竹纤维保健食品及竹汁养身饮品，并取得了相关食品认证。2015 年该公司以竹子为原材料开发的保健食品以及养生饮品销售方面也已取得了突破，并与多家知名食品公司合作市场得到了进一步扩大，销售量日益提高。特别是在竹纤维粉、竹纤维食品、养生饮品、高纯度竹叶黄酮等领域技术攻关成果喜人，其采用的完全零排放竹汁、竹叶黄酮提取和萃取工艺和技术，通过提取和萃取后的竹子又可以作为膳食纤维、竹原纤维、竹纤维床垫、纤维板的原材料，通过深加工可以产出更多高附加值的营养保健品和各种日用品，实现了竹产业"吃干榨尽的循环"。其项目产业链及产品如图 8-1 所示。

目前，该项目产业链建设仍处于试生产阶段，已具备产业化的条件和基础，期待其具有不同功效的竹叶黄酮素冲剂、竹叶黄酮素饮料、竹叶黄酮素口服液、竹叶黄酮素酒等一系列产品继续量产并走向市场。

3. 油茶产业全产业链建设实践

油茶是我国重要的木本物种，油茶籽全身都是"宝"，具有宜于种植、多年受益、生态修复、附加值高等多种功能，在当下"乡土文化"嵌入"乡村振兴"，推进中国式乡村现代化背景下，实现"油茶"的"吃干榨尽"更具有重要的现实意义和战略意义。

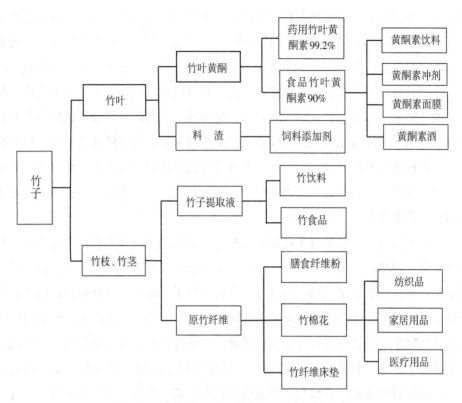

图 8-1 西部某省 J 县 G 镇某企业的竹子产业链

首先,"油茶"的易种性,使得"油茶"具有"生态修复"功能,为中国式乡村现代化精准灭荒创造了条件;其次,"油茶"的油料性,使得"油茶"具有"粮油安全"功能,为中国式乡村现代化乡土稳定奠定了基础;再次,"油茶"的经济性,为中国式乡村现代化农民增收提供了机遇;最后,"油茶"的多元性,为中国式乡村现代化价值延伸搭建了桥梁。

栽培油茶在我国已有 2000 多年的历史,近 20 多年来,我国油茶产业和规模迅速增大,但相比于大多数经济作物,油茶花果同期所造成的采摘难度问题和油茶籽全资源利用问题,直接影响了油茶产业效益,导致"油茶不挣钱"。而油茶籽用途广泛、价值多元,既可榨取油茶籽油,还可从其剩余物中提取油茶皂素,且油茶果壳和油茶籽壳还可提取纤维素等工业原料,能够开发不同系列产品,具有广泛的工业用途。笔者先后调查了中部相关省份近 10 家从事油茶种植和加工产业的龙头企业,虽然各企业在实现油茶果"吃干榨尽"循环方面的尝试深度不同,但都为此进行了有益的探索和实践，特别是位于衡山脚下的 DSC 企业在此方面已经走在前面，并取得有益的成果。现将其项目产业链及产品展示如图 8-2 所示。

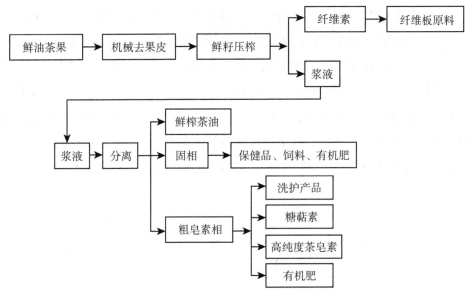

图 8-2　DSC 企业旗下的油菜产业链

目前，全国关于这方面的有益探索和成功的范例还很多，但限于局限，本书收录的案例仅以此 3 例加以说明。

二、间种并收的多赢

间种并收的多赢，是我国农业精耕细作传统技术的优势所在，在乡土文化"嵌入"乡土重构，推进中国式乡村现代化的当下，这种精耕细作的传统优势也得到了继承与发展，并实现了新的突破。笔者调查发现，这方面的成果有栗茶融合、稻虾共作、水产混养等模式，所有这些均是间种并收模式的创新，是一种传统农业的革命。

1. 栗茶融合

栗茶融合中的栗乃板栗，茶则为茶叶和油茶等。板栗、茶叶和油茶均是我国优良的经济林树种，特别是板栗则更因果实品质、适应性和抗逆性优，而被国际上誉为"中国甘栗"。笔者调查的我国某中部省 L 县，位于该省东北部，大别山南麓。截至 2022 年，该县下辖 10 个镇、2 个乡、1 个经济开发区、4 个林场，且县境北部群山环抱，重峦叠嶂，千米以上高山 7 座，其余山脉均在海拔 300 米以上，林地面积占 55.88%，以板栗、茯苓、甜柿等特产闻名。特别是该县板栗种植历史悠久，上可溯源于春秋战国时期，产地分布于全县各地，且其乌壳栗，经研究机构等单位实生选种选育，属鲜食加工兼用型中熟板栗品种，平均单粒重 13.3g；栗仁黄色；果肉浅黄色，抗干旱；耐瘠薄；对桃蛀螟等虫害抵抗性强；适应性广。近 10 年，该县的板栗产量大小年现象普遍，且于 2016 年和 2018 年出现了较大幅度的波动，产量下降较大，处于历史低点。具体见图 8-3。①

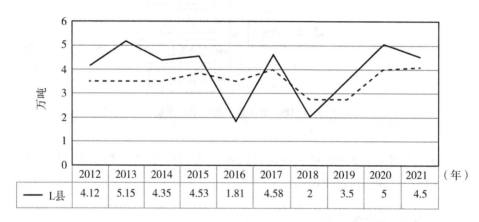

	2012	2013	2014	2015	2016	2017	2018	2019	2020	2021	（年）
L县	4.12	5.15	4.35	4.53	1.81	4.58	2	3.5	5	4.5	

图 8-3　L 县近年来板栗产量趋势图

注：数据来源于该县国民经济和社会发展统计公报。

而茶、板栗和油茶虽说均是大别山区的特产，但长期以来，茶归茶，栗归栗，油归油，自行其是，分散种植，结果却是广种薄收，经营粗放，致使茶园、板栗林、油茶林的品质都出现了退化，茶农、栗农、油茶农收入较少，甚至不少地区种板栗出现入不敷出的尴尬境地。为了改变这种被动局面，提高林地空间利

---

① 林云、晏绍良、李爱华等：《罗田县板栗产业发展现状及对象》，载《湖北林业科技》2021 年第 2 期，第 37~41 页。

用效益，收到事半功倍的效应，从该县走出的大学生文某，通过多年研究发现大别山区的部分乡镇已采用茶栗复合种植的地区，在收益方面均获得成功，因为板栗的管理和采摘与茶叶的管理和采摘在时间上能错开，有效解决了农村常见的季节性用工矛盾，为老百姓增收提供了一条新途径。为此，他创立公司，在其家乡流转土地1050亩，建设800亩栗茶融合示范基地，引导当地走林下复合种植经济这种更科学、更高效的现代农业发展模式。目前，栗茶融合模式已在大别山区逐渐得到推广，并衍生出桃茶、梨茶、猕猴桃茶等茶果融合发展模式，不仅板栗等果实的品质和产量提高了，茶叶、油茶等的品质和产量也提高了，其亩平均收益比单独种植的收益加起来还多，且管理集约，经营成本大为降低。更关键的是既稳定了板栗等果树的种植面积，又解决了茶产业和油茶种植土地空间不足的痛点，增加了适种区农民的收益，让该产业实现了持续发展，变成了富民强县的好产业。

2. 渔农共生

我国传统的"稻田养鱼"模式历史悠久，其最早的记载始见于公元前400年的《养鱼经》，至今已有3000余年的历史，它是一种利用稻田的浅水资源培育鱼种或食用鱼的淡水鱼类养殖方法。这种人放天养、自给自足的传统养殖模式，到20世纪90年代，随着"虾稻连作+共作"模式的兴起而实现了从古老走向现代的历史性跨越。

江汉平原被誉为"粮仓"之一，享有"两湖熟，天下足"之美誉。种植水稻的历史可以追溯至史前时期。而地处江汉平原腹地的Q市属于低湖区域，一年只能种一季水稻，秋收以后不再冬播。20世纪90年代末，由于油焖大虾的意外走红，小龙虾的养殖也意外地使抛荒的低湖田成为抢手货，但也引起了水稻产量的不足。如何解决这个矛盾，该市开始尝试了养一季虾、种一季水稻的"虾稻连作"模式，进而升级至"虾稻共作"模式。这种模式，就是利用低湖田的优势，让小龙虾与水稻共作共生。具体而言，就是沿稻田田埂挖出环形虾沟，每到插秧时节，将尚在幼苗期的小龙虾移至沟内生长。等秧苗长结实了，再把沟里的幼虾引回稻田里。如此，则四五月份可以收获一季虾，八九份又可以收获一季虾，还可按期收获一季水稻。俗称"一稻两虾"。

这种种养模式的升级，不仅提高了低湖田综合利用空间，解决了虾稻种养殖矛盾，而且还带来了虾稻产量双升，收入倍增。据测算，该模式亩产水稻600千克左右，亩均产虾170千克以上，亩均纯收入5000元以上，① 比单独养殖和单独种植的收入翻了几番，且其创立的虾稻品牌市值不断翻新，供不应求。目前，该模式已在中部省份得到广泛推广，近几年已有300多万亩稻田改造为稻虾田，且进行了虾稻机插秧的试验、示范和推广工作，机插面积发展已跃居第二，仍有少数人工插秧和抛秧。

由于稻田养殖小龙虾的成功，也推动了在我国已有3000余年历史的传统的稻田养鱼种养模式向稻渔综合种养模式的跨越转型发展，全国多数省市先后开展了"稻虾连作+共作""稻蟹共作""稻鳖共作+轮作""稻龟共作""稻鳅共作""稻鱼共作"等多个典型的稻渔综合种养模式。特别是在我国中南部省份稻渔综合种养已成为当下乡土文化"嵌入"乡土重构过程中，"稻田养鱼"传统的创造型转换和创新型发展的有效途径和路径选择，是当下生态农业发展的成功实践和引领示范。这种种养模式的跨越型转化，使得我国传统的"稻田养鱼"模式步入了"稳粮增收，渔稻互促，绿色生态"的生态渔农新阶段，实现了"一水两用，一田双收"，经济效益、生态效益与政治效益的同频共振。目前，全国部分省份正在加紧稻渔综合种养技术的基础与应用研究，在制定技术标准，加大推广力度上下工夫，做文章。

3. 林药间作

中医药学是中华民族特别是汉民族历经千年生产生活实践和与疾病作斗争中逐步形成并不断丰富发展的医学科学，是中华民族吸天下之精气、观地物之阴阳、取人体之经脉所创造的古代科学瑰宝。中医治病防病的主要手段在于中药，而中药则主要取材于天然植物、动物和矿物，且以植物性药物居多，其品种至《本草纲目拾遗》所载2600余种。这些药材质量的好坏直接关系着药物的临床疗效。因此，在长期的生产和用药实践中形成了"道地药材"的概念，正所谓"土地

---

① 夏国燕、李征峥、陈周旋：《湖北潜江："虾稻共作"破解江汉平原农业增收困局》，载新华网，http://uav.xinhuanet.com/2021-07/c-1211237111.htm，2023年7月15日访问。

所生，真伪陈新"。但随着医疗事业的发展，单纯依赖"道地药材"和取材于天然植物、动物和矿物已无法满足日益增长的中药材需求。基此，依靠森林资源和环境，进行中药材的引种栽培和药用动物的驯养，成为解决中药材供需失衡矛盾的重要手段和途径。早在先秦时期，我国古人就开始了对一些中药实行人工栽培，至今已有2600多年，已形成了一套从分类与鉴定、选育与繁殖、驯化与栽培以及采集和贮存等中药材的栽培传统。在乡土文化"嵌入"乡土重构，推进中国式乡村现代化的当下，如何实现这一传统的创造性转化和创新性转换，林药间作无疑是最佳路径选择之一，也是一条生态保护和兼顾农民收益的双赢途径。①

　　笔者深入我国某中部省份东西部调查了解，特别是其西部 Z 县的林下药材种植的兴起、发动和发展的历程，可以窥见林药模式的传统转换之路。该县地处中部省份西部，长江西陵峡两岸，地势西南高东北低，属亚热带大陆性季风气候，素有"中国天然氧吧"之称。全县下辖 12 个乡镇、12 个居委会、167 个行政村，截至目前，土地面积2274 平方千米，其中林地总面积 227.47 万亩，除国家一级公益林、坡度较大、土层较薄区域外，可利用林地达 30 万亩。该县林下药材种植始于一位农户的偶然机会，该农户原来辗转种植魔芋、核桃，由于一场大病，逼得该农户开始思考寻找管理便捷、收入稳定、长期可靠的产业。该农户发现林下种植药材，正是适宜当地气候，也节省劳力的好产业。为此，该农户首先尝试种植 1 亩重楼。通过不断学习培训，总结经验，改进措施，终于获得了重楼种植的成功。继而该农户又相继种植了淫羊藿、八角莲、虎杖以及贝母等药材，经过一系列的努力，这些看起来不起眼的药材，却成为了帮助农户致富的"金叶子"，实现年收益 6 万余元。该农户将这些药材变成腰包里面的"黄金"的事迹感染着本组和四里八村的乡民。他们纷纷向该农户取经学习，利用林地资源发展中药材产业，走上了增收致富的路子，成为该农户所在乡镇发展起来的新兴产业。为了积极鼓励和引导全县农户种植林下药材，让药材"回归山野"，建立"药效第一"的林药间作模式，该县及时顺应国家中药材产业发展政策导向，加强该县特别是半高山以上产业发展的战略性安排，挖掘林地资源发展中药材产业的潜力和优势，

① 林向群、邹秀芬：《林药间作是云南林下经济发展的重要模式》，载《云南林业》2016年第 5 期，第 57~58 页。

编制了该县林下中药材产业发展十年规划，出台了支持和促进林下中药材产业发展的一系列政策。一是坚持利用二级国家公益林和地方公益林、退耕还林地、经济林地、四旁空闲地发展林下中药材，实现保护与合理利用紧密结合，生态效益与经济效益、社会效益有机统一。二是坚持根据所在区域气候、土壤和森林资源条件，以道地药材为主体，选择适宜的药材种类，采用合理的培育模式，科学规划产业布局，形成生产规范、产品优质、规模适度的林下中药材生产体系。三是坚持遵循市场规律，对标市场需求，合理确定品种和规模。引导农户和市场主体自愿自主发展，构建良种繁育、种植加工、仓储物流相匹配的中药材产业链，有效对接中药大健康产业特定需求。四是坚持实行生态绿色种植，减少化学农药、化肥等投入品使用，加强生产技术、流程、环节等规范与管理，保障中药材质量安全。力争十年内发展林下中药材基地 20 万亩，培育各类林下中药材市场主体 100 家以上。目前，该县主要种植的草本药材有贝母、淫羊藿、黄精、天麻、重楼、苍术、白及、玉竹、虎杖；木本药材有枳实（壳）、栀子、木瓜、厚朴、杜仲、银杏、黄柏、连翘等。主要有四种林药间作模式。一是生态种植模式。即重点在核桃、板栗、小水果等现状为经济林地大力推广"核桃+湖北贝母（黄精、淫羊藿、苍术）""板栗+湖北贝母（黄精、淫羊藿）"等种植模式，实现林上、林下立体种植、以种促管、以耕代抚，提高林地综合产出效益。二是仿野生栽培模式。在可利用的公益林地，清除林下杂草杂灌和林木下部枝丫，形成亮脚林，采取起垄、穴状、块状等灵活的整地方式，充分利用天然遮阴和林下腐殖层为肥料，种植多年生耐荫药材，并模仿野生药材的生长条件进行抚育管理，培育质量近似野生的药材。三是四旁庭院模式。利用农村四旁庭院空闲地大力发展厚朴、杜仲、银杏、黄柏等乔木药材，建立区域性规模性单品种长效中药材基地。鼓励有条件的农户在房前屋后林下种植重楼、黄精、白芨等名贵多年生小药园。四是野生抚育模式。利用存有一定数量野生药用生物种群的原生自然生态群落，在维护其生态功能的前提下，根据药用植物的生物学和生态学特性及群落生态环境特点，采用科学技术措施对群落进行保护、抚育、补植等措施，使其药用植物种群恢复或壮大，药材产量和品质提高，使其资源量达到具有经济利用价值。

凡是在经济林下种植中药材，按验收合格面积，一年生药材一次性补助 600 元/亩，多年生药材一次性补助 1000 元/亩；仿野生栽培种植品种必须为多年生药材，按验收合格面积一次性补助 1600 元/亩(种苗补助 1000 元、林地抚育 600 元)；野生抚育按验收合格面积一次性补助 800 元/亩；每年选择基层执行力强、群众积极性高、四旁空闲地空间较大的 5～10 个村建立区域性规模性厚朴、银杏、黄柏、杜仲等木本药材基地。以村为单位申报，相对集中连片、不低于 500 亩/村，经村镇(乡)申报、实地考察、统一供应苗木、分户实施。少数农户自发利用四旁空闲地种植四种木本药材达 10 亩以上的(按 100 株/亩折算)，按 400 元/亩补助苗木费；利用宜林荒山荒地、低效林地进行新造、改造(树种置换)、发展枳实(壳)、栀子、木瓜、连翘四种灌木药材，按 600 元/亩一次性补助种苗费，三年内管理规范，苗木长势好，再按 300 元/亩一次性补助抚育管理费；鼓励市场主体示范带动，建立优势突出、特色明显、具有一定规模的林下中药材种植基地。在该县境内新发展推广单一品种达到 200 亩以上，每亩额外补助 100 元，达到 500 亩以上，每亩额外补助 200 元、达到 1000 亩的，每亩额外补助 400 元；鼓励龙头企业和苗木生产企业建立现代化育苗设施，定向培育我县重点发展的中药材苗木和种子，不高于市场价供应其他种植对象，按种子苗木销售总价款的 10%给予补助；鼓励各类市场主体积极参与绿色食品、有机农产品、森林生态标志产品、国家地理标志产品、原产地保护标识等认定认证。根据所取得的产品认定认证文件，按照国家级、省级、市级分别给予 5 万元、3 万元、2 万元的一次性奖励。

该县林药间作模式发展林下药材种植产业仅是中部省份乃至全国林下经济发展的一个缩影，在这方面，还有许多省和市县进行了一系列新的尝试与探索，也取得了可喜的业绩，如贵州官舟、山东崂山等。近些年随着中医药产业的快速发展，林下中药材种植已经成为部分贫困地区调整种植结构、提升居民收入的关键产业。有关资料显示，我国中药材种植面积在 2016—2021 年处于上升状态，2021 年，我国中药种植面积达到 5638 万亩。[①] 虽然 2022 年种植面积较 2021 年同比有所下降，但总体而言，我国中药种植面积和市场规模仍处于世界前列。

---

① 马新辉：《中药种植的现状与优化对策》，载《农业灾害研究》2024 年第 14 卷第 4 期，第 55～57 页。

三、精准灭荒的发展

人地关系紧张，一直是我国先人面临的主要问题。解决这个问题，我国先人们创造了精耕细作的传统。正如前文所言，这个传统的主要路径选择有两个方面：一是适应和改善农业生物生产的环境条件；二是提高农业生物自身的生产能力。前面几个方面的阐述侧重于后面这一路径。但仅仅依赖单一的路径，仍然解决不了人地关系紧张的问题。因为天、地、人乃一完整生态系统，必须统筹考虑，科学规划，将有限的土地资源盘好用活。所以，在注重提高农业生物自身生产能力的同时，也要适应和改善农业生物生产的环境条件。在乡土文化"嵌入"乡土重构，推进中国式乡村现代化的当下，面对部分山区出现的"山上是荒的，路上是光的，门户是黄的"的严重生态问题所导致的人地关系恶化状况，实施精准灭荒，改善人地关系，无疑是对精耕细作传统的一种创新与发展。笔者主要以某中部省份 D 县为例，着重探讨新形势下农业生物的环境条件改善的路径和方法。

D 县位于中部省份的东北部，属低山丘陵区，是中部省份 38 个山区县之一，被划定为国家重点生态功能区。全县国土总面积 198623.06 公顷，其中林业用地面积 117154.26 公顷，占总面积的 58.98%，林地面积为 80149.66 公顷，森林总蓄积量 5426522.8 立方米，森林覆盖率 52.58%。[1] 该县属北亚热带植被区[2]、并兼备亚热带向暖温带过渡性特点，树种资源较丰富，木本植物中有乔灌木 67 科、150 属、248 种，[3] 主要用材林树种有马尾松、杉木、柳杉、马褂木、枫香、杨树、刺槐、泡桐、栎类等，主要经济林树种有板栗、乌桕、银杏、油茶、油桐等，各类古树名木共有 1761 棵。[4] 森林植被主要为马尾松和栎类组成的常绿落叶针阔混交林、以及栎类和榆类等树种组成的落叶阔叶混交林，马尾松林面积较大，也分布有冬青、青冈栎等常绿阔叶林。

精准灭荒前，该县宜林荒山总面积 8.9 万余亩，其中境内门户通道沿线 0.5

---

① 参见孝感市林业调查规划设计院发布的《湖北省大悟县第五次森林资源普查成果》。
② 郑万钧主编：《中国树木志（第一卷）》，中国林业出版社 1983 年版，第 10 页。
③ 参见孝感市林业调查规划设计院发布的《湖北省大悟县第五次森林资源普查成果》。
④ 参见孝感市林业调查规划设计院发布的《湖北省大悟县第五次森林资源普查成果》。

万亩以上的乡镇 4 个，被形容为"山上是荒的、路上是光的、门户是黄的"。造成这种局面的主要原因：一是自然灾害频发，如森林火灾形成的火烧迹地、干旱灾害及松材线虫病危害形成的无立木林地等；二是 20 世纪以"粮食为纲"的年代，大量毁林开垦种粮，不种粮后形成 25°以上非林用地的抛荒地；三是集体林权制度改革分山到户后，基层组织管理未跟上，一些林农为获取短期经济效益随意处置林木而形成新的荒山；四是一些乡镇和企业在林权流转、开发基地过程中，因经营管理不善，形成了部分新的荒山。此外，该县林分退化较为严重，林分多为单层纯林，森林结构不合理，单位面积森林蓄积量偏低，存在生物多样性下降、水源涵养功能不强、森林生态系统稳定性差及功能退化等问题。导致林分退化的原因：一是针叶纯林面积过大，密度不合理，生物多样性和生态稳定性低，生长过程中相继出现抵御灾害能力减弱、生长率减缓；二是受病虫害和森林火灾影响，特别是松材线虫病和马尾松毛虫危害频发蔓延，而马尾松林的面积又非常大，受损严重；三是部分区域因立地条件差、树种选择不当和长期无人抚育管护，出现水土流失和林木保存率低、生长缓慢甚至退化死亡等现象。全县退化林面积达 21100.7 公顷①，其中中度退化面积 7896.5 公顷，轻度退化 13197.5公顷。

为改善人地关系，扭转生态恶化状况，该县根据上级要求，结合自身实际，创造性开展了精准灭荒和生态修复治理，其主要措施包括以下几点：

一是加强顶层科学谋划。(1)组织制定造林绿化和林业生态修复规划，科学编制系列行动方案及年度实施方案，开展县域造林绿化空间适宜性评估，明确规划范围、布局空间、目标任务。(2)合理确定造林绿化模式，按区域自然规律确定人工造林、补植补造、封山育林②及退化林修复等措施，实施区域能封，分类开展国土绿化和林业生态修复。(3)科学选择树种，按适地适树原则选择枫香、银杏、乌桕等彩叶树种，栎类、侧柏、柏木等耐干旱瘠薄的乡土树种，推广马褂木、五角枫、香椿、榉树等珍贵树种，发展油茶，使用 2 年容器苗，大力营造混

---

① 参见孝感市林业调查规划设计院发布的《湖北省孝感市大别山区滠河上游水土保持与生态修复项目可研报告》。

② 参见湖北省林业局发布的《湖北省精准灭荒工程建设技术规范(试行)》。

交林，保证成活率、保存率和生态稳定性。

二是优化造林绿化主体。根据当地实际，该县针对"造林难成活、绿化难管护"的问题，通过探索实践，创新机制、精准施策，做到不栽"无主树"、不造"无主林"。(1)财政筹资，招标造林。对土层瘠薄、造林难度大的荒山，实行政府买单、采取公开招投标的方式确定造林主体，一定 3 年包栽包管包活，造林资金按"第 1 年 30%、第 2 年 20%、第 3 年 50%"①分期支付到造林公司。(2)政策激励，招商造林。对立地条件较好、集中连片的荒山荒地，结合林业重点项目，招商引进造林企业，通过提供优惠政策，山林流转、合股等方式参与开发特色基地，近五年全县已有 17 家企业开发油茶等基地 8.5 万余亩。(3)多方共建，修复造林。该县退化林修复纳入国家"双重"规划项目，建设单位统一制定项目技术方案，经主管部门批准后由项目区各业主(单位)实施，确保技术和效果到位。(4)部门包保，义务造林。以党员干部义务植树活动为契机，提高广大干部群众和社会参与造林绿化的积极性。

三是强化绿化管护责任。(1)坚持硬标准，强化检查验收。把"成活是硬道理、成林是硬政绩"作为造林的行动指南，对造林成活率、保存率、抚育管护率进行全面检查，严格检查验收。(2)夯实主责，强化主体管理。县政府把造林绿化落实情况纳入"五化管理"，强化乡镇责任。县林业局与各相关单位签订《造林管护责任书》，实行"谁验收、谁签字、谁负责"责任制和量化考核。(3)建立健全管理体系。全县选聘村级护林员 320 名和生态护林员 1200 名，实现县、乡、村三级森林资源"网格化管理"。

经过几年的精准灭荒实践，该县生态恶化状况得到了显著改善，取得了较为满意的成效。一是森林"两率"快速增长。几年来，围绕"绿满、绿美、绿富"发展目标，大力实施造林绿化行动，形成了全社会护绿、爱绿共识的局面，造林绿化量质齐升，森林覆盖率、蓄积量突破性大幅度增长。经 2021 年中部省份森林资源动态监测结果显示该县森林覆盖率为 52.47%，比第四次资源普查 45.57%上涨了 6.9 个百分点；活立木总蓄积量为 552.01 万立方米，比第四次资源普查

---

① 参见湖北省大悟县人民政府发布的《大悟县精准灭荒工程三年行动方案(2018—2020)》。

338.59 万立方米增加 213.42 万立方米，增幅高达 63.03%。二是绿色颜值显著提升。县域山水旅游资源得到有效利用，乌桕红叶、㵐河公园、红色旅游、美丽乡村等精彩纷呈。通过绿色示范创建，绿色生态功能显著提升，该县已成为市民理想的旅游休闲目的地、摄影爱好者的打卡地，绿水青山有颜值、金山银山有价值。三是林业产业发展势头强劲。围绕推进林业高质量发展，该县整合涉农项目资金，采取"以奖代补"办法支持产业经济林建设，板栗面积达到 39499.3 公顷、青茶 14540 公顷、油茶 8792.5 公顷。① 以板栗、青茶、油茶、乌桕红叶观赏、森林旅游等为主的林业特色产业规模进一步扩大，已成为推动该县经济高质量发展和促进产业扶贫致富的重要支柱产业。

总结该县精准灭荒的实践经验，其路径选择和传承创新体现了以下几个特点：

第一，立足县情确立战略，在定位上求"绿"。作为山区大县，林业是县域生态建设、绿色发展的主战场。为此，该县首先注重营造绿色氛围，深入地宣传发动营造"植绿、护绿、爱绿"浓厚的气氛；其次夯实绿色底色，采取责任分解等措施，把造林任务层层落实到乡镇、村、山头地块；再次守住绿色底线，推进生态建设法治化、制度化，严厉打击破坏森林资源的违法行为；最后做强绿色优势，全力推进"林旅融合"，发展乡村旅游和森林旅游。

第二，构建生态体系建设，在谋划上求"精"。(1)在发展目标上，要确立跨越式发展战略。(2)在空间布局上，注重"一域(湿地区域)、二线(高速、高铁省界门户通道)、三边(城边、镇边、村边)"区域，精准持续开展国土绿化和生态修复。(3)在修复措施上，注重人工修复与自然恢复相结合②，因地制宜、适地适绿，宜乔则乔、宜灌则灌。(4)以重点工程为依托，着力实施林业生态修复行动，务实开展矿山综合治理，科学节俭进行路长制通道绿化，稳步开展美丽乡村建设，适时开展森林乡村和城镇创建，统筹推进城乡一体化保护和修复，建设"无山不绿、无路不荫、无村不美、无岸不青"③的森林生态景观。

---

① 参见湖北省大悟县统计局发布的《湖北省大悟县统计年鉴 2019》。

② 参见国家林业局发布的《退化防护林修复技术规定(试行)》。

③ 参见湖北省林业局发布的《湖北省"绿水青山就是金山银山"示范县建设实施意见》。

第三，激发林业市场动力，在机制上求"活"。着力破解生态治理僵化的难题，优化社会资源、技术、资金和人才向林业市场聚集和配置。(1)市场招标确定造林主体。对生态脆弱、难度大及区位重要的地段，采取"公司化造林、市场化管护、分期付款管理"模式，招标引进林业专业化公司开展造林绿化和生态修复。(2)招商引进落实经营主体。出台激励政策，坚持"谁造、谁管、谁有"，采取"基地+企业+农户"等多种形式开发，招商引进创业人士、企业，落实业主经营主体。(3)培育拓展民营主体。依托项目推动，发挥项目资金的"杠杆"撬动作用，调动林业专业合作社、民营企业参与造林绿化的积极性，畅通培育拓展民营主体的渠道。(4)支持引导个体经营。充分利用产业扶贫优惠政策，引导林农通投工投劳、合作经营等方式参与造林绿化，为林业生态和产业建设提供支撑。

第四，坚守绿色生态红线，在管护上求"严"。"一分栽，九分管"，造是基础，管是关键。该县：(1)强化属地管理。把造林绿化落实情况纳入乡镇考核，重大生态工程纳入"五化管理"，强化乡镇责任。(2)严格项目"四制"管理。推行项目业主制、工程合同制、建设监理制、验收会签制等"四制"的管理模式，落实林业主责管理，量化考核中标单位、招商企业的主体责任。(3)加强护林管理。把"成活是硬道理、成林是硬政绩、管护是硬措施"贯穿到林业建设全过程，督办造林绿化和抚育管护工作。(4)强力推进林长制，健全县乡村三级林长制度，落实县乡村三级森林资源"网格化管理"体系，确保生态环境建设成果。

该县的精准灭荒实践，仅是该中部省份精准灭荒实践案例和成功示范之一，为该县的乡村振兴注入了新的活力。近年来，该中部省份实施精准灭荒工程，已完成荒山荒地治理面积209.12万亩，超额完成三年目标任务，在涵养水源、保育土壤、固碳释氧、积累营养物质、净化大气等方面发挥重要的生态系统服务功能，产生了每年39.17亿元的生态服务价值。如果考虑绿满荆楚效应，根据《湖北省森林生态系统服务功能评估报告》测算，其生态服务价值可达每年322.15亿元，远大于其投入208.22亿元。其评估结果显示，该省"绿满荆楚""精准灭荒"两大林业工程2019年森林调节水量达到18.08亿立方米，相当于约14个东湖的蓄水量，其调节水量与净化水质价值分别为114.27亿元和63.09亿元；固持土壤量为 2598. 18 万吨，按表层土 20 厘米计算，相当于阻止 9993. 59 公顷土地退化；固碳及释氧功能量分别达到 91. 96 万吨和 202. 57 万吨，相当于吸收 23. 04 万户家庭二氧化碳排放量，可满足 787. 7 万人一年消耗洁净氧气的需求。①

---

①　汪训前、赵辉:《每年生态服务价值 322. 15 亿元——"绿满荆楚""精准灭荒"效益显著》，载《湖北日报》2021 年 9 月 22 日。

第九章　地力常新的内涵特质及价值

"地力常新"始见于宋代陈旉所著《农书》，是我国古人关于土壤肥力的一个重要学说和传统，其形成和发展既是我国农业生产实践历史经验的总结和发展，也是当时解决地力衰退问题，提高土地利用率的客观需要和实践经验总结。在此之前，我国古人就曾在公元前 3 世纪的《吕氏春秋》和公元 1 世纪的《论衡》中提出土壤是可以通过耕作、培肥等人工措施改良提高地力的。正是依赖这个理论和传统，使得我国土地越种越肥，产量越种越高，没有出现过普遍的地力衰竭现象，创造了人类农业史上的一个奇迹。在乡土文化"嵌入"乡土重构，推进中国式乡村现代化的当下，如何传承和创新这一理论和传统，破解现代农业所带来的地力衰竭等问题，走出一条具有中国特色农业现代化之路具有重要的现实价值和理论意义。

第一节　地力常新的解读

费孝通先生在其《乡土重建》一书指出：土地是有生命的机体。人从土地里获取作物延续生命，又在生命结束后回到土地里去。这种有机循环的人地关系乃是中国文化历久未衰之所在。人的生命并不是从掠夺地力中得来，而只是这有机循环的一环。因此，地力得培养，如果培养得法，可以取之不尽，用之不竭，不是个矿山。中国几千年传统小康经济正是建筑在这种小心侍候土地，尽力保持地力，从而可以持续不断地从土地中取资培植的作物。任何一个到中国乡村里去观察的人，都很容易见到农民们怎样把土里长出来的，经过了人类一度应用之后，很小心地又种回到土里去。这种地力常新的理论和传统，正是中国传统农业在古代世界长期处于领先地位，具有强大生命力的根基所在。

一、地力常新的内涵特质

笔者通过知网检索发现，关于地力常新研究方面的文献仅只 31 篇，而较为系统梳理地力常新思想方面的文献则主要以南京农业大学马克思主义学院阎莉、贺扬为代表。学界普遍认为：地力常新理论和传统的提出既是当时现实的需要，也是历史经验的总结。早在春秋战国时期，我国先人就把"万物自生"的地称作"土"，把"人所耕而树艺"的地称作"壤"，进而形成"人工施肥观"，将土壤肥力分为自然肥力和人工肥力，强调用养结合、培肥利地。这种观点对后世产生了很大的影响。至南宋时，陈旉在此基础上提出了"地力常新壮"理论，并在其所著《农书》中对"地力常新壮"的含义与价值进行了阐述。他认为："或谓土敝则草木不长，气衰则生物不遂，凡田土种三五年，其力已乏。斯语殆不然也，是未深思也。若能时加新沃之土壤，以粪治之，则益精熟肥美，其力常新壮矣，抑何敝何衰之有。"①也就是说，经常耕作的土地，只要以粪肥治之，其地力则可常新壮，从而可抑制其地力之衰竭。而如何施粪肥？则应"用粪犹用药"，应"相视其土之性类，以所宜粪而粪之，斯得其理也。俚谚谓之粪药，以言用粪犹用药也"②。也就是应当适时施粪肥，依据土壤特性恰如其分地用粪。此乃地力常新思想之最初含义。此思想的提出，对于当时正处于人口迅速增长的南宋来说，既是解决人多地少矛盾的客观需要，也是反驳当时"地久耕则耗"论的主动回应，更是培肥利地历史经验的总结。

其后，"地力常新壮"的含义与价值随着实践的不断深入而不断得到充实和完善。如元朝王祯在《粪壤》篇里，认为："田有良薄、土有肥硗，耕农之事，粪壤为急。"③"所有之田，岁岁种之，土敝气衰，生物不遂，为农者必储粪朽以粪之，则地力常新壮而收获不减。"④将地力常新思想推进到粪壤理论新阶段。至清

---

① 转引自莫铭：《陈旉的农学理论和营农思想》，载《古今农业》1994 年第 3 期，第 11~14 页。

② 转引自阎莉、贺扬：《中国传统农业的"地力常新壮"思想探析》，载《农村经济与科技》2020 年第 15 期，第 4~7 页。

③ 转引自阎莉、贺扬：《中国传统农业的"地力常新壮"思想探析》，载《农村经济与科技》2020 年第 15 期，第 4~7 页。

④ 转引自阎莉、贺扬：《中国传统农业的"地力常新壮"思想探析》，载《农村经济与科技》2020 年第 15 期，第 4~7 页。

代，地力常新思想则得到了更大的延续与拓展。清代农学家杨屾在其《知本提纲·农则》中提出："若夫勤农，多积粪壤，不惮叠施补助，一载之间，即可数收，而地力新壮，究不少减。""产频气衰，生物之性不遂；粪沃肥滋，大地之力常新。"①在这里，他不仅强调粪料对滋润田地使地力常新的重要性，而且还看到反复施粪肥可以多次收成的可能性。

综上所述，笔者认为地力常新思想应该包含以下几个内涵特质：

(1)地者易也。这是地力常新思想的立论基础。"地者易也。言养万物怀任交易变化也。"②我国古人一直认为土地是发展变化的，具有养育万物的功能，农民们把作物从土里长出来，并经过人类一度应用之后，又很小心地重回到土里去。在这种获取与吸收的轮回中，土地就是一个活的、有生命的有机体。人的生命并不从掠夺地力中得来，而只是这有机循环的一环。在这种有机循环中生长出落叶归根的桑梓情谊，支持着历久未衰的中国文化。这体现了土地的生命性特质。

(2)培肥利地。这是地力常新思想的本质所在。早在春秋战国时期，我国古人就认为"地可使肥"，并对"土"和"壤"加以区别。称自生万物之地谓"土"，以人所耕之地谓"壤"，即"土者是地之吐生物者也，壤则以人所耕而树艺焉则曰壤"。土地既具有自然肥力，亦有人工肥力。人类既可以借用人工改造土地滋生万物，也可借用人工施肥改良土壤确保地力常新实现丰衣足食的生存目标。这体现了土地的能动性特质。

(3)用粪如药。这是地力常新思想的方法所在。"土壤气脉，其类不一，肥沃硗埆，美恶不同，治之各有宜也。且黑壤之地信美矣，然肥沃之过，或苗茂而实不坚，当取新生之土以解利之，即疏爽得宜也。硗埆之土信瘠恶矣，然粪壤滋培，即其苗畅茂而实坚栗也。虽土壤异宜，顾治之如何耳，治之得宜，皆可成就。"③这说明，土壤如同生命的生物体一样，多种多样，各有不同，因而其治理的方法和手段也应该"相视其土之性类，以所宜粪而粪之，斯得其理也。俚谚谓

① 转引自阎莉、贺扬：《中国传统农业的"地力常新壮"思想探析》，载《农村经济与科技》2020年第15期，第4~7页。

② (元)班固撰：《白虎通义(卷八)》，上海书店出版社2012年版，第322页。

③ 《陈旉农书选读》，农业出版社1965年版，第34~35页。

之粪药，以言用粪犹用药也"。得用中则可，不宜过多，也不宜过少，适可而止。这体现了土地的适宜性特质。

（4）余气相培。这是地力常新思想的路径所在。余气乃"粪"，为一切动植物和人体的废弃之物。我国古人认为动植物和人体不能消化吸收排出的粪便，虽然是废弃物，但它们与土壤禾苗为同类，属于同一个生态循环系统中的链环，因而可以作为肥料归还土里培肥土壤，壮实禾苗。[1]"粪壤之类甚多，要皆余气相培，即如人食谷、肉、菜、果，采其五行生气，依类添补于身，所有不尽余气，化粪而出，沃之田间，渐渍禾苗，同类求身，仍培禾身，自能强大壮盛。又如鸟兽牲畜之粪，及诸骨、蛤灰、毛羽、肤皮、蹄角等物，一切草木所穰，皆属余气相培，滋养禾苗。又如日晒火熏之土，煎炼土之膏油，结为肥浓，亦能培禾长旺。"[2]这说明，土地可生万物，万物也可归于土地。但不同的万物归于土地不可简单划一，必须依生态循环的规律而用之，才能给土壤滋生养分，促使土壤恢复地力以利万物生长。否则，这些有机废物则适得其反，不能被土壤吸收利用而造成地力衰竭。这体现了土地的循环性特质。

（5）三宜思维。这是地力常新思想的原则所在。虽然当时"地力常新壮"思想提出的解决办法很简单，仅是"以粪治之"，但其中蕴涵着丰富的生态思想，体现着天、地、人三位一体的生态思维，将人的能动性置于自然生态环境之中，而不是凌驾于自然生态环境之上，以人、土壤、施粪和植物的良性互动为圈闭，将植物、动物、人类以及土壤作为有机体中相互依赖的组成部分，[3]根据生态循环各个要素之间的关系，通过合理培肥施粪以改善耕种的土壤，促使土壤生长出人所需要的万物，体现着古人顺应自然生态环境而生存的聪明和才智。正所谓"时宜者，寒热不同，各应其候，春宜人粪，牲畜粪；夏宜草粪、泥粪、苗粪；秋宜火粪；冬宜骨蛤、皮毛粪之类是也。土宜者，气脉不一，美恶不同，随土用粪，

① 阎莉、贺扬：《"地力常新壮"生态价值探析》，载《农业考古》2020年第6期，第31~36页。

② 郭文韬：《试论〈知本提纲〉中传统农业哲学》，载《南京农业大学学报（社会科学报）》2001年第4期，第53~62页。

③ Aldo Leopold, *The River of the Mother of God*, Edited by Susan Flader, J. Baird Callicott, University of Wisconsin Press, 1991, p.147.

如因病下药。即如阴湿之地，宜用火粪，黄壤宜用渣粪，沙土宜用草粪、泥粪，水田宜用皮毛蹄角及骨蛤粪，高燥之处宜用猪粪之类是也。物宜者，物性不齐，当随其情，即如稻田宜用骨蛤蹄角类，皮毛粪；麦栗宜用黑粪、苗粪；菜蔬宜用人粪、油渣之类是也，皆贵在因物试验，各适其性，而收自倍矣"①。这体现了土地的生态性特质。

二、"地力常新"的价值探析

综观世界农业的发展，人类已经走过了以刀耕火种为主要标志的原始农业和以金属农具为主要标志的传统农业，正步入以化石能源为主要标志的现代农业的阶段。而我国农业则处于由传统农业向现代农业的过渡阶段。在这个过程中，世界农业特别是西方式的以化石能源投入为主要的现代农业则出现了环境、资源和生态等一系列问题，我国农业的发展也面临着设施农业所带来的土壤板结、养分失衡、土壤污染等问题。尽管现代农业虽已出现无土栽培的生产方式，但土壤栽培仍是其主要生产方式。中国传统农业"地力常新"思想和"培肥利地"技术仍然具有极其重要的借鉴和应用价值。目前，学界关于这方面的讨论还较为薄弱。笔者结合"地力常新"思想的内涵特质和其他相关学者的论述，围绕"地力常新"思想的现代价值作如下探讨。

我国至今仍然是个农业大国，人多地少的矛盾依然存在。自20世纪80年代以来，我国农业开始全面转向以先导性科技为核心，以机械设施、化肥农药、引水灌溉为特征的现代农业，虽然农业生产能力和经济效益均得到了极大提高，但由于片面否定传统农业，致使农业生产出现了生态资源环境恶化、农产品质量严重下降等很多问题。这些问题的症结关键在于违背了"敬畏天时以应时宜、施德于地以应地德、帅天地之度以定取予、依自然之法精慎管理"②的传统农业伦理原则，忽视了土地的生命性、能动性、适宜性、循环性和生态性特质，缺乏尊重自然、取之有度、用养结合、天人合一的生态思维。从这方面来看，"地力常

---

① 郭文韬：《试论〈知本提纲〉中传统农业哲学》，载《南京农业大学学报（社会科学报）》2001年第4期，第53~62页。

② 任继周：《重视农业发展的伦理维度》，载《人民日报》2015年7月21日。

新"思想在当下乡土文化"嵌入"乡土重构，推进中国式乡村现代化进程中具有不可或缺的地位和作用，具有重要的生态意义和现代价值。

首先，地力常新思想蕴含的土地的生命体特质有利于人类正确认识和处理人地关系。

人既是土地的劳作者，也是土地的受益者。在这种耕作与收获的过程中，人与土地处于交易变易之中。一方面，人类需要通过耕作以使土地生长万物养育自身；另一方面，人类还需要通过反哺土地以使其土地养育能力得以延绵。土地在这种给予与吸收之中成为了活的生命有机体。人虽然是这种循环的发动者和最终目的者，但人决不能独立于自然之外完全依自己的意识而操控土地，而必须顺应环境，利用自然物之间的生态转化关系而作为，以实现其最终目的。所以，在"地力常新"思想看来，人与地的关系绝不是剥夺与被剥夺、征服与被征服、掠夺与被掠夺的关系，而是相互联系、相互依存的生命共同体。当下农业生产所出现的地力衰竭、生态失衡、资源危机等问题，其实质就是漠视土地是一个活的生命有机体。而"地力常新"思想的立论基础就在于视土地是个生命有机体，强调尊天时，尽地利，假外物，注重在土地的变易交易中获取万物，同时又让土地从人类收获中获取养分，不断地吐故纳新，生生不息，充满活力。这种朴素的生命有机体意识，使得传统的中国农业在地少人多的情况下养育了庞大的人口，创造了人类农业史的奇迹。当下我国人多地少的矛盾仍然十分突出，传承我国古人这种朴素的土地生命有机体意识，做到善待土地很有现代价值和意义。

其次，"地力常新"思想蕴含的土地能动性特质有利于人类正确认识和处理土地肥力。

土地与人类一样，都具有养育的功能。因而，土地与人类一样具有能动性。土地的能动性特质体现在土地肥力上。土地肥力既有自然肥力，也有人工肥力。"地力常新"思想认为：依自然肥力而自然而然生长的是"土"，依人工肥力而生长的是"壤"。在土壤上耕作的中国古人既充分用地，又借助施肥而积极养地，以使土壤肥力常新，活力不断。虽然随着现代农业的兴起，农业耕作不用简单采用施粪以维持地力常新，但培肥利地这一沿袭几千年的用养结合，施之于地以应地德的传统土壤肥力利用方法和途径仍然具有重要的借鉴价值，引导人们再次思考在农业现代化进程中如何利用有机肥以维持土壤肥力，从而实现人、肥料、土壤与作物的良性生态循环，让现代农业再次支撑人类实现丰衣足食和繁衍生息的目标。

再次，"地力常新"思想蕴含的土地的适宜性特质有利于人类正确认识和处理土地伦理。

土地与人类一样，都是一个活的生命有机体。因而，对于土地的人工改造必须具体问题具体分析，因地制宜。这就决定了人类必须研究和把握土地的变化规律，针对不同土地情况施以不同对策，切不可"一个药方治百病"。所以，对待土地施粪要像医治病人一样，对症下药，即用粪犹用药也。随着科学技术的进步与发展，人类在改造自然特别是土地方面的能力已今非昔比，甚至还出现了无土栽培。尽管如此，但也应该看到土壤栽培仍然是主要的生产方式，特别是像我国这样一个地少人多的农业大国，更不可能短时期普及无土栽培，必须仍然把土壤栽培作为重点。这就要求当下仍然把地力的培养放在首位，坚持把土地的用与养结合起来，认识地力与土壤、肥料、作物密切相关，应根据不同的土壤，选择施用不同性质的肥料，采用不同的施肥方法。唯有如此，地力方可取之不尽，用之不竭。否则，一味偏重依靠机械、化肥、农药等现代技术，则必将带来"地力衰竭"和"无机农业"的危害。这方面的关键在于做好传统施肥方法与现代施肥技术的结合，在传承与创新中彰显价值与意义。

复次，"地力常新"思想蕴含的循环性特质有利于人类认识和处理土地管理。

费孝通先后在《乡土重建》一书中曾这样描述中国传统小康经济是建筑在小心侍候土地，尽力保持土力，才能使人们老是可以取资于地面上培植的作物的基础上的……任何一个到中国乡村里去观察的人，都很容易见到农民们怎样把土里长出来的，经过了人类一度应用之后，很小心地又种回到土里去。人的生命并不从掠夺地力中得来，而只是这有机循环的一环。甚至当生命离开躯壳，这副臭皮囊还得入土为安，在什么地方出生的，回到什么地方去。这种自然的有机循环特质使得传统农业具有较为完善的自组织能力，耕作者帅天地之度以定取予，实现土壤肥力的日日新，日日壮。这种生之于土，又归之于土的余气相培理念，对于当下正确认识和合理利用有机肥与无机肥，特别是化肥、农药等，减少"土壤板结"和"无机伤害"具有重要的现实意义和独到价值。

最后，"地力常新"思想蕴含的生态性特质有利于人类正确认识和处理土地环境。

当下在实现农业现代化进程中，农业生产领域面临的问题首先是农业生态资源环境问题。一方面，农业生产过程中由于化肥、农药、地膜等化学投入品不合理使用，以及畜禽水产养殖废弃物、农作物秸秆等处理不及时或不当，所产生的氮、磷、有机质等营养物质，在降雨和地形的共同驱动下，以地表、地下径流和土壤侵蚀为载体，在土壤中过量累积或进入受纳水体，所造成的农业面源污染突出；另一方面，在实际生活中，过去的经济发展模式导致了一系列诸如水土流失、土地沙化、植被退化、农田闲置和占用等，所造成的土地资源危机。所有这些问题产生的最根本原因在于农业生产过程中没有遵循时宜、地宜、物宜的原则，过度地使用农业生产行为，破坏了自然生态平衡，势必影响生态资源环境的持续利用。为了土地生生不息，永续利用，在当下继续推进农业现代化进程中，有必要依自然之法精慎管理，正确认识和处理土地利用与环境保护的关系，从传统农业的生态性特质中吸取养分和智慧，不断推陈出新，促进走出一条具有中国特色的农业现代化之路。

第二节　乡土的实践

进入新时代，随着现代农业生产体系的转型和发展，全国各地乡村建设已普遍开展了农业面源污染治理、农田整治等一系列培肥利地和地力常新的实践。笔者先后走访了长江中部部分地区，选择了生态修复、土壤干预和种青养鱼三个案例，分别从全域、田园、水域三个视角反映"地力常新"思想在当下乡土文化"嵌入"乡土重构，推进中国式乡村现代化过程中的转换和创新。

一、生态修复

1. 总体状况

实施山水林田湖草沙生态保护修复工程，是新时代贯彻落实党和国家生态文明理论、方针、政策的重大举措，对构筑国家生态安全格局，保障生态安全，遏制生物多样性丧失，引领经济绿色发展具有重大战略意义。为此，国家规划和确定了部分地区作为试点工程，要求各试点地区立足本地区生态环境状况、突出问题以及生态保护修复项目基础，聚集试点工程山水林田湖草沙各要素之间的内在联系，优化生态修复空间布局，统筹部署各项重大任务，对标国际吸纳先进生态修复工程经验措施，落实系统工程的建设区位、建设规模、绩效目标、关键技术、实施进度、责任单位、资金筹措及配套机制，提出项目系统修复、综合治理的实施思路，制定规划图库，做好绩效目标的任务分解，指导试点项目顺利实施，打造一批山水林田湖草沙生态保护修复示范效益突出的精品项目，为国家生态保护修复提供样板。这是新时代我国面对地少人多、生态环境恶化，为确保国家生态资源环境生生不息，永续利用而实施的一项地力常新的重大工程，是"地力常新"思想在新时代的一次重大创新性转换和创造性发展。长江中部某地作为国家试点地区之一，以长江沿岸 3 个地级市、10 个县（市）区为试点地区范围，统筹开展为期三年的山水林田湖草沙生态保护修复试点工程。

总体来看，这些地区生态系统格局整体稳定，生态系统质量不断改善，生态系统功能有效提升，但生态环境形势依然严峻，部分区域生态退化问题依然突出，重要河湖水环境质量不容乐观，长江岸线粗放利用问题仍然突出，优质生态产品供给不足，珍稀濒危物种依然呈现下降趋势，急需开展系统生态修复治理。

在此之前，该中部省份坚定不移地贯彻人与自然和谐共生理念，已实施了森林、湖泊湿地生态修复，生物多样性保护，工业污染防治和产业园区改造，城镇污水和垃圾处理设施建设，农业和农村污染治理，江河湖库水质提升等九大治本工程，并从制度体系、具体措施等方面为实施山水林田湖草沙试点工程奠定了基础，特别是将长江生态环境保护上升为国家战略，更是为该地区试点工程指明了方向和目标。

该地区试点工程的总体思路：按照人与自然和谐共生，"山水林田湖草沙生命共同体"理论，坚持保护优先、自然恢复为主的方针，将生态系统修复、生态系统演替、"近自然"修复等理念融会贯通，以长江干支流为经脉，以山水林田湖草沙为有机整体，全方位、全地域、全过程地开展生态保护与修复，优化空间系统布局，协同工程分类实施，严格项目过程管理，创新生态修复技术，改革区域生态修复长效机制，整体推进，重点突破，一张蓝图干到底，积极探索该地区生态修复模式，推动区域绿色高质量发展，为长江经济带生态保护修复打造示范样板。从这个总体思路来看，不难看出，"地力常新"思想的核心、本质和原则均得到了传承与发展。

　　该地区试点工程的基本原则：一是坚持生态优先，绿色发展。坚持人与自然和谐共生基本方略，严守永久基本农田保护红线，把长江生态环境保护修复放在突出重要地位，改变以牺牲环境、破坏资源为代价的粗放型增长模式，从源头上扭转生态恶化趋势，严防对生态系统造成新的破坏。二是坚持尊重自然，因地制宜。以自然恢复为主，人工修复为辅，充分尊重自然生态规律，宜林则林，宜草则草，宜湿则湿，尽可能降低工程措施对生态系统的干扰，针对不同生态系统的资源禀赋和问题差异，分类指导，分区施策，有效恢复长江流域生态系统和生态空间。三是坚持整体推进，重点突破。坚持整体保护、系统修复、区域统筹、综合治理，整合各部门力量统筹推进工程实施，从试点地区生态系统整体性和长江流域系统性着眼，科学配置工程措施，注重各项措施的关联性和耦合性，着力解决影响长江生态环境的突出问题和关键制约。四是坚持创新引领，打造示范。创新生态保护修复治理模式和长效机制，打破管理事权的部门化、空间区域的政区化、行政管理的届次化，坚持高站位、高标准、高质量推进试点工作，采用先进生态修复理念、技术和模式，努力打造长江经济带乃至全国生态保护修复的示范标杆。从这个基本原则来看，更是"地力常新"思想的创新性转换和创造性发展。特别是尊重自然，因地制宜，更是传统中国农业的精髓和原则之所在。

　　该地区试点工程还根据国家下达的总体目标和绩效指标，制定本地区试点工程的总体目标：通过三年试点，理顺生态保护修复工作机制，探索形成符合试点地区实际的生态保护修复特色治理模式，有效解决试点地区"化工围江"环境污染、长江岸线港口乱占滥用、水土流失地灾频发等突出生态环境问题，有效修复受损破坏长江岸线等自然生态系统和生态空间，有效提升水源涵养、水土保持、生物多样性维护等生态系统服务功能，有效促进生态环境保护与经济社会发展的良性互动，为保障长江经济带饮水安全、粮食安全和生态安全奠定坚实基础，区域生态安全格局和国土空间保护格局更加牢固，"和谐、健康、清洁、美丽和安全"的长江生态系统初现雏形。此外，依据总体目标，该试点地区还从矿山修复及水土流失治理、流域环境治理、流域水环境保护治理、人居环境质量提升等四个方面，明确了试点地区各县(市)区可监测、可量化、可评估的具体目标。从总体目标和具体目标来看，更注重了生态良性循环和系统性整治，突出了"地力常新壮"的目标主旨。

该试点地区试点方案下达，各地、县(市)区均认真按照规划明确的目标和任务。一是坚持绩效引领，做实生态修复文章。各地、县(市)区以"一江清水东流"为总体目标，按照山水林田湖草沙系统治理的思路，紧盯生态环境突出问题，深度对接水土流失防治面积、生态农业示范区建设、长江岸线生态修复三大核心绩效目标，遵循"试点项目有绩效指标贡献，统计数据有项目支撑"的原则谋划、申报山水林田试点项目。二是多措并举，确保项目顺利推进。各地、县(市)区高度重视试点工作，多次召开地方常委会、政府常务会议、领导小组会议、专题会议研究试点工作，并积极争取债券资金以及相关后续资金，加大地方投入力度，借力市场主体、群众等民间资本，多种方式筹措资金确保项目建设血脉通畅。同时，加强督办工作，各地方试点专班每月组织召开一次专班推进会，协调和督办项目推进过程中的"堵点"和"难点"，及时疏通化解项目推进过程的各个疑难问题。三是破解难题，建设典型示范样本。消落带治理历来被称为世界级难题。为了解决这个难题，相关地方勇于创新，经过多年实践，正在走出一条特色治理之路。有的地方针对重点消落区植被恢复工程项目，采用生物治理和生态护坡技术对消落区实施植被恢复，并因地制宜，对症下药，在高低水位区分别种植特色灌木、乔木、草本、藤本等植物。项目实施以后，将恢复相关地方消落区生态系统，维持生物多样性，固结库岸土壤，减轻水土流失，净化水质，形成具有地方特色的生态环保、绿色彩色的长江岸线，并为消落区生态治理提供示范样本。四是注重宣传，营造试点良好氛围。各地、县(市)区在试点工作专班中均设立了由党委宣传部门牵头的宣传报道组。试点开始以来，试点宣传工作取得了良好效果。新华社、人民网、中国新闻、"学习强国"等媒体先后报道了各地、县(市)区试点工程项目实施和生态修复取得的成果，以及库区重点区域消落带植被恢复工程的特色治理经验，引起了全社会的广泛关注和重视。截至笔者调查之日，各地、县(市)区山水林田湖草沙项目投资完成率平均为1/3，按照试点工作"30%、40%、30%"的建设时序要求，均可以完成年度预期目标。

2. 库区试点

Z县库区水土流失治理与生态修复工程，是整个试点地区的系统工程和重点修复片区之一，范围涵盖Z县全域，辖12个乡镇，涉及区域面积2282.63平方千米，占规划区总面积的 15.43%，地形以山地为主，以森林生态系统为主。区域内河网密布，长江横贯东西 64 千米，主要支流有九溪湾、童庄河、香溪、良斗河、青干河等。主要问题：一是库区消落带生态敏感脆弱，生态系统稳定性较差。其消落带面积共计 22.05 平方千米急需治理，以提升库区生态系统稳定性；二是城乡垃圾污水收集处理能力不足，河道治理任务艰巨。农业面源污染较为严重，每年有超过 1800 吨的化肥和农药污染物，畜禽养殖年粪尿总量达 300 万吨，影响了流域水质，治理农业面源污染迫在眉睫。三是水土流失问题严重，地质灾害时有发生。仅 2016 年全县就发生滑坡、崩塌等地质灾害共计 920 起，严重威胁周围群众的生命财产安全。迫切需要加强库区、河间山谷等重点区域的生态修复，遏制水土流失问题加重的势头。

为此，试点地区按照规划下达了 Z 县水土流失治理与生态修复工程合计实施 9 个项目。其中工程绩效指标 4 类，分别为长江岸线生态修复 6 千米，建设生态农业示范区 2.37 万亩，新增水土流失治理面积 68.5 平方千米，废弃渣堆、矿坑修复 24.5 公顷。统计监测类指标涉及 3 大类 12 项，分别为流域环境整治（包括主要港口岸电设施建设全覆盖、港口船舶污染物接收转运处置设施全覆盖、船舶污染物排放全达标、已取缔非法码头岸线复绿率 100%）、流域水环境保护治理（包括国家和省考核断面水质达标率 100%、长江干流水质Ⅲ类、劣Ⅴ类水体消除、县级以上集中式饮用水源地水质达标率 100%、库区特有濒危动植物退化趋势得到基本控制）、人居环境提升（包括县城生活污水处理率≥85%、县城生活垃圾无害化处理率≥95%、规模化畜禽养殖场粪便综合处理率≥85%）等。

各个项目的阶段性目标。长江岸线生态修复 2019 年、2020 年、2021 年分别完成 6 千米、14 千米、8.1 千米；新增水土流失治理面积 2019 年、2020 年、2021 年分别完成 3.75 平方千米、12.5 平方千米、21.13 平方千米；生态农业示范区 2019 年、2020 年分别完成 2.37 平方千米、3.55 平方千米；城市雨污分流 2019 年、2020 年分别改造 2 平方千米、0.729 平方千米；河道治理长度 2019 年、2020 年、2021 年分别为 10 千米、6 千米、3 千米。

通过实施工程规划项目，2021 年，已完成长江岸线生态修复 28.1 千米，建设生态农业示范区 5.34 万亩，新增水土流失防治面积 36.8 平方千米，林地改造提升1.5平方千米。有利于提高城乡垃圾、污水收集处理率，提升城区生态环境质量，可有效维护该片区生物多样性，提高境内植树造林面积，提升库区及其周边区域生态系统稳定性，降低该区域生态系统敏感性，降低滑坡、崩塌等地质灾害发生的概率。

笔者调查了解到，截至2019年11月15日，该县9个项目已开工5个，投资完成率29.77%。4个未开工项目中，2个计划年内开工，另外2个为谋划项目，正在加紧开展前期工作，计划2020年上半年开工。这些已开工项目均严格执行项目建设财务管理制度，明确了资金支付审批程序，报账凭据基本完整，会计核算基本规范，未发现截留、挤占、挪用资金情况，也不存在超标开支情况。在实施过程中，所有项目都严格实行项目法人制、招标投标制、建设监理制、合同管理制。项目单价均控制在批复概算单价成本内，试点项目成本与同类项目治理成本基本持平。

5个已开工项目的实施进度为：河道治理工程投资完成率达43.71%；森林质量提升工程投资完成率47.62%；城乡污水管网配套完善一期工程投资完成率78.71%；重点消落区植被恢复一期工程投资完成率58.22%；果茶有机肥替代化肥项目投资完成率77%。目前，这些项目均已建成且投入使用。

4个未开工项目进度为：Z县库区重点区域消落区植被恢复工程正在开展可研报告编制工作，计划2020年上半年开工；Z县库区重点区域生态修复项目正在筹备工程报告编制，计划2020年上半年开工；Z县库区生活垃圾一体化收集转运项目已完成前期工作，计划12月份开工；Z县长江经济带农业面源污染治理项目正在进行工程总承包招标，争取12月份开工。目前，这些未开工项目已相继开工，并陆续建成并投入使用。

截至2019年11月15日，该县山水林田湖草沙项目投资完成率为29.77%，按照试点工作"30%、40%、30%"的建设时序要求，全县今年可以完成预期目标。笔者了解到：该县山水林田湖草沙生态修复工作成效显著，得到了社会各界的广泛赞誉和好评。2019年5月9日新华社"湖北频道"以"碧水蓝天一线牵"为题图文报道了该县实施港口岸电工程保护长江生态取得的成果。5月10日人民网图片频道以"Z县库岸生态美"为题组图报道了该县库岸生态修复取得的成果。该县示范类项目——Z县库区重点区域消落带植被恢复工程自5月开工以后，引起了中央、省、市媒体竞相报道：6月26日《湖北日报》第二版、6月27日《楚天都市报》第二版、6月29日"学习强国"平台、7月30日《三峡日报》、8月29日《湖北日报》纷纷进行了图文报道；8月30日央视4套《中国新闻》以"Z县库区消落带复绿"为题进行了视频报道。

在调查中，笔者也了解到，该县生态修复试点工作最迫切的要求是加大对省级资金争取的统筹协调力度，恳请相关地方各部门支持协助各县（市）区做好省级配套资金争取工作；加快专项资金拨付进度，缓解地方财政压力，推动未建项目加快开工、在建项目加快实施。

3. 总体评价

综合考察长江中部省份部分地区山水林田湖草沙生态保护修复试点工程，笔者从乡土文化"嵌入"乡土重构，推进中国式乡村现代化这个视角考虑，认为这项试点工程具有以下几个特点：

（1）着眼于中华民族长远利益，把修复长江生态环境摆在压倒性位置，持续推进绿色发展。这与"地力常新"思想的提出具有更高的政治站位和历史责任感。"地力常新"思想的提出正值北宋人口增长非常迅速，人多地少矛盾日益突出之际，迫切需要提高土壤肥力，增加耕作面积的单位产量，以养活逐渐增长的人口。进入新时代，我国人多地少的矛盾仍然突出，且由于过去经济增长方式出现偏差，使得人地关系恶化。为此，国家提出推动长江经济带发展，必须从中华民族长远利益考虑，把修复长江生态环境摆在压倒性位置，共抓大保护，不搞大开发，努力把长江经济带建设成为生态更优美、交通更顺畅、经济更协调、市场更统一、机制更科学的黄金经济带，探索出一条生态优先、绿色发展的新路子。因此，从这个意义上讲，山水林田湖草沙试点工程的实施具有重大的现实意义和深远的历史意义，是一种更高层次的传承与创新。

（2）突出问题导向，设计任务体系，部署系统工程，拓展适宜性特质。"地力常新"思想的提出就是应对地力衰竭问题而来的。传承和创新这个思想，推动生态系统保护修复同样需要突出问题导向。为此，这个试点工程着眼于突出生态环境问题和修复需求，设计了流域水环境治理修复、长江岸线生态修复、化工围江综合整治、废弃矿山生态修复、重要生态系统修复与生物多样性保护、土地整治与农村环境治理、生态保护修复体制机制创新等 7 大任务体系，并以江河流域、山体山脉完整的生态系统为基础，优化区域生态保护修复空间布局，依据不同生态系统的主导生态功能、生态环境问题及生态保护修复需求，结合流域、行政区域边界，划定 11 个生态修复片区，以片区为单元，部署 11 个系统工程，明确任务措施及资金筹措、责任等。同时，基于项目实施对解决区域重大生态环境问题、提升区域生态服务功能的突出效益、项目实施思路的系统性和先进性、项目实施的典型性等方面，选取若干个试点项目，打造亮点示范，总结推广经验。

（3）突出生命共同体意识，拓展土地生命性特质。无论是试点工程的总体思路，还是基本原则、总体目标和具体目标，以及措施和任务等都将山水林田湖草沙作为一个生命共同体，既传承了"地力常新"思想的生命性特质，又实现了生命共同体的系统性突破，具有鲜明的时代特征。

（4）突出系统性，拓展自然有机循环。这次试点工程以生态系统整体性和长江流域系统性为基础，统筹考虑各类重要生态系统的空间分布规律，以江湖流域、山体山脉完整生态系统为原则，划定生态修复单元，在空间布局上将分散项目进行有效整合，提高工程项目的整体性、系统性、连通性作用，全面体现空间系统布局、工程系统实施、过程系统管理，使得生态保护修复更加科学、合理、有效。

（5）突出尊重自然，因地制宜，拓宽三宜思维。这次试点工程在此方面正确认识和处理了三个关系。一是在技术方法上，把握好自然修复与人工干预的关系。强调生态系统的自发性和自我恢复能力，对于本底较好的生态系统，则坚持自然修复为主，尽量减少人工干预。而对于问题突出的生态系统在污染控制、消除威胁和隐患的基础上，注意运用物理、化学、生物的技术手段，控制待恢复生态系统的演替过程和发展方向，恢复或重建生态系统的结构和功能，并使系统达到自我维持状态。二是在推进理念上，把握好整体推进和重点突破的关系。既统筹区域生态系统各要素整体推进，系统部署，增强各项措施的关联性和耦合性，防止畸重畸轻，单兵突进，顾此失彼，又注重抓主要矛盾和矛盾的主要方面，采取有针对性的具体措施，努力做到全局和局部相配套，治本与治标相结合、渐进和突破相衔接，实现整体推进与重点突破相统一。三是在实施成效上，把握好试点先行和久久为功的关系。生态系统修复是一个循序渐进的系统过程，切不可冒进，不可松懈，更不可能毕其功于一役，应坚持一张图纸干到底，以钉钉子的精神，脚踏实地抓成效，积小胜为大胜，以工程试点先行，及时总结经验模式，逐步铺开推广。这样，才能使措施落实得更加有力、更加有效、更加科学。

二、有机种植

土壤肥力是"地力常新壮"的关键。地力衰竭主要表现为土壤肥力的减弱。中国传统农业生产的本质就是掌握好时间来整合土地，以施肥来保持墒力，及时进行锄草，最后尽早收获。① 即《氾胜之书》所言"凡耕之本，在于趣时和土，务粪泽，早锄早获"。这种传统的施肥方法和技术目前正在被兴起的土壤干预有机种植所传承和创新。笔者调查了解了位于我国中部省份的某农林科技有限公司。

1. 总体概况

该公司于2019年1月注册成立，坚持"科学生态有机种植安全绿色农产品"的理念，深化土地生态种植环境干预及高标准种植，用科学的手段让土壤产生自然活力，达到生态种植，杜绝抗生素，杜绝激素，拒绝化学药剂，尽量少用和合理运用复合肥料。公司采用集中高效的修复模式，通过多种异位修复技术，提高了修复质量、增加了修复效率，实现资源化统筹利用，提升产业链。从种植、冷链、销售三个环节阐释生态农产品由田间到餐桌的全过程，强化安全链。通过土地生态环境干预种植，以"良地、良水、良肥、良法、良制"五个要素，打造生态农产品高质量安全体系，提升价值链。从农地增值、农房创收、农村旅游、农业高效、农民致富五个关键，使产品、产业价值得到全面彰显，为区域生态农业发展贡献力量。近年来，公司在社会各界同仁的真情关怀下，先后参与中部省份省会城市城郊农村小麦、甜玉米、西瓜、豌豆、芹菜、包菜700亩、葡萄园100亩、中药材400亩、草莓20亩、洪山菜薹15亩、小番茄30亩、30亩育苗试验田、中药茱萸种植500亩、茶油200亩；中部省份西部山区中药材、蔬菜、菌类970亩和中部省份南部山区小番茄种植40亩、文化产业园绿植花卉；中部省份西

---

① 胡燕、张逸鑫、陆天雨：《农业伦理视域下二十四节气与现代农业生产体系的耦合》，载《江苏社会科学》2019年第5期，第231~237、260页。

北山区蜂花、菌类 800 亩；中部省份中部丘陵地区柑橘、水蜜桃、梨约 1000 亩，西瓜、辣椒等约 400 亩，萝卜、大豆、花生约 500 亩，以及沿海省份红袍茶叶核心产区、豌豆、大蒜、包心菜、水稻等 520 亩，中部相邻省份乡村豌豆、红薯、大豆、水稻等 700 亩，西北省份蔬菜种植 200 亩等农田的土地干预和有机种植，收到了较好的成效，取得了相当效益，为农业提质增量，迭代升级，绿色发展闯出了一条新路子。

2. 项目解剖

笔者现场考察的是该公司正在规划的中部省份某县级生态农业产业园项目。该项目规划为"两园一体"，即"两园"，"一园"为现代农业产业园。按照国家生态有机种植的标准，打造 10000 亩高标准农田，通过土地干预和种植，发挥有机生态农业的产业优势，以公司化、标准化、科技化运作，发展现代农业产业园，形成所在区域的基础性产业。"一园"为现代农业文旅乐园。在高标准农田建设基本成形的基础上，以生态自然型多样的旅游产品和度假产品组合，释放乡村活力，创造更大能级的消费吸引力，带动第三产业造血驱动。"一体"为集观光、休闲、娱乐、科教等功能于一体。产业链将涵盖游玩、培训、体验、科普、文娱类等生态农业产业综合体。以原生态的生态资源环境为基础，综合考虑产业功能，布局农业种植与销售、农业科学研究与试验发展，生态资源、立体农业的开发与生产，休闲农业与乡村发展等业务，综合开发与实现地方生态产品价值，促进生态产业发展，实现乡村产业振兴。

具体规划的主要内容：一是现代农业产业园建设。以高标准农田标准，分五年建设 10000 亩生态有机种植农业产业园。第一年生态有机种植大棚 100 亩小番茄；100 亩大番茄，基本农田转高标准农田 2000 亩以上。投入建设冷库仓储、分拣中心、实验室。第二年生态有机种植大棚在第一年基础上增加种植面积达到 1500 亩，基本农田转高标准农田面积达到 5000 亩以上。达到 5000 亩以上种植面积后，拟投资建设有机肥料厂、种苗培育中心、农业技术技能培训中心，致力于为农业生产提供完备的配套体系以及农业生产储备技术人才。第三年继续增加生态有机种植大棚面积，基本农田转高标准农田面积合计 5000 亩，总体形成 10000 亩高标准农田的生态有机种植规模。

二是配套建设七大体系：(1)土壤干预以及种植体系。该系统主要由三个部分组成。

第一部分为生态种植体系。严格按照有机标准执行，做到"五个无"，即无化学农药、兽药；无化学肥料、饲料；无除草剂；无生长调节剂；无转基因品种和技术。用抗(耐)病虫品种。科学地催芽、育苗，专业而精细的苗期管理，让蔬菜苗长得更壮，更能抵抗病虫害的干扰；在育苗棚采用育苗盘培育菜苗、将抗性高的品种与高产品种进行嫁接。采用微耕机、起垄机、挖坑机、割草机、人力播种机、电动农田运输车等机械化耕作。

第二部分为高效生态农田水肥浇灌系统。用管道将蓄水塘、沼液储存池、加压泵农田等连到一起，构建水肥浇灌系统，灌水方式可采用管道灌溉、喷灌、泵加压滴灌等。比如火龙果、无花果、青椒、番茄等作物可以采用节水的重力滴灌技术；对于矮小的十字花科蔬菜则采用喷灌技术。

第三部分为农田病虫害综合防治技术系统。进行合理轮作，有效地规避大部分虫害和病害，但需要专业而精密的安排；开展物理防治，采用臭氧技术、诱虫灯诱虫、黄色黏虫板、沼气喷火枪高温灭虫、防虫网，这些方法都被当作一种常规方式用于田间，作为一种基本防治措施；注重生物防治，利用病虫害对不同蔬菜的"喜好"差异，将气味"矛盾"的蔬菜品种种植于同一地块，这样可减少病虫害的规模化发生；利用植物源、动物源、矿物源或微生物源的试剂作为最后一道防线。

(2)智慧农业体系。生态农业产业园未来将植入智慧农业：智慧大田、智慧大棚、智慧灌溉、环境监测等智慧农业体系。

(3)智慧环保动能体系。项目引进微风发电项目为生态种植园赋能，全面呼应国家碳中和、碳达峰的目标进阶。

(4)土地改良技术进阶体系。项目通过建立土地改良土地优化院士工作站，在芦洲村松滋市江畔专业种植合作社建设以10~100亩试验田，通过提供人力保障，如院士工作站，办公、住宿楼及多媒体会议室，全面支撑技术的研发和持续迭代。

(5)品牌合作体系。通过和本地企业进行合作，全面构建区域农业的地理标志品牌，打造"楚味在滋"优质农产品品牌体系。

(6)宣传营销体系。建设农电商和微商扶持体系，建设从根本上解决本地农产品销售难的市场痛点和弊端。同时，建立"农、政、商"三位一体的媒体推广平台、媒体销售平台。

(7)供应链体系。通过对农产品的物流、信息流、资金流的控制，协调农业生产资料供应商、生产者、经销者、消费者之间的利益，从农业生产资料开始，完成农产品种植、收购、加工、运输及分销等一系列过程，包括农产品生产、收购、运输、存储、装卸搬运、流通加工、包装、配送、销售等一系列环节。

三是农文旅生态休闲乐园建设。以区域良好的生态环境、优美的山水田园景观、丰富的高标准特色农业产业、舒适的气候环境、多姿多彩的民俗文化和红色文化为依托，结合当地的历史文化、名人文化，整合自然资源、历史文化、民俗民风、名人文化，整合区域范围内的景区景点和项目，以"山水康养"为主题，以休闲农业与乡村旅游、康体养生度假旅游为核心，以大力发展大健康产业为契机，把乐园打造成为国家健康旅游示范基地、国家生态旅游示范区、全国知名的生态乡村休闲度假旅游目的地。

乐园主要分为三大板块。一为乡艺传统文旅区。为了丰富园区整体功能业态，传播农业文化，传承手工技艺，增强市民乡愁、乡情、乡感，带动村民上岗就业增收，乡艺传统文旅区聚合区域手艺人，将传统手工艺与休闲文旅进行完美融合，打造如：创意种植、原生态养殖，传统非遗手工艺品制作休闲共融共享业态。同时，打造故事文化墙以及最美人物墙，宣传区域美、物美、人更美的优秀村风，诠释最美乡村发展理念。

二为乡艺建设及研学深度体验区。主要配设共享菜园以及亲子农文旅研学体系、精品农电商基地。

三为乡艺文化度假区。通过引进创意农业形态，积极引进创意型休闲娱乐度假业态，将其打造为集城乡休闲人居、乡居度假于一体的新型农村公园。重点项目有精品餐饮区，配设精品咖啡、茶饮、花厨高端生态餐饮、创意生态饮品制作区等。

3. 总体评价

该公司从多元试验走向综合开发，立足土地生态种植环境干预和生态种植，体现了"地力常新思想"的传承与创新，并赋予了时代意义，具有以下几个鲜明特色：

（1）实现传统土壤耕作与现代土壤保护的有机结合。该公司从土壤资源保护开始，注重对团粒结构遭到破坏和地力比较弱的地块，进行原生态的环境和微生物菌群的改善和补充。一是大幅度减少使用化学类肥料或不使用化肥；二是禁用畜禽粪便的有机肥。主要是饲养场的畜禽粪便中含有大量的抗生素和激素；三是使用矿物质，植物炭类和植物类肥料，逐步还原生态类种植和创造更多的微生物环境，让微生物菌群回归土壤。只有在自然环境下的微生物菌群的回归，土壤的各种微量元素和种植环境才会越来越好。四是针对现有的土壤长期使用化学肥料和不够科学的种植轮作，造成的重金属和农药残留影响，坚持在生态种植过程中，逐年消减和降解重金属和农药残留。五是禁止使用化学类有毒物质，比如像除草剂和杀虫剂等。这个结合既吸取了传统土壤耕地"合天时、地脉和物性之宜"的技术精华，又是对农业生产中化学能投入的主动排斥或约束，体现着保护土壤资源的有机农业精髓。

（2）实现传统经验农业与现代科学农业的有机结合。该公司的土地生态种植环境干预，以生物学、生态学原理为指导，一是坚持测土配肥。根据土地情况使用植物炭或矿源或生物菌有机肥，促进土壤有机质增加，提高土壤肥力。同时，采用秸秆还田、绿肥种植等措施，增加土地中的有机质含量等。二是科学轮作轮休，避免土地过度耕作，恢复土地的生态平衡。采用豆类、绿肥作物等轮作，增加土壤中的氮素和有机质含量，提高土地质量。三是生态种植普及，如使用生物防治、生物肥料等，减少对土地的污染和破坏。采用自然生草技术、节水灌溉技术等，保护土地生态环境。四是动员和激励农民和企业一起积极参与土地生态环境保护。五是从品种种苗、技术方案、销售包销等方面，采用不同方法和措施推行生态种植环境干预方案，不仅能带动当地农户增产增收，还能够顺利地推进生态种植环境干预的实施，持续稳定地向市场供给生态种植的农产品。这个结合既认真发掘和总结了我国传统农业技术，又解决了在生态农业基础上使用农业化学品对现代农业的挑战。

（3）实现传统自然循环与现代产业融合的有机结合。该公司以高价值农业循环生态产业链建设为主旨，基于"生态、共享、互联网、创新、高效""5S"理念，建构融第一、第二、第三产融合发展的新产业链、价值链、安全链于一体的大循环，实现生态种植、养殖业、农副产品加工业与新型农耕文化旅游的协同与耦合，推动有机农业步入了一个新的发展阶段(见图9-1)。

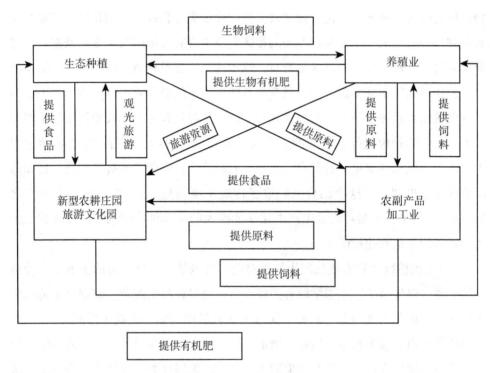

图 9-1　农业循环生态链

三、种青养鱼

淡水渔业是我国水产品供给的重要主体，它提供的水产品占国民 30% 的动物蛋白源，是我国重要的蛋白食物来源。据统计，我国水产品养殖产量连续 30 多年居世界第一位，约占世界总产量的 70%。2022 年，我国水产品总量 6868.78 万吨，其中海水产品产量达 3465.94 万吨，淡水产品产量 3402.84 万吨，海水产品产量高于淡水产品产量，但差值正逐年减少。但从鱼类养殖来看，海水产品和淡水产品产量差距较大，鱼类海水产品和淡水产品产量分别为 1054.18 万吨、

2732.31 万吨，① 淡水鱼类占 60% 左右。淡水养殖鱼类产量中，草鱼最高，鲢鱼位居第二，鳙鱼位居第三。随着人们消费结构的改变和消费观念的转变，鱼类水产品消费将成为人们重要的食品来源，这将持续带动鱼类水产行业供应端的增长。然而，由于过去经济发展模式的偏差，使得农业面源污染严重，江河湖库海等水资源受到很大影响。为了保护环境，国家对内陆的江河、湖泊、水库，海洋的沿岸浅海、大陆架等将作为水源地实行严格保护，这些水域的渔业利用只能采用增殖的方式进行，不容许进行养殖。为此，内陆池塘养殖将成为淡水水产品主要供应的重要来源，远洋渔业将成为海水产品的重要来源。

但是，淡水池塘养殖由于许多养殖者使用价廉、残留严重的农药、渔药及化工原料，大量的饲料投入，残饵、养殖生物粪便、死亡藻类不断增多，造成池塘水体污染，加之管理不善，使之成为重要的农业面源污染之一，造成水产养殖被视为污染行业。据 2020 年第二次全国污染源普查公报显示，全国水产养殖业排放化学需氧量 66.6 万吨、总氮 9.91 万吨、总磷 1.61 万吨，分别占全国主要污染物排放总量的 3.11%、3.26% 和 5.10%，总磷排放量已达到工业源的 2 倍。② 且水产养殖多紧邻河流，其尾水具有排放量大、瞬时集中排放、直接入河等特点，大量养殖尾水未经处理短时间内集中排放将严重影响河流水环境质量。在这种情况下，推动水产生态健康养殖，大力推广池塘、工厂化循环水养殖、大水面生态增养殖、稻渔综合种养、渔农复合养殖、盐碱水生态养殖等模式，支持发展碳汇渔业、净水渔业，把水产养殖场建设成为美丽渔场、水上景观。截至 2021年年底，全国共创建国家级水产健康养殖示范场 1009 家、渔业健康养殖示范县12 个。③ 笔者于 2020 年下半年，现场考察和调查了中部省份某渔业县一家国家级水产健康养殖示范场，并与该公司就其绿色高效万亩水产养殖模式的实践与推

① 《2023—2024 年中国水产行业现状及消费趋势洞察报告》，载艾媒网，https://www.iimeclia.cn/c400/93961.html，2023 年 6 月 26 日访问。
② 《第二次全国污染源普查公报》，载澎湃网，https://m.thepaper.cn/newsDetail-for ward_7801680，2023 年 3 月 19 日访问。
③ 《农业农村部：2020 年渔业绿色发展显成效》，载人民网，http://country.people.com.cn/nl/2021/0102/c419842-31986987.html，2023 年 4 月 11 日访问。

广进行了详细访谈，深感"地力常新"思想在当下乡土文化"嵌入"乡土重构，推进中国式乡村现代化过程中具有重要的借鉴意义和现代价值。

1. 总体概况

笔者考察和调查的这个养殖场，是由一家成立于 2017 年的农业科技股份公司建设的。该公司注册资金 7000 万元，以"绿色、健康、安全、高效"为目标，着力创建基于环境友好和水产品质量安全的绿色养殖技术和生态养殖模式为方向，积极探索改善养殖环境，提升"内涵"，养一条高品格的鱼的模式和技术，形成了国家大宗淡水鱼产业技术体系池塘种青养鱼绿色养殖模式。2018 年上半年，中部省份某渔业大县 D 管理区慕名前往招商引进该公司在该区大力建设绿色高效万亩生态养殖示范基地，推广以种青养鱼为主的生态养殖技术。该项目首先选择了 120 亩池塘作为绿色高效循环水养殖核心示范点开始建设。历经 3 个月，于 2018 年 10 月建成落地。该项目拥有全套智能养殖管理系统、自动投料系统和自动起鱼航吊系统等全新技术和设施，这也就标志着我国池塘水产养殖已实现升级转型，迈向了水产养殖工业化的道路。池塘设计安装了具有气提推水技术、集排污技术，具有抗酸碱、耐腐蚀、防老化、使用年限长等优势的 12 条循环流水槽，形成了具备国际先进技术的池塘循环水系统，单批次可以生产 20 万千克高品质商品鱼，成为当时国内独有的具有鲜明特色、设置配套最齐和技术应用最新的绿色高效生态养殖示范基地。经过 2 年试运行，2020 年 11 月 29 日，该公司组织了有来自中国科学院水生生物研究所等 9 个单位共 19 位专家参加的项目建设验收会。与会专家一致认为：种青养鱼模式是一种从源头上的创新模式，不同于传统的纯饲料或纯草料喂养，而是用青料和饲料配合喂养，这种水体中种植、水下养殖的立体模式的生态养殖优势就是能够充分利用太阳能光合作用，将水底的肥料转化成青饲料，进而转化成鱼肉，有效节能减排，减少鱼体发病率，提升抗原物质和品质等，是农业污染治理的有效手段，有利于推动农村高质量发展，建议大力推进这种模式，使中部省份淡水养殖进一步发展、淡水养殖产品品质得到进一步提升。

随后，该公司在 D 区三汊河区域全面推广建设特种渔场万亩基地。该基地的打造在本地产生了很强的辐射作用，过去的传统养殖模式逐步转向生态高效养殖模式，农业面源污染逐步减少，养殖户的养殖效益显著提高。

2. 主要技术

该公司开发和推广的池塘种青养鱼绿色养殖模式主要由回型池种青养鱼养殖模式、池塘工程化循环水生态养殖模式、智慧渔业支撑高效养殖、清洁养殖构建生态养殖零缺环等四部分组成。

（1）回型池种青养鱼养殖模式。所谓回型池种青养鱼养殖模式，是一种遵循食草型鱼类的生态习性，建造食草型鱼类仿生态"回"型养殖池塘，在池塘平滩和池埂上种植黑麦草、小米草和苏丹草作为天然饵料，并搭配一定比例的鲢、鳙、青、鲤、鲫、黄颡鱼等苗种，辅以投喂人工配合饲料，来主养食草型鱼类的养殖模式。这种模式的构建与应用，得益于中国科学院水生生物研究所、华中农业大学、国家大宗淡水鱼产业技术体系岗位科学家、池塘健康养殖湖北省工程实验室等科研团队长期不懈的研究，是对传统池塘养殖模式不断完善和升级的成果（见图 9-2 和图 9-3）。

图 9-2　平滩种草

图 9-3 田埂种草

（2）池塘工程化循环水生态养殖模式。传统池塘养殖经过了 30 多年的快速发展，从最初的亩产 150~200 千克，目前已达到平均亩产 800~1000 千克。经过改造的小型精养塘、高配置的池塘可达到亩产 1200 千克左右，这已是传统池塘养殖方式的极限。然而传统池塘养殖，受天气情况影响大、溶氧分布不均衡、粪便残饵不能得到有效收集和移除，这些不可控的因素常常导致养殖失败。池塘工程化循环水生态养殖模式对于解决以上问题，尤其是对大水面养殖有很好的作用（见图 9-4）。

图 9-4 池塘循环水系统全景图

（3）智慧渔业支撑高产高效养殖。养殖周期全程智能化、自动化，远程控制和预警，养殖全过程自动智能化，促进养殖高产高效。具有实时监控、定时定点定量遥控投料、增氧水质实时监测及处理和自动预警等功能，具体如图9-5至图9-7所示。

图9-5　池塘循环水系统操作室俯瞰图

图9-6　池塘循环水系统流水槽截面图

（4）清洁养殖构建生态养殖零缺环。随着养殖水平和密度的不断提高，传统池塘养殖的生态环境问题和技术性短板日趋暴露：无视生态环境承载力，过度追求高密度，导致池塘水体易富营养化，池塘微生态环境恶化，并由此带来病害频发和水产品质量安全问题；养殖尾水直排直放带来的面源污染问题已对内陆水体

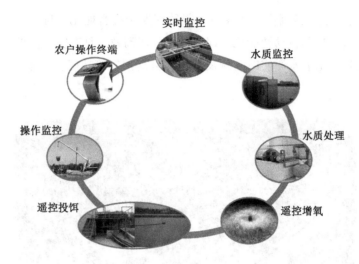

图 9-7 智慧渔业养殖周期全过程

富营养化造成了威胁。因此，构建淡水池塘集约化养殖的清洁模式已迫在眉睫。

水产养殖尾水三级净化处理。尾水处理是千家万户无法完成的难题，也是水产养殖对环境最大的污染源，绿色高效万亩水产养殖模式有效地解决了这一难题。绿色高效万亩水产养殖模式进排水分开的实施，有效解决了单体养殖水源交叉感染，减少鱼病的发生和暴发，渔药用量只是单体养殖的20%，极大提升了成品鱼的质量。

第一，实施进排水分开。进水从东西干渠流入，尾水则经过三级净化排出，详见图9-8。

图 9-8 D区东西干渠进水渠

第二，尾水处理。其总体方案：进水从生态沟渠进入，然后到达净化塘、潜流人工湿地、复合表流湿地，经过提高溶解氧浓度、胶体脱稳、拦截吸附 SS 及污染物；进一步拦截吸附 SS 及污染物，降解部分污染物、通过植物-基质＝微生物复合系统，大量吸附降解污染物、提升园区景观，进一步净化水质等处理区，从预处理区到调节水位初步处理、净化区、自然景观区等阶段再流出。详情见图9-9 和图 9-10。

图 9-9　三汊河尾水一级净化设施

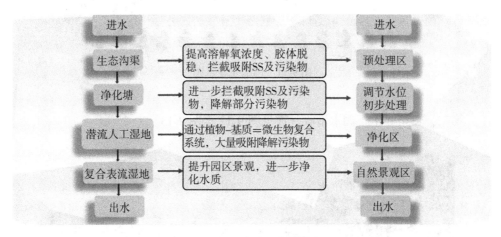

图 9-10　尾水处理总体方案

鱼塘尾水处理项目占地约 400 亩，共分为七个板块。其中，软体动物净化区占地 60~80 亩；太空莲景观净化区占地 60~80 亩；表流人工湿地区占地 60~80

亩；生态塘处理区占地 30 亩；人工水草处理区占地 30 亩；潜流人工湿地区占地 40~80 亩；生态塘占地 30 亩。详细情况见图 9-11。

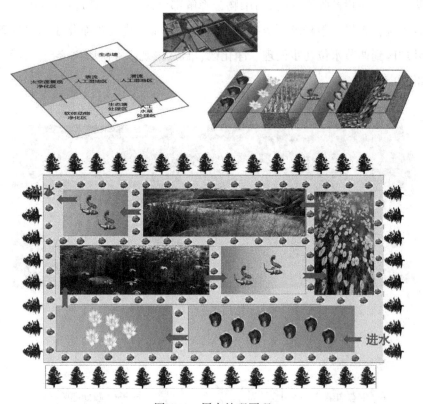

图 9-11　尾水处理原理

第三，鱼菜共生，调水增收，详见图 9-12 至图 9-13。

图 9-12　鱼菜共生（一）

图 9-13 鱼菜共生(二)

第四,变废为宝,鱼粪塘泥资源化再利用。每年年底将池塘底层鱼粪塘泥进行资源化再利用,加工成有机肥反哺有机农业,具体如图 9-14 至图 9-17 所示。

图 9-14 鱼粪塘泥处理加工厂全景图

图 9-15 池塘排水后的鱼粪塘泥

图 9-16　鱼粪塘泥处理设备

图 9-17　加工处理形成的有机肥

3. 总体评价

该公司"绿色高效万亩水产养殖模式"经过五年的探索与实践，其"回型池种青养鱼模式"已被纳入国家大宗淡水鱼产业技术体系，被国家大宗淡水鱼产业技术研发中心授予国家大宗淡水鱼产业技术体系核心示范点，是全国14个第一批核心示范点中唯一的"池塘种青养鱼绿色养殖模式"。其成绩已引起有关院士团队的关注和肯定，认为"绿色高效万亩水产养殖模式"已经占领了中国大宗淡水鱼科技领域的最前沿，是中部省份向水产强省跨越的重要路径。其效益一亩养殖水体产出的水产品产量是传统养殖模式的2~3倍，如能在全省推广400个"绿色高效万亩水产养殖模式"的养殖模块，产量和效益相当于再造一个中部省份水产。截至2022年底，该公司已建成60条循环水养鱼流道，万亩水产养殖示范基地正在建设之中，详见图9-18。

图9-18　种青养鱼绿色养殖池塘

综合来看，这种池塘种青养鱼绿色养殖模式具有以下几个特点：

（1）生态发展保质量。"绿色高效万亩水产养殖模式"中的"回型池种青养鱼模式"，池中平滩和池埂全部种青，遵循鱼类生态习性和在池塘水深的生态位，发挥养殖水体的潜力，主养草食性鱼类，套养上、中、下层水体的鱼类品种，确保物质能量平衡、养殖水环境稳定。种青后免施或少施化肥和农药，投喂青草养殖草食性鱼类，降低投喂饲料成本，控制养殖鱼类疾病发生，减少渔药投入。做到产品质量可追溯，有利于实施"订单渔业"。这个模式传承和创新了"地力常新"思想的生态性特质，注重鱼类养殖"宜时、宜地、宜物"的自然资源循环。经过鱼质综合评价体系检测：该模式养殖的鱼类肌肉品质优、营养价值高、矿物元素含量高。详情如图9-19至图9-21所示。

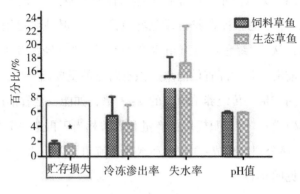

图 9-19　肌肉品质优

注：➢ 系水力是衡量肌肉品质的最重要指标。

　　➢ 水分损失会造成可溶性蛋白质和风味物质的流失，影响肉色。

　　➢ 系水力低代表在存储过程中鱼肉重量损失较多，造成经济损失。

　　由图 9-19 可知，种青草鱼的肌肉贮存损失率显著低于饲料草鱼，而冷冻渗出率和失水率与饲料草鱼均无显著性差异；生态草鱼与饲料草鱼的肌肉 pH 值无显著性差异。

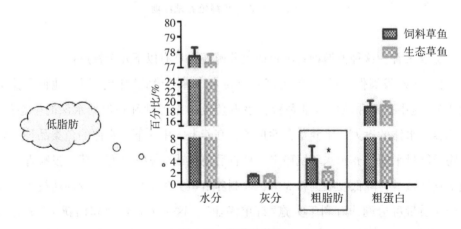

图 9-20　营养价值高

　　由图 9-20 可知，种青草鱼肌肉粗脂肪含量显著低于饲料草鱼，水分、灰分、粗蛋白含量均无显著性差异。

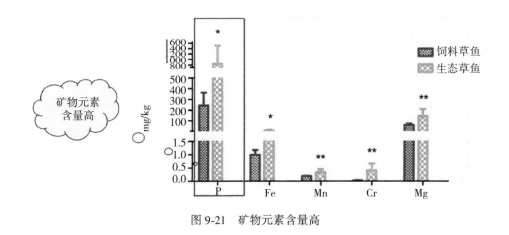

图 9-21　矿物元素含量高

由图 9-21 可知，种青草鱼肌肉矿物元素 P 和 Fe 含量显著高于饲料草鱼，Mn、Cr 和 Mg 含量均极显著高于饲料草鱼。

此外，该鱼类还有体型美、体色亮等优点。从体型来看，种青组草鱼形体比例指标 1—2/体长和 4—9/体长显著大于饲料组，4—5/体长、10—1/体长、2—10/体长和 5—7/体长极显著大于饲料组，其他指标无显著差异，可知相比饲料组，种青组草鱼形体更修长，详见图 9-22。

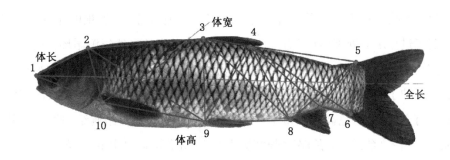

图 9-22　种青组草鱼体形

从体色亮来看，种青组草鱼背部体色 L 值极显著高于饲料组，a 值和 b 值无显著差异，可知相比饲料组，种青组草鱼背部更亮，详见图 9-23。

（2）标准建设提效益。"回型池种青养鱼模式"的单体池塘 80～100 亩为好，改造成回型池，东西向，回型沟宽 15 米，深 3.5～4 米，中部浅滩水深 2 米，底

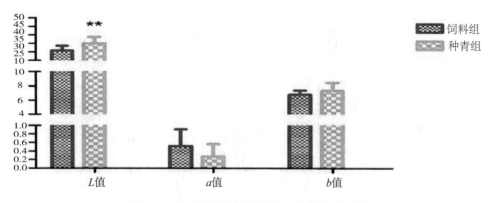

图 9-23　种青组草鱼和饲料组草鱼体色对比图

泥厚 0.3 米。配备增氧设备 6 套，进排水管道分开，养殖尾水统一流经箱涵，汇入湿地，进行资源化处理。残渣和粪便通过生物菌分解，成为套养鱼类的饵料，养殖产量每亩 1500 千克，是传统养殖的 2~3 倍，亩利润 5000 元左右。按照每农户的单体池塘 80~100 亩计算，年利润 40 万~50 万元(含生态、品牌溢价收入和水生蔬菜收入)。这方面是"地力常新"思想适宜性特质的科学性飞跃，具有推广应用的价值。

(3)循环利用降成本。笔者认为：国家大宗淡水鱼产业技术体系池塘种青养鱼绿色养殖模式最大的价值在于传承与创新了"地力常新"思想的循环性特质，既实现了进排水的处理循环系统，又实现了鱼菜共生的自然资源循环，更重要的在于实现鱼粪塘泥变废为宝的循环利用，促进了降本增效，环保节能和循环经济发展，延伸了产业链、价值链、利益链，能为社会带来巨大的经济和社会效益。为此，有必要将"绿色高效万亩水产养殖模式"作为农业供给侧结构性改革的重要抓手，纳入"乡村振兴战略""长江大保护""精准扶贫""特色小镇""现代渔业示范""减量用药示范"等项目管理，在实施专项建设的过程中，不断总结经验，不断提高技术水平，适时召开现场推介会，促进"绿色高效万亩水产养殖模式"向纵深发展。

第四编 乡　　居

第十章　乡居的意涵及其特质

在人类文明发展的历史长河中，居住是人类生存和发展的基本需求，是人类物质生活的重要组成部分，人类从依山而居的"穴居"，到择林而居的"巢居"，再到平原的兽皮帐篷、砖石泥房，继而至官宅、民居，人类先后走过了原始居住时代、茅屋时代、砖瓦时代、里弄时代、楼宇时代。在这期间，居住被赋予了文化学、建筑学、社会学、政治学、民族学、地理学等众多学科的不同意义与价值，形成了具有不同地域风格、建筑特点、生活习俗的居住文化。乡居是相对于城市居住而言的一种居住形态和生活模式，具有鲜明的地域特色，是地域文化的重要组成部分，探讨其意涵及其特质，对于乡土文化"嵌入"乡土重构，推进中国式乡村现代化既具有工具性价值，也具有本体性价值。

第一节　乡居的由来及流变

一、"居"的意涵解读

从字源来看，"居"字的意涵有着较大的变化。其现代意义上的住留、居住，在古代则是"尻"，表示席地而坐，就是在地面铺上席子，人坐在"席"上。"居"字本义是从蹲踞演化而来的。古人有蹲踞的习俗，所以从"古"。故《说文解字》乃注"居，蹲也。从尸古者，居从古。踞，俗居从足"。对于这个解读，有学者认为：说解有脱误。当作"从尸古声，古文居从立"。《玉篇》中居，古文作"呿"，也就是"居"在这里是用作从立者，是蹲踞之义。后清代学人段玉裁则从古人之"坐""跪""蹲""箕踞"等行为中对其进行解读，认为：古人有坐有跪有蹲有箕踞。跪与坐皆厀(即古膝字)着于席，而跪耸其体，坐下其栌。若蹲则足底着地，而下其臀耸其膝曰蹲。若箕踞则臀着席而伸其脚于前，是曰箕踞。据此，则"居"字之本义即箕踞，也就是臀部着地而伸其脚于前，不是《说文解字》笼统所说"蹲也"。这里的踞与蹲是有区别的。居是"踞"的本字，像人曲胫蹲踞形，本义是蹲着。有人认为：居与踞是古今字，典籍中尸或居之本义皆用踞字表示，而居字多用其引申义。如"居岐之阳，在渭之将"（《诗·大雅·公刘》），这里的居字皆为居处之义，当是由踞坐之义所引申。也有人认为：后人为蹲的意义另造了个踞字，居处的居就用了蹲踞字的本字，"凥"字就作废不用了。这样，居的比较古老的常用意义就是居处之义了。总体来说，西周时代"居"的字义就已不再是蹲着的本义，而是居处之义，具有现代意义上的住所、居住之意涵。其后"居"又被引申为处于、处在，如"居安思危""居高临下"等，进而又被引申为停留，当、任，多占和积储等义。

二、"乡居"的由来及流变

居住是人类从野蛮走向文明的重要跨越，从筑巢而居、掘穴而栖开始，人类从山洞出走，形成村落、城堡，进而演化成城镇、都市。在这个过程中，人类的居住环境历经穴居、帐篷、屋居、里弄等时代而跨入现代楼宇时代，其人居方式、文化形态、地理环境、生产方式和建筑风格均发生了显著变化，呈现出不同的文化现象、民俗事项和社会特征。且居住已不再只是为身体提供庇护，使其免受风雨的侵害，而且还需满足人类的精神需求。不只是身体的栖息地，更是灵魂的栖息地。① 在这个过程中，居住环境的改善和更新，不仅倾注着人们毕生的心血，也体现着人们的宇宙观、世界观、人生观、价值观和审美情趣，还寄托着人们回忆故乡、思念亲人、追想童年美丽的诗情画景，更反映着一个民族独有的性格特征。从一定意义上说，居住已不再是一种简单的房屋建筑和栖息藏身之所的建造，而是建立在以房屋建造为主体之上的一种生产和生活方式，这些生产和生活方式涵盖着人类生前和死后的所有一切劳动工具、房屋建筑、祭祀场所和各种相随而生的衣、食、住、行、娱、购等活动。既包括用于人类自己活着时居住的房屋、死后居住的坟墓和一切服务于人类的各种娱乐、服务、公共设施，如教

---

① 王娟著：《民俗学概论(第二版)》，北京大学出版社 2011 年版，第 283 页。

堂、祠堂、寺庙、商店、学校、法院、纪念碑等，也包括人类为自己的财产、牲畜而修建的谷仓、马厩、猪圈、鸡窝等建筑，更包括蕴含在其中的人居方式、文化形态、地理环境、生产方式和建筑风格。

人类大约在 6000 年前开始进入屋居时代，聚族而居，形成村落，耕耘收获，休养生息，集会结社，孕育具有鲜明农耕特色的乡土文化。其后，尽管随着人类生产力的不断提升，居住环境发生了显著变化，但这种建立在乡土文化之上的乡村居住生活方式，仍然在乡村得到了保留和承继。

大约在 700 年前，一种有别于乡村居住的生活方式开始出现，人类进入里弄时代，出现城镇和街道，传统乡村居住生活方式被打破，取而代之的是适合城市移民个性、自由的市井文化，这种生活方式就是早期社会学家认为的以有机团结为主要特征的城市居住生活方式。这种城市居住生活方式，与乡村居住生活方式不同，其人居方式、文化形式、地理环境和生产方式和建筑风格也均体现了城市市井文化和现代市民文化的特征，是人类一种更有意识，更有主动创造行为的活动。

至此，整个人类社会开始呈现出乡村居住和城市居住这两种不同的生活方式，具有了乡村居住和城市居住两种不同的文化禀赋、民俗事项和社会特征。这种乡村居住的生活方式，就是"乡居"。与之相对应的，城市居住的生活方式，就是"城居"。"乡居"源于村落，具有鲜明的乡土气息、农耕方式、民居特色、信仰生活和礼乐文化等特质。尽管在近几十年来，随着城镇化步伐的加快，乡村已逐渐失去了往日的繁华与喧嚣，但由于中国乡村不是依附城市而存在，具有很强的独立性和主体性，因而，中国乡村仍然是最具有自我调适能力和创新的乡村，乡村生活仍然是最具有竞争能力的产品。① 在当下乡土文化"嵌入"乡土重构、推进中国式乡村现代化进程中，乡村居住的生活方式是历史留给乡村的特有财富，承载着中华民族 5000 年的文化积淀，具有独特的生命力和创造力，理应成为乡村独特的产品和核心竞争力。本书正是从这个意义上展开"乡居"的理论探讨和实践论证的。

---

① 张孝德著：《大国之本——乡村振兴大战略解读》，东方出版社 2021 年版，第 116~118 页。

三、"乡居"的意涵解读

"乡居"作为一个词语出现，在中国古代并不是与"城居"相对的一个概念，而是指进士不担任官职而是在故乡居住、生活。因为在中国古代，凡是获取功名之人，他们大多任职都有几年甚至十几年的候选期，这期间他们也以"乡居"自诩；少数终身不仕之人，也多是托假乡居。还有就是任职以后，也有的休致（退休）和休假，如丁忧、终养、病假等，至明清时期绅士称"乡居"还有标榜不攀附权贵的含义。至明末清初易代之际，"乡居"还兼具不与清廷合作的引申含义。① 实际上，乡居进士所称的"乡居"并非真正地生活居住在农村，而是大部分生活居住在城区，至宋代以后，城市化倾向更加明显。他们往往以"不入城市""不入官府""居乡安静"相标榜，其实他们中更多的是选择城居，与官府的交往较为密切。

至现代，"乡居"则逐渐形成为与"城居"相对应的一个概念，但其意涵也并非单指乡村生活，有的也指乡村民居。如有的学者认为，所谓乡居，是指乡村民居。② 也有的学者认为，乡居是城市市民在乡村场景里的养乐生活方式。这个概念强调的是乡居的利用功能，这里的乡居并非传统意义上的乡村村民，而是城市居民；他们居住在乡村，不是传统意义上的农耕生活及其乡土情结，而是一种养乐体验式的消费。还有的学者认为，所谓乡居，是乡村居民以自用住房为载体，将地方文化、乡村生活、田园景观环境、绿色农业食品等在地资源有机融合的一种特色旅游产品，是扎根于地方文化与乡村环境之上的休闲生活方式。这个概念从一定意义上说是上述概念的另一种表述，只是站的视角不同而已，其实质仍然是着眼于城市居民的一种消费行为。其实，伴随现代工业文明和城市化进程的发展，乡村已成为越来越珍贵的资源。乡居在国外早就开始兴起，其名与我国不同，欧美等国称之为"购回空间运动"。至此，可以看到，乡居作为一个与城居相对应的概念，已由原乡村村民居住的生活方式而演化成为一种可资利用的文化

---

① 王志明：《清代乡居进士都做了什么》，载《人民论坛》2019年第4期，第142～144页。

② 俞泳：《乡居地域风貌特色的当代重现——以两个实践案例为例》，载《建筑实践》2022年第10期，第154～161页。

资源，一种有生命、有历史、有温度的禀赋资源，成为乡土文化的重要组成部分。在当下乡土文化"嵌入"乡土重构，推进中国式乡村现代化进程中，乡居具有不可多得的经济价值、自然价值、社会价值和生态价值。

目前文献中关于"乡居"概念的界定与描述很有限，其释义为在乡村居住，也指乡村的居处。最典型的描述来自南宋词人陆游所著《乡居》一词："客问乡居事，久居君自知。度桥徵土悔，过社旅人悲。社散家分肉，农闲众筑陂。墙东新洗竹，我亦补藩篱。"文中对"乡居"概念的界定也仅此三个方面，虽然可以表明"乡居"意涵的演化和发展，但要完整准确地反映乡居的特定研究对象，充分认识乡居的重要价值，以期全面挖掘和利用其独特的文化资源，必须重新审视和界定乡居。本书认为，所谓乡居，乃是历史形成的、具有地域特色的、源于农耕经济的、赋予民俗事象、有利养生养心的一种生活方式。此概念既基于乡居的产生与发展，又着眼当下乡土文化"嵌入"乡村重构的需要，其意涵表达主要在以下五个方面：

首先，乡居是历史形成的，具有厚重的历史底蕴。乡居不是简单的农家乐，也不是单一的民宿，它蕴含着先人与天地和谐共处的生活信仰、生活空间、生活艺术和生活技巧，体现了先人丰富的文化与精神的传承和寄托。因此，乡居不是旅行，而是一种体验。正如陆游所言："客问乡居事，久居君自知。"乡居的历史厚重感必须久居才能感知。

其次，乡居是依地而建，依势而筑，错落有致，诗意栖居，具有鲜明的地域特色。一方水土养一方人。历经数千年的变迁，不同地域的人们在生产与生活中形成了一方适应本土的建筑风格、居住方式、生存信念、生活习俗等生活方式和文化模式，显现出各自独特的乡音、乡味、乡俗、乡情，展现出丰富多彩的生活样式。这种不同的生活样式，正是乡居存在的价值与优势。

再次，乡居起始于农业生产，农是乡居的立根之基。这种以农为基的农耕经济，孕育了敬畏天地的生活信仰、崇尚仁善的生活道德、耕读传家的生活价值、赋予生命的生活空间等乡土生活，形成了独具特色的农耕文化。基于这种农耕文化的乡村生活，成为乡居最具有优势和竞争力的独特产品和禀赋资源，具有其独特的文化价值与精神内核，是乡居生生不息的源泉。

复次，乡居由家族聚居而起，进而形成了依附于土地之上的乡土社会，创设、享用和传承了乡土生活文化，以此作为人们在日常生活中自觉和无意遵循和维护的一种行为规范、道德伦理、认知方式和思维模式，这种普遍存在于乡土生活中悠久的历史文化事象，就是民俗事象。而民俗一旦形成，就成为规范人们的行为、语言和心理的基本力量，也是人们习惯、传承和积累文化创造成果的一种重要方式。因而，乡居承载着民俗事象的传统。

最后，乡居以乡村为依托，拥有丰富的生态空间、村落景观、民居建筑、民俗风情、地道药食等自然和人文资源，是当下人们回归自然、回归田园、回归诗意，寻找生态健康，提升人生价值，追求养生养心幸福生活的理想之所。正如有的学者所说，生态文明时代需要乡村的生活，乡村的生活承载着中华 5000 年的文化。因此，乡居必须以有利于人们养生养心为目标，保持乡村原真环境，保留乡村原有的生活方式和生活氛围，维护乡村原住民的地位，以良好的乡村生活环境，提升乡居的消费价值。

第二节　乡居的特质及要素

一、乡居的特质

基于上述关于乡居意涵的界定，即乡居乃是历史形成的，具有地域特色的，源于农耕经济的，赋予民俗事象的，有利养生养心的一种生活方式。本书认为，乡居具有以下五个特质。

1. 生态性

乡居的禀赋资源最大的优势在于原生态的一山一水，一草一木，一田一园，一家一居，生产与生活交织成趣，融为一体，清新的空气，自种的蔬果，独特的空间，低碳的生活，吸天地之气，取空灵之美，构生活之便，育生命之物，创天人之合，得人文之利，正所谓"绿水青山就是金山银山"。这种健康生态、文化艺术、智慧人生的乡村生活方式正是乡居的最大价值所在。

2. 道地性

乡居的魅力在于乡村生活的道地性，一草一木，一花一树，一山一水，一砖一瓦，一碗一筷，一桌一椅，一祠一堂，一犁一锄，无不带着鲜明的地域色彩，寄托着当地人的生活信仰、生活道德、生活智慧、生活艺术和生活技巧，形成了乡居独有的田园风景和家园情怀，赋予了乡居"神造"的诗意栖居的生活方式。因而，乡居必须修复活化传承千年的各具特色、异彩纷呈的乡村生活，决不可"千村一面"，一张图纸建天下。

3. 体验性

乡居的本质是一种乡村文化生活，绵延数千年而历久弥新，必然蕴含着丰富的生活信仰、生活道德、生活艺术和生活技巧，体现着古人谋道求生、修身治国的生活智慧和生生不息、长治久安的生活秘诀。因而，乡居绝不是走马观光式的旅行，而是一种沉浸式体验、久居式感悟的升值消费，置身乡居之中，透过那一砖一瓦、一餐一物而悟到生活的智慧和秘诀。

4. 传统性

乡居以乡土社会为依托，历经漫长的发展过程，必然形成了一些文化现象、文化样式和文化类型，且这些一时之风气历久弥新，绵延至今而不断，成为乡土社会中人们共同拥有的一种约定俗成的、带有普遍和典型意义的东西，而这些东西就是传统。但这些传统，不可能全部留住，也没有办法全部留住，必须正确认识和处理好传统的保护与延续，赋予乡居新的意义、新的形式、新的生命，以延续这些传统的生命力。其实，真正的传统往往具有极其顽强的生命力，它可以超越时空的限制，呈现其永恒的生命力。

5. 乡土性

乡居离不开乡土气息，这种乡土气息体现在人们的饮食习惯、服饰装束、生育制度、乡土材料等方方面面，历经千年而没有根本的变动，是乡居最重要的禀赋资源优势，也是乡居最珍贵的无形资产，保留这些原真的环境和传统的生活方式与乡土气息，乃是乡居能否实现其文化和经济价值的关键。因此，乡居必须坚持以简约修复为主，保留和激活一些具有浓郁的乡土味道和独特的乡土氛围的物质文化遗产和非物质文化遗产，构建独特持久的吸引力，而不宜大规模人工化改造，更不可滥竽充数，巧立名目，去乡土气。

二、乡居的要素

乡居的本质是一种生活方式。这种生活方式是由其文化决定的。人类从远古走来，要想战胜自然并生存下来，就必须组成群体，由群众进而产生社会。同一个社会中的人，往往会逐步形成一种共同的生活模式和生存方式。共同的生活创造出了共同的文化传统，同时也产生了共同的思维方式。从这个意义上说，乡居就是一种文化体验和文化消费。这种乡土文化，形成了异彩纷呈的乡居生活，成为了一个民族赖以生存的精神家园。

然而，乡土文化是什么呢？正如有的学者所说：从某种意义上说，这是一个人人皆知但又都无法准确地用语言来概括的一个词。关于这个问题，乡土文化跟文化的定义一样，几乎每一位学者都有自己的认识和标准，难以统一。所以，关于乡土文化，每一个学科都有自己的认知角度，因而也就有自己的定义。从民俗事象的角度来说，乡土文化就是乡民的生活方式和表达方式的总和。[①] 这种生活方式包含了能够体现这种乡土文化特点的物质层面和精神层面的所有内容，如饮食、服饰、建筑、艺术、生活习惯、宗教信仰、思维方式、价值观念和世界观等。这些种种因素构成了乡居的要素。因而，本书所探讨的"乡居"不是广义的文化概念基础上的"乡居"，而是基于乡土文化"嵌入"乡村重构，推进中国式乡村现代化意义上的"乡居"，是一种民俗事项意义上的"乡居"，是一种乡村振兴意义上的"乡居"。这里的"乡居"要素，不仅具有单纯的文化价值，更具有潜在的经济价值，是一种"绿水青山就是金山银山"意义上的要素。实质上这种乡居要素研究的重点在于当下的创新性转换与创造性转化，更着重的是传统的衣、食、住、行、乐、购等乡村日常生活，以及建构在其上的信仰、道德、语言等独特的表达方式的保护与延续。所以，它既具有民俗学的意义，更有应用社会学的意义。

综上所述，本书将乡居的要素界定在衣、食、住、行、乐、购，以及在此基础上所形成的饮食文化、服饰文化、民居文化、礼仪文化、戏曲文化以及货殖文化。

---

① 王娟著：《民俗学概论(第二版)》，北京大学出版社 2011 年版，第 283 页。

第十一章　衣，乡居生活的独特符号

"衣"，乃衣食住行之首，是中国传统礼仪最具有代表性的标志之一，也是乡居生活区别于城市生活的重要标志之一。在人类漫长的历史演进中，"衣"是人类价值观念和生活方式最鲜明、最直接的反映，是每个人复杂信息的"符号语言"，常常给人以深刻印象。因此，"衣"是一个人身份、职业、地位、性别、民族等意义的象征，不仅是物质的体现，更是文化的象征，是乡土文化的重要组成部分。正如亚当森·霍贝尔在其《人类学：人类的研究》中所说：人们遮掩或装饰自己的身体有多种理由，其中首要的是为了作为身份的证明和社会地位的象征的展示。中国传统"衣"更具有鲜明的标记功能。正如董仲舒在其《春秋繁露》所言：凡衣裳之生也，为盖形暖身也。然而染五采，饰文章者，非以为益肌肤血气之情也，将以贵贵尊贤，而明别上下之伦，使教亟行，使化易成，为治为之也。在乡土文化嵌入乡土重构，推进中国式乡村现代化的当下，传承和创新"衣"的文化，助力乡村振兴具有重要的现实意义和深远的历史意义。

第一节　"衣"的意义

一、概念梳理

1. "衣"与"服"的关联

"衣"是象形字，本义就是人上身的衣服。甲骨文的"衣"字，生动地展现出了这个上衣的形象，上面的一折，就像是上衣的领口，左右两侧的开口，像是张开的袖口，底下两个衣襟相互遮盖，下面弯折处，就是衣服的下摆。另外，古人的上衣与下衣有不同的叫法，上衣称作衣，下衣称作裳。现在"衣"泛指衣服。因为衣服的遮蔽作用，后来还被引申为物体外部包裹的东西，如糖衣。现在，不论上衣还是下衣都被统称为衣裳。"衣"的创造，表明华夏民族那时已广泛普及织物衣服。"衣"的产生与演进不仅仅是物质层面的，更是文化和技术发展的重要标志。"衣"与"服"虽然在现代汉语中常常可以互换使用，且被通称为衣服，主要表示衣物，但它们在古代的含义和用途则有所不同。正如前面所述，"衣"主要指的是上衣，是人类最早穿的衣物形式，不包括下衣，即裳。"服"则除了指上衣外，还可以指代外衣或者特定场合下的衣物。"服"不仅是指衣物，还具有其使用的意义指向，往往与特定的场合或仪式相关，强调尊重和体现身份和职业特点。这种差异反映了古代"衣"文化的丰富性和多样性。

2. "服"与"装"的关联

"服"字的本义是降服。在古字形中，这个字的右部分是一只手，左部分是一个正在跪着的人，这表示用手抓人，使别人服从。随着字体的演化，人们先是在其旁添加"凡"字，表示声旁；之后，在金文中，"舟"代替"凡"。发展到隶书，人们用"月"取代以前所使用的声旁。现在"服"被引申为敬佩、信服。在工作中，学会服从，不仅是一种责任，更是一种人生历练。随着时间的推移，现代汉语中，"服"主要保留在"衣服"这一含义上，表示穿着的衣物。其他古代含义，如顺从、从事等，在现代汉语中已经较少使用，或者被其他词汇所替代。"服"与"装"虽然在现代汉语中都与穿着、打扮有关，但它们之间还是存在一些微妙的差别。"服"主要指穿着的动作或状态，比如"衣服"就是指穿在身上的衣物，包括上衣、裤子、裙子等。而"装"则更侧重于装扮和外观，通常用于描述正式场合、特殊场合、表演或演出等需要精心打扮的场合。总的来说，"服"更侧重于基本穿着和实用意义，而"装"则更偏向于美学和装饰意义。

3. "服"与"饰"的关联

"服"与"饰"的关系在中国传统文化中占据着核心地位，它们不仅相互依存，还共同构成了人们外在形象的重要组成部分。"服"主要指衣服，是人们穿在身体上的衣物，具有标记、防御、遮羞、保暖等功能。人们通过选择合适的衣服，可以适应不同的环境与场合。"饰"则更多地指装饰和美化的物品，它们可以突出衣服的特色，表达个人的品位和社会地位。在中国古代，衣服与饰物的种类随着时代的变迁而变化，它们不仅仅是物质的体现，更是文化的象征；不仅体现了个人的审美和品位，也反映了社会文化和历史的变迁，具有丰富的文化信息和历史故事。现代，服饰已经作为一个词语而广泛运用，主要指人所穿之衣物以及所佩戴之饰品，具有狭义与广义之分。狭义之服饰，指的是衣服、衣着或服装；其广义之服饰，则包括衣服，以及其他与衣服直接相关的装饰和与美化身体相关的装饰，如古代的冠、笄、带、裳、屦等。且这些衣服及其装饰以及人体装饰在许多情况下是相互搭配、交相辉映的。正如《续汉书·舆服志》所说："古者君臣佩玉，尊卑有度。"当今社会，服饰既包括上衣和下衣，内衣和外衣，也包括首服和足衣等，而饰品则延伸至凡是能够在人体上穿戴和被使用的物品。既包括帽、包、领带、鞋、等装饰性饰品，又涵盖头饰、耳饰、项饰、胸饰、腰饰、首饰、带具、发型、化妆、美容等系列人体修饰性饰品。但作为一般社会大众而言，人们理解的服饰多半指的是衣服，而饰品在衣着打扮中处于次要位置。特别是在乡土话语中，服饰一词指的就是衣服。因而，本书所讨论的服饰文化主要为狭义之服饰，即衣服，也兼及其饰品之玉文化的传承与创新。

4. "服饰"与"纺织"的关联

服饰与纺织之间存在着密切的关系，这种关系不仅体现在物质层面，还深入文化和历史的多个维度。首先，从材料与技术上说，纺织是制作服饰的基础。从原始的纤维收集、纺纱、织布到最终的服饰制作，每一个环节都离不开纺织技术。不同的纺织技术决定了服饰的质地、舒适度和外观。其次，从设计与艺术上说，服饰的设计常常受到纺织技术的限制和启发。随着纺织技术的发展，设计师能够创造出更多样化、复杂的图案和纹理，这些元素不仅装饰了服饰，也反映了社会文化和审美观念的变迁。再次，从历史与文化上说，纺织品和服饰是历史和文化的重要记录者。丝绸之路等古代贸易路线不仅促进了商品和技术的交流，也促进了不同文化间服饰风格和纺织技术的传播。通过研究古代的纺织品和服饰，我们可以更好地了解过去的社会风貌和文化交流。最后，从功能与日常上说，服饰的基本功能是为人体提供保护、舒适和审美。纺织技术的发展使得服饰能够满足这些基本需求，同时也通过装饰和象征意义增加了服饰的文化价值。通过上述分析，可以看出服饰与纺织之间的关系是多元且复杂的，它们相互影响，共同塑造了人类社会的历史和文化。

二、服饰文化的流变

服饰文化指的是与服饰相关的文化概念，它具有三个方面的含义。首先，它是物质与文化的体现。服饰是人类特有的劳动成果，它既具有防御遮身暖体等物质属性，又具有别性遮羞美形等精神属性，更具有标记等级地位等社会属性。从原始的兽皮树叶到现代的多样化服饰，服饰的变化与人类文明的历史进程紧密相连，不同历史时期的服饰风格反映了当时的社会风貌、审美观念和技术水平，传达着当时的文化信息和社会属性。其次，它是社会和个人的标识。无论是东方还是西方，服饰都具有区分不同等级和阶层的重要功能。中国古代，服饰的质地、颜色、剪裁的式样，以及各种与服装搭配的饰物都具有鲜明的等级差异。在不同的社会文化背景下，人们的服饰选择反映了其所属的社会群体、经济地位或宗教信仰。再次，它是审美与情感的表达。服饰不仅仅是外在的装饰，更是内心情感和审美观念的表达。人们通过服饰的选择与搭配来展示自己的个性、风格和情感状态。衣服的颜色、色彩和图案，以及装饰品类的选择都富含深意，具有特定的信息和意义。由此，不难看出，服饰文化是人类文化的重要组成部分，它通过物质形式和精神实质两个方面，展示了人类对美的追求、社会身份的标识以及对情感和审美的表达。

我国的服饰以及服饰文化，是中华文明中光彩夺目的绚丽篇章。据考古发现，我国最早的服饰源于旧石器时代晚期，主要依据为山顶洞人的骨针，它表明那时已出现以缝纫加工为特征的服饰文化。随着农业和手工业的相继产生，人类开始进入农耕时代，采集野麻，加工麻线，织成麻布衣服，还饲养家蚕，编织丝绸。这个时期为黄帝时期，此时"上衣下裳"开始出现，中华服饰制度宣告基本确立。随后，历经夏、商、周三代，服饰事实上成为统治者的一种工具，其建立的"冠服制度"，对衣冕的形式、质地、颜色、纹饰、佩饰等都作了严格的等级之分。春秋战国时期，随着诸侯兼并、民族融合，此时的服饰既有中原传统服饰，又有北方民族的胡服，还出现了上下衣裳相连的深衣。秦汉时期，继秦代衣冠服饰制度创立之后，汉代又建立了等级要求更加严格的舆服制度。魏晋南北朝时期，魏文帝还建立了九品官位制度，以紫绯绿三色为九品之别，一直沿用到元明。到隋唐时期，无论是官服还是民服，男装还是女装，都展现出华贵富丽、开放大度的特征，并实行"品色衣"制度，以颜色、花纹区分官品尊卑和天子、百官的官阶。宋代的服饰则以内敛、简约为特征，制作娟秀、精巧，官服沿袭唐制。至明代推广植棉，重新制定服饰制度，承袭唐宋官服传统，以补子、纹样、佩绶、服色、牙牌等来区分官员品级，并将官服分为公服和常服两种。公服为重大朝会时穿着，常服为日常穿着。清朝则推行剃发易服，在保留其满族便于骑射基本特征的前提下，将汉民族服饰中所包含的礼制思想，以吉祥纹样、色彩等元素融入其中，形成了独特的清代服饰文化。

回溯中华服饰文化的历史流变，不难看到，中华服饰文化虽然历经数千年的发展和演变，但这种服饰一直与礼制相随，始终体现着等级和礼教，从而形成了诸多中华传统服饰文化的鲜明特征。

三、服饰文化的特点

在长期的历史发展过程中，中国的服饰经历了一系列的发展与变化，形成了独具特色的中国服饰系统，成为中国传统文化的重要组成部分。这些服饰系统中，既有官服，也有民服，但无论是官服还是民服，都深深受到历代统治者教化和监督的影响。限于本书的研究在于乡土，所以，本部分所阐述的服饰文化特点则重点放在民间服饰上。中国民间服饰文化的特点主要表现在以下六个方面：

（1）礼制性。中华服饰是以华夏礼仪文化为中心，通过历代王朝推崇周礼、象天法地而形成的礼仪衣冠体系，礼仪为服饰之魂，服饰为礼仪之体。无论是黄帝的上衣下裳，夏商的冠冕深衣，还是战国的直裾袍及揖礼相见、秦汉的袍襦裙等及推手作揖行礼和引手以肃为礼、南北朝的裙襦及合掌行礼，乃至隋唐的幞头胡服、两宋的直脚幞头、清代的顶戴花翎等，无一不是中华礼制的呈现。还有祭祀的祭服、上朝的朝服、丧礼的丧服，无不体现服饰在礼制中的重要地位。正所谓：华夏有衣，襟带天地。

（2）标记性。中国传统民间服饰具有明显的标记功能，不仅能从社会的意义方面区别男性与女性，还能突出地标记出人们的年龄、身份、职业、地位、婚姻状态、种族和所属的社会群体。年代越古老，服饰的标记功能就越明显，服饰的等级性就越强。特别是在各社会阶层人际交往中，服饰的颜色、装饰图案、发型、装饰品等礼仪风俗的差异，更彰显着等级、显示着身份，体现着阶层特性，标识着不同种族或民族。除此之外，其还是中国古代商人炫耀财富，展示经济地位的一个重要工具和手段。

（3）政治性。服饰具有明确的政治指向，历代统治者为维护自身权威，均明确规定只有天子或皇帝才能享用的服饰的颜色、装饰图案和材质及形样，除非皇上御赐，一般人是不能用的，如果冒犯使用，则将被视为有谋反之罪。如天子衮服十二章纹，日、月、星辰、山、龙、华虫、宗彝、藻、火、粉、米、黼、黻，只有天子才有权利同时使用十二章纹，也就是说，十二章纹是帝王的标记，其他人均不能同时使用。还有黄色、紫色为贵色，而黄色则为帝王之色，紫色则是吉祥之色、富贵之色。紫气、紫云等都是祥瑞之兆。因此，一般百姓是不能使用黄色和紫色的，否则将以谋反之罪处置。

（4）中和性。中庸、对称、和谐，是中国服饰的一种思维模式和文化心理，无论是其服饰款式、颜色，还是细节、线条等都严格遵循对称思维，讲究不偏不倚、和谐统一、力度适中、居中为美，展现出和谐得体、意韵含蓄、庄重矜持、不越规矩的中和之美和生活态度。如春秋战国时期的深衣，上衣用布四幅，下裳用布十二幅，然后衣裳分裁缝合，无论是其袖口、领口、交领，还是腰系大带、背后直缝以及下摆线等均体现规、矩、绳、权、衡等五法形制，具有以服明礼、以服比德的功能，同时还表达出中正气韵、不偏不倚、公正公平等中和之美。

（5）教化性。从出生的百衲衣及诞生礼、成年的冠礼和笄礼，到嫁娶的凤冠霞帔及婚嫁礼、死亡的披麻戴孝及丧葬礼，中国服饰不仅凸显阶层，更体现独特的伦理标准，彰显着伦理纲常的教化作用。如冠礼，古人认为男人二十而冠，皆所以责成人之礼，其目的在于教化男人"正容体、齐颜色、顺辞令"，真正承担起家庭和社会的责任。故《礼记·冠义》说："凡人之所以为人者，礼仪也。""冠者，礼之始也""故冠而后服备，服备而后容体正、颜色齐、辞令顺。"

（6）传承性。从旧石器时代晚期开始，中国古人经历了树叶兽皮、丝麻衣裳、深衣胡服、衣袍裘衣、上襦下裤、袍服深衣、圆领袍衫、长袍大袖、马褂襦裙、长袍袄裙、马褂旗袍等服饰传承与发展的历史过程，这些各具特色的服饰不仅是一种穿着，更是一种文化的传承与表达，反映了不同历史时期的社会风貌、审美观念和工艺水平。伴随这一历史发展进程，中国服饰也从先秦时期的质朴、秦汉时期的规整、魏晋南北朝的多样融合，走向了隋唐时期的鼎盛辉煌、宋元时期的简约和明清时期的细节装饰。特别是植桑技术和制丝技艺也日益精细和成熟，丝绸种类日益增多，色彩图案日益精美，刺绣工艺日臻完善，丝绸之路日益繁荣，世界影响日益扩大，中国服饰文化在代代传承中，形制和风格日益独特和精美，应用日益广泛，其历史价值、艺术价值和社会价值正日益被我国和世界所关注。

综上所述，我国的传统服饰历史悠久，是中华民族认同的文化标识。它不仅包括一切遮体的衣物织造，还包括增加人们形貌的华美配饰；不仅包括衣物和配饰的原料制成生产技艺，还包括其间所用到的各种工具和织机，以及由此生产的面料(饰品)片状加工品和造型(饰品)的体状加工制成品，同时也包括这一过程中衍生的相关民俗活动。特别是蚕桑丝织技艺是我国的伟大发明，至今已有5000年的历史，是我国文化遗产中不可分割的组成部分，2009年10月被联合国教科文组织列入《人类非物质文化遗产作名录》，成为全人类的文化遗产。直至清朝末年，我国的传统服饰因受西方现代服饰文明的影响才被大大地简化，用服饰别贵贱、定等级的传统才逐渐被淡化和革除，崇尚新式和西式服饰才形成风尚。如今，中国传统的服饰文化，正以其独特的风格和深厚的文化底蕴，持续为现代服饰的创新与发展注入灵感，无论是形制、材质、颜色，还是图案、线条、织绣等都以其独有的魅力在现代服饰创新与发展中焕发出新的活力。

第二节　乡居的实践

一、蚕桑丝织

蚕桑丝织是我国服饰文化的重要组成部分，也是我国服饰文化走向世界的重要载体。丝织需要蚕丝，蚕丝需要缫丝，缫丝需要蚕茧，蚕茧需要养蚕。而蚕是自然界中变化最为神奇的一种生物，需要靠桑叶维持生存，桑叶则产生于桑树。因此，养蚕需要栽桑。这个过程，从栽桑、养蚕这个最基本的种植业和养殖业开始，历经抽丝剥茧，缫丝织绸的手工业，最后再成为织成服饰，满足人们衣着之需的商业，形成第一、第二、第三产业发展的完整链条，成为华夏农耕文明中一个重要的组成部分。数千年来，我国的植桑技术、蚕丝利用、制丝技艺和生产技术均有了长足发展，形成了包括栽桑、养蚕、缫丝、染色和丝织等整个过程的生产技艺，其间所用到的各种巧妙精到的工具和织机，以及由此生产的绚丽多彩的绫绢、纱罗、织锦和缂丝等丝绸产品，同时也包括这一过程中衍生的相关民俗活动。目前，我国每亩桑地的出叶率仍是世界最高的；桑、蚕、丝，全身都是宝；缫丝经历了原始手工缫丝到手工机器缫丝再到近现代的电动机械缫丝的发展历程；丝绸的生产技术从最原始的腰机开始，到战国前后的踏板织机以及多综式的提花机，再到唐代的束综提花机，我国丝织机的真正定型和完善走过了几千年漫长的路程；其传统技艺包括清水丝绵、精致杭罗、双林绫绢、雕镂缂丝、黄州宋锦、古雅蜀锦，还有织彩经纬、染缬之美、金针添色、华彩霓裳等文物藏品，以及扫蚕花地、轧蚕花等民俗活动，构成了我国丰富多彩的丝绸文化。在乡土文化"嵌入"乡土重构，推进中国式现代化的当下，传承和发展丝绸文化，助力乡村振兴，已在全国各地乡镇或乡村特别是蚕丝文化的发源地蓬勃展开。总结各地的实践，蚕桑产业发展具有以下四个特点：

1. 强优势，一根蚕丝织出和美乡村

长久以来，蚕桑生产一直是江南太湖流域和川蜀一带的支柱产业，悠久的蚕桑生产历史和蚕桑生产在社会经济生活中占有特殊的地位，使得当地形成了许多蚕桑丝织的制作技艺和民俗民风，成为特定的地理文化标志，也成为当地推进乡村振兴的重要资源。这些素有丝绸情怀的地区，始终不忘传承丝绸文化的初心，紧抓市场机遇，做大做强丝绸产业，助力乡村振兴。如我国东部某省苏州市震泽镇，曾隶属吴兴郡，位于太湖之滨，是中国丝绸发源地之一，其种桑养蚕、缫丝织绸的历史最早可追溯到5000年前的新石器时代晚期。历经数千年，该镇形成了无地不桑，无家不蚕的传统文化。近年来，他们秉持"专注一根丝、做精一根丝、做美一根丝"的理念，以做大做强蚕丝产业集群、建设蚕丝特色小镇为目标，一是加强蚕桑基地建设，以企业为龙头，实行"企业+养蚕户"合作种植和养殖，形成规模化、集约化养蚕和机械化生产的新模式，为农户创造就业机会，为农户人均收入增收上万元。二是加强区域品牌建设，发挥集群效应，推动 75 家企业加入震泽蚕丝同业公会，授权太湖雪、慈云等本地知名企业使用地理标志商标，加强"震泽蚕丝"地理标志和震泽丝绸特色小镇协同发展，努力让震泽成为优秀蚕丝产品的代名词。三是加强丝绸旅游高地建设，打造"蚕丝古镇"旅游休闲生活版块、"水韵桑田"特色田园乡村版块、"丝业遗存"匠心创意定制版块，依托当地古老的蚕桑文化优势资源，开发一系列丝绸文旅产品。力争通过 3 至 5 年的努力，形成丝绸产业、蚕桑文化、古镇旅游、人文社区深度融合的复合型特色小镇。近年来，震泽丝绸产业发展迅猛，已拥有近 200 家丝绸家纺企业，全镇规模以上丝绸企业达到 8 家，行业年销售年均增速保持在 20% 左右；年产蚕丝被 400 万条，全国市场占有率达到 30%，销售突破 17 亿元，集群效应不断呈现。① 还有我国西部某省古蔺县皇华镇石祥村，该村已有百年种植桑树和养殖蚕茧、手工丝绸的历史，为传承和保护好手工丝绸制作技艺，推动村蚕桑产业发展，该村通过"公司+合作社+基地+农户"的模式成立了桑蚕养殖专业合作社，流转土地栽桑养蚕，并引导村内知名人士返乡创业，积极改造原有蚕桑基地，加强桑园套种现代农业园区建设，发展桑蔬套种、"坡面"蚕桑山地种植。同时，广泛发动农户参与蚕桑连片种植，发展"蚕桑+"产业，接续发展二、三产业，组织丝绸技艺传承人通过家族式传授，传承手工丝绸制作技艺，带动学徒 30 余人。截至 2023 年 11 月，该村已拥有蚕桑基地 500 亩，标准化养殖蚕房 8 间，小蚕共育室 1 间，桑蔬套种南瓜 15 万余斤，油菜 2 万余斤，常年吸纳务工人数 30 余户，整个基地年产值达 100 余万元，每年能为村集体公司创收 10 万余元。② 像这样具有蚕桑丝织技艺优势资源的乡镇或乡村还有许多，他们传承丝绸文化，助力乡村振兴的路径在于强优势，做好每一根丝。

2. 完链条，变废为宝注入绿色活力

我国古人在饲养家蚕主要用于缫丝织绸的同时，也发现桑、蚕、丝全身都是

① 付鑫鑫：《震泽：太湖畔因蚕而生的丝绸名镇》，载《文汇报》2020 年 12 月 8 日。
② 王雅娟：《古蔺县：改革创新让山区农业蝶变出圈》，载古蔺县人民政府官网，https://www.gulin.gov.cn/ywxx/glyw/content_97214，2024 年 11 月 13 日访问。

宝，具有许多其他用途。随着蚕桑新品种、新技术、新装备、新模式的转化与推广，传统蚕桑产业由"桑-蚕-茧-丝-绸"单一产业链将向现代蚕桑多元产业链转变。虽然传统桑产业衍生出了饲料桑、药用桑、茶用桑、生态桑等系列，开发了系列桑叶、桑果、桑枝食用菌等产品，也孕育了立体桑园经济发展模式；传承蚕产业开发了僵蚕、医用蛋白等药用产品，蚕蛹蛋白、蚕沙枕等保健产品，蚕丝面膜、蚕丝护肤乳液等护肤系列产品，以及蚕茧花、蚕茧画等创意手工艺品。但仍需加强综合开发，赋能多元发展。下工夫加强蚕桑产业链的深度加工，推进第一、第二、第三产业融合发展，形成各具特色的综合利用产业，推进循环发展和多次增值，提高蚕桑产业的综合效益。全国各地乡镇或乡村以及龙头企业对此进行了初步实践和探索，在完善链条，变废为宝综合利用方面取得了初步成效。如我国东部某省华佳集团，创立于 1969 年，成立初是一家传统的、单一的缫丝工厂。凭借着对丝绸的深厚感情，该公司于 2016 年在海拔 1879 米的西部曲靖市麒麟区茨营镇建立了华佳桑罗有机产业园，流转土地约 3000 亩，种植桑树 300 余万株。为了确保丝绸原料的绿色环保，该公司通过种养分离的方式，加强桑树种植、蚕茧养殖、蚕茧加工等栽桑养蚕的闭环运作体系建设，构建桑蚕资源综合利用、绿色有机循环发展模式，推行智能化小蚕共育机成果应用，引入轨道式滑动给桑车和自动上蔟机等先进设备，提升喂蚕、上蔟、采茧等工序效率，确保蚕茧抽丝品质达到国家顶级标准。此外，该公司还利用养蚕后得到的蚕沙、桑树枝、桑园杂草等废弃物，通过发酵池自然发酵成有机肥回归桑园，提高土壤肥力，实现低碳环保和资源循环利用；探索桑园套种、桑芽制作生态桑叶茶、开发桑果酒、桑果干、桑叶菜等系列产品，延伸桑蚕产业链，提升产品附加值，既实现公司效益增长，又带动当地经济发展，更带动数千家家庭增收，农户每年新增收入 1.5 万元。同时，还成立职业技能培训学校，为当地蚕农提供技术培训，助力茨营镇在 2017 年成功实现脱贫摘帽，成为西部某省乡村振兴科技创新村优质蚕桑示范基地。如今，该公司现已发展成为我国唯一一家从蚕种 DNA 研发、桑品种研发到缫丝、织造、服装、丝绸文化、农旅的全产业链集团型企业。还有我国东部苏州太湖雪丝绸股份有限公司，该公司位于蚕丝文化发源地太湖地区，是一家集蚕桑种植、加工，产品设计、生产、销售，以及文旅开发于一体的特色丝绸企业。他们秉承"振兴丝绸产业，传承丝绸文化，养蚕技术可以是传统的，但管理模式、发展路径必须不断创新"的理念，围绕一棵桑、一只蚕、一粒茧、一根丝、一条蚕丝被，打造一条农旅文商融合发展的多元化蚕桑丝绸产业链，以蚕桑文化园为载体，将蚕桑文化科技馆、丝绸文化广场、现代精品蚕桑示范基地、果桑采摘休闲园、"小镇梦想+"众创空间等融为一体，完善第一、第二、第三产业链，让一粒粒蚕茧化成一束束美丽的茧花，蚕宝宝的排泄物成为高价值的蚕沙红茶，丝锦脱胶后的残留物变成高科技的美容产品，还有桑葚膏、桑果酒、蛹虫草、桑芽等衍生产品，同时也加强养蚕基地建设，开发色彩缤纷的各色蚕茧，如黄色茧、粉色茧、绿色茧、单层茧、多层茧、双宫茧等，并让这些特殊蚕丝应用于文创产品之中，使之成为备受旅客喜爱的新型文创产品。该公司在一根丝上的执着不仅成就了一个企业和品牌，也引领和推动了蚕丝产业演变成一个兴农产业和富民产业，实现产业集群产值20亿元，带动周边1万余农户增收致富。如今，该公司已建成28个高标准大蚕房和6个高标准小蚕共育室，通过农场化种植、机械化采摘、智能化操作、车间化喂养、集约化管理，实现了蚕桑基地从机械化向智能化生产的转变，桑蚕养殖基地亩均效益提升了3倍，公司亩均纳税达107万元，入园村民月均增收4600元。① 这些诞生于乡村的品牌，正以独特的逻辑和方式，为乡村振兴提供强力支撑。

3. 守艺人，"指尖技艺"成就"指尖经济"

蚕桑丝织技艺的产生与发展源于乡村，且传统缫丝、印染、刺绣等主要靠手工技法来进行。这些手工技艺历经一代一代手艺人通过姻亲、邻里、乡亲构成的熟人社会缔结师徒关系，形成一定地域的文化传承脉络。正是依附于各地独特的习俗传统和地域文化，这些手工技法千百年来得以在民间、在乡村生生不息、代代相传。因此，关注老手艺，让手艺人成为守艺人，是传承丝绸文化，助力乡村振兴的关键问题。全国各地乡镇或乡村纷纷建立"小工坊"，让老手艺发挥"大能量"，变身"新产业"，解锁乡村"共富路"。如我国北部某省定州市孟家庄村，是定州缂丝的发源地。缂丝又称刻丝、克丝、剋丝，是中国传统丝织工艺。缂丝起

---

① 李欣然：《胡毓芳：纤纤蚕丝编织乡村振兴美丽图景》，载《中国文化报》2024年6月25日。

源于古埃及和西亚地区，在西汉时缂丝技术通过丝绸之路传至今新疆地区。唐代开始以丝线代替毛线织造，后人称之为"缂丝"。缂丝采用"通经断纬"的独特技法织成，工序繁多，其经线为本色的丝线，纬线则采用各种颜色的丝线，然后用小梭将各色纬线依画稿以平纹组织纬织。其作品"至其运丝如运笔，是其绝技，非今人所得梦见也。宜宝之"①。据《中国丝绸通史》记载："缂丝技法由北方新疆缂毛而至定州缂丝，再由定州而至内地，逐渐为内地所接受。"至宋代，定州缂丝所制最佳，堪比苏绣、蜀锦。当时之名匠沈子蕃乃孟家庄村之人。该村现建有"沈子蕃缂丝文化园"，园中保留着缂丝坊、古井、"丝线互市"石碑等历史遗迹。为了传承定州缂丝技法，让定州缂丝再创历史辉煌，再度走出国门，助力乡村振兴，定州缂丝织造技艺代表性传承人程苗欣，2009年开始创办定州缂丝实践创新基地，让自己的女儿和村里的姑娘一起学习缂丝技艺，既就近就业，"巧手"挣钱，又传承缂丝技艺，助力乡村振兴。目前，该传承人已免费培训女性缂丝技师80余人，固定技师10余人，基本实现每人每年平均增收六七万元。该村下一步将依托缂丝文化，采取"缂丝+"产业发展模式，充分发挥"老手艺"作用，让"老手艺"帮助村民端起"技能碗"，吃上"增收饭"，焕发新活力。再如我国西部沿海省份靖西市壮锦厂厂长李村灵，潜心传承壮族织锦技艺，助力乡村振兴。壮锦起源于汉代，形成于宋朝，距今已有数千年历史。"锦"是我国古代丝织品中最为重要的一种，因其生产工艺较为复杂，图案变化十分丰富，所以"作之用功重，其价如金"。壮锦主要以棉线和丝线为原料，颜色鲜艳、质地坚韧，采用传统的手工编织工艺，经过牵经、穿扣、梳纱、结花等多道工序。编织过程中，织工们需要凭借精湛的技艺和丰富的经验，将不同颜色的线巧妙地交织在一起，形成精美的图案。为了传承壮锦文化，李村灵作为壮族织锦技艺国家传承人，一是主动适应市场需要，不断推陈出新，及时开发壮锦服饰、壮锦装饰品等多种新产品，将壮锦产品推向国际市场，促进"一带一路"建设和文化交流；二是带动农民就近就业、增收致富，成为乡村振兴巾帼领头雁。在"非遗+扶贫"经营模式下，先后组织举办壮族织锦技艺和刺绣培训班，集中培训2800人次，共带动妇女就业560人，大幅度提高贫困家庭妇女的人均收入。三是致力壮锦技艺传承，

---

① 徐德明主编：《中华丝绸文化》，中华书局2012年版，第52页。

推动校企合作，将壮锦技艺引入校园，传授技艺达2万多人次，培养了众多优秀手工艺者，并在国内外重要赛事中获得佳绩。目前，像这些蚕桑丝织技艺的国家级非物质文化遗产代表性传承人，全国共有几百位，这些手艺人用指尖缠绕丝线，用精湛的手艺编织锦绣河山，又用真挚的灵魂守住这千年的文化沉淀，为乡村振兴注入源头活水。

4. 续文脉，活态传承破茧活化利用

蚕桑丝织技艺除了给人们带来华丽的衣服、漂亮的装饰品外，还是一座文化宝库，对中国的文学艺术、科技美学、历史民俗等文化都产生了重大影响。首先，蚕桑丝绸的历史远远早于甲骨文的形成，甲骨文字不仅记载了我国古人蚕桑丝织的生产生活，同时蚕桑丝织还极大地丰富了汉字，对汉字的形成产生了诸多影响。据《殷代的蚕桑与丝织》所载：甲骨文中与蚕、桑、丝和蚕业有关的汉字就有153个。而在4000多不重复的甲骨文字中能识出字义的还不超过1000字。而在这1000多字中，有关蚕桑丝织方面的字则频繁出现。到《说文解字》，"糸"旁的字则有268个，"巾"旁的字有75个，"衣"旁的字有120个，其中与丝绸工艺和服装约占50%。而到现代《辞海》则以"糸"为偏旁的字达到了316个。不仅如此，与蚕桑丝织相关的词语与成语也已经普遍被人们所使用，它们的含义已引申到了生活的多个层面。其次，我国古代除了《蚕书》《梓人遗制》《天工开物》等一大批直接记录蚕桑丝织的科技著作外，历代还有很多以丝绸为题材的文学作品，从《诗经》到《全唐诗》再到《金瓶梅》《红楼梦》《醒世恒言》等都有大量丝绸纺织品的名字与描写，对文学作品的影响也是巨大的。再次，蚕桑丝织与艺术有着天然的血缘关系。一方面，丝绸上各种各样美丽的图案设计可以归属于艺术设计范畴；另一方面，蚕桑丝织的生产作为一项重要的生活内容，常常被当作重要的艺术表现题材。此外，蚕桑丝织的历史传说、劝课农桑、制丝技艺、织染针黹、绫罗绸缎、染缬刺绣、棱子演变、丝绸之路、象形器具、丝绸腰带、蚕桑民俗等众多的丝绸文化之精要，正藏于其中，值得细细品味。面对如此丰富多彩的蚕桑丝织技艺与文化内涵，如何将商业价值与非遗传承互相转化，让丝绸活起来，赓续具有五千年历史的丝绸文脉，是传承丝绸文化，助力乡村振兴，值得重视与解决的重大问题。全国各地乡镇或乡村乃至与蚕桑丝织相关的博物馆以及艺术馆、美术馆等都为此进行了整理、挖掘与开发，实现了丝绸文化活态传承，国宝出圈。如我国中部省份远安县嫘祖镇荷叶村，为"嫘祖始蚕"之"嫘祖"故里，从春秋时期起就是著名的"桠丝"产地。该地每年农历三月十五日嫘祖生日之际，百姓都赶嫘祖庙会，祭祀嫘祖蚕神，延续千年，世代相传，经久不衰。从1984年开始，远安县政府将嫘祖庙会改为以祭祀嫘祖为主题的嫘祖庙会节。2016年则改名为嫘祖文化节，延续至今。该传统节日一直以传承嫘祖精神，传播桑蚕工艺和丝帛文化为主要内容。目前已发展成为集嫘祖信俗、文化研讨、文艺展演、商业贸易、寻根旅游于一体的综合性民俗文化盛会。2010年5月，该祭祀嫘祖蚕神的民俗活动(嫘祖信俗)被国务院正式公布为第三批国家级非物质文化遗产名录。2017年，远安被中华炎黄文化研究会授予"嫘祖文化圣地"称号。该村作为嫘祖信俗发祥地，嫘祖故里，自古以来民间就有养蚕缫丝、祭拜嫘祖的习俗。面对传统蚕桑产业规模的窘境，该村以传承非物质文化遗产，振兴蚕桑产业为己任，积极探索"文化+产业"的发展路子，利用独特的地域禀赋资源，着力打造"嫘祖故里"文化品牌，在深度挖掘嫘祖文化，推进蚕桑养殖与研学教育融合的同时，加大产业奖补、技术培训等扶持力度，加快蚕桑产业标准化、集约化、产业化发展，新建设标准桑园400多亩，建成小蚕共育室和标准化养蚕室，建设蚕线被加工生产线，探索蚕桑精深加工，延伸产业链，充分挖掘蚕桑产业潜能，擦亮"嫘祖故里"文化名片。再如我国东部某省嘉兴市周王庙镇云龙村，位于我国环太湖流域地区，种桑养蚕历史悠久，丝绸文化底蕴丰厚，该村蚕桑生产习俗是人类非物质文化遗产名录——中国桑蚕丝织技艺的内容之一。作为曾经的蚕业大村，该村蚕农的礼仪起居、衣食住行都有蚕桑文化的印记，直到现在不少蚕农家里还保留着传统的手工缫丝车。这个自古以来家家栽桑，户户养蚕的蚕业大村，20世纪七八十年代曾经有过"亩产千斤桑百斤茧""全国农业大学大赛先进""国务院嘉奖令"等的辉煌，也有过2002年16家村办企业背负2100多万元外债的窘境。2013年开始，该村找到了一条适合自己的发展之路，依托蚕桑生产习俗这个国家非物质文化遗产和该村完整保护和传承的蚕桑文化，着力打造一村一品，建设蚕俗文化园，让村里沉寂千年的蚕桑生产传统知识、蚕神信仰、蚕桑生产相关习俗，以及与蚕桑生产的方言俗语、民间文学、民俗表演等众多蚕桑生产习俗"活"起来，让蚕桑文化一代一代传下去。该园以蚕俗文化建筑为主体，建有蚕花堂、大戏台、南厢房等仿古建筑，并陈列了古老蚕具、织锦机、踏丝车等传统养蚕缫丝器具。随后，该村还建设了蚕桑记忆馆，以该村历史为缩影展现江南地区蚕俗文化、蚕桑产业风貌和历史人文资源，收藏了 15000 余颗蚕茧做成的金龙灯彩、24 幅由乡贤和书法家书写的不同字体的蚕。2018 年，该村还与蚕桑龙头企业合作建设了规模化集约化的雅云蚕桑生态基地，改变了千家万户分散养蚕的传统，为该村蚕桑产业转型升级带来了新的机遇。如今，该村以蚕桑记忆馆为中心，以雅云蚕桑生产示范基地、蚕俗文化园、云龙蝶园、研学中心等多个展馆为配套，将蚕产、蚕俗、蚕艺、蚕学融合，共同形成了一个集蚕桑生产示范、蚕桑文化展示、蚕桑民俗演示、蚕桑非遗传承于一体的蚕桑生产文化体验区，吸引了全国各地的游客纷纷前往该村感受"扫蚕花地""轧蚕花""蚕桑生产风俗"等蚕桑丝织技艺和民俗文化。再如我国西部某省永仁县中和镇直苴村，每年春节假期举办的"赛装节"。该节传承至今已有 1300 多年的历史。这个彝族最重要和最有特色的传统节日之一，它起源于彝族从狩猎游牧向农耕定居的过渡时期。据传，为了赢得自己的意中人，村里的姑娘就在农闲时纺线染线、剪裁缝衣，在正月十五前后将自己打扮得漂漂亮亮，以展示自己的勤劳美丽。该节被列入省级非物质文化遗产名录。2023 年该村也被列入中国传统村落名录。随着"赛装节"越来越火，这个藏在深山中的小村庄已逐渐为外人熟知。2014 年彝族服饰被列为国家级非物质文化遗产，从此这个小小的"赛装节"创出了一个大产业。目前，该村所在州已拥有绣娘 5.7 万余名，彝绣服饰已开始走出乡村，走向世界。彝绣产业已成为推动乡村全面振兴的重要产业。像这样的乡镇或乡村还有很多，他们将一棵桑、一条蚕、一粒茧、一根丝、一件衣，串联起一个文脉接续的舞台，一代一代赓续，从古老直到永久，精心绣出这乡村振兴最美的新篇章。

5. 向西行，产业转移并肩文脉赓续

随着东部地区经济快速发展，工业化、城市化水平不断提高，导致土地和劳动力成本显著上升，东部地区在传统蚕桑产业中的优势逐渐丧失，生产规模逐年下降。相比之下，中西部地区社会经济发展相对落后，拥有较为丰富的土地资源和较低的劳动力成本，为蚕桑产业的发展提供了有利条件。为此，2000 年国家经贸委提出了"东桑西移"战略，2006 年商务部正式启动"东桑西移"工程，逐步将蚕茧主产区从东部地区转移到西部地区。经过十几年的努力，截至 2023 年，东部地区蚕茧产量占全国的比例已从 2000 年的 53%，下降至 9.8%；而西部地区占比则从 2000 年的 34%，上升至 81%。[①] 由此可见，我国蚕桑生产继续向西部地区集聚，"东桑西移"工程正逐步完成，蚕桑产业开启了新的发展格局。在这场"由东向西"的过程中，变的是地点，变的是种桑与养蚕；而不变的是情怀，不变的是丝绸产业。如何通过东西部协作，既维护蚕桑业的稳定，也保障丝绸产业链的完整，实现产业转移与文脉赓续双向并行，是东西部地区蚕桑产业人共同面临的问题。全国各地乡镇或乡村，特别是中西部地区的乡镇或乡村，在这场"由东向西"转移过程中，主动担当，勇于实践，接续传承丝绸文化，一只蚕吐出乡村振兴"新丝路"。如我国西部某省黔江区自古就是蚕桑之乡，栽桑养蚕已有 250 多年的历史。2001 年该区就依托退耕还林试点等工程，将蚕桑产业纳入"三大"农业支柱产业，探索生态修复与产业发展有机结合。为帮助农户养好蚕，该区先后组建了 3 支区内技术队伍，引入区外专家队伍及 25 名蚕桑科技特派员，探索本地区蚕桑生产的技术方法，不断提高养蚕单产和蚕茧质量。随着蚕桑产业效益越来越好，农户种桑养蚕的积极性也越来越高。2022 年年底，该区已建成标准化桑园 9.3 万亩，养蚕大棚 3.5 万余个，共育室 315 个，蚕茧年产量达 5 万担，带动蚕农综合收入 3 亿元。[②] "蚕宝宝"变成了农户的"金宝宝"。为了综合利用桑、蚕、丝，该区还引进龙头企业，向桑树田要效益，做到叶养蚕、枝生菌、渣作肥、肥养桑，实现循环利用。同时，以龙头企业带领基地发展，围绕"蚕桑+"做足文章，接"二"连"三"构建蚕桑丝绸全产业链。该区引进东部龙头丝绸企业，建设本地丝绸制作企业，实现东西部协作。并建设丝绸博物馆，让旅客全面了解蚕桑丝织技艺和民俗文化，以及本地丰富多彩的蚕桑文化，活化传承丝绸文化。如今，该区共落地龙头企业 2 家，加工企业 13 家，三产企业 2 家，近 2 万群众从事相关产业，年产值达 10 万亿元以上。还有西部某省南宁市邕宁区，2006 年随着"东桑西移"工程实施，一位来自浙江海宁的人来到该地，此人为陈

① 《2023 蚕丝行业产量统计及市场发展趋势分析》，载中研网，https://www.chinairn.com/hyzx/20230823/180028275.shtml，2023 年 9 月 18 日访问。

② 《一只蚕吐出乡村振兴新"丝路"》，载新浪网，https://k.sina.com.cn/article_5675440730_152485a5a02001i5ln.html，2023 年 3 月 19 日访问。

先生，生于桑蚕世家，家里五代人都靠种桑养蚕为生。自小他就穿梭于桑田，沐浴着蚕茧，蚕桑文化早已埋在他心里。他在该区创立了一家现代化桑蚕种养公司。起初，由于不了解区域差异，使得他带领村民养蚕的路并不顺。经过几次试验，他终于找到了村民养蚕存活率不高的原因，并对症下药，从而大大提高了蚕的存活率。现在，他带领村民一年可以产 10 批蚕茧，比浙江一年最多产 4 批蚕茧高出很多。他决定扎根广西，传承蚕桑文化，助力乡村振兴。他的产业园区已成为全国首家规模化、集约化桑蚕产业示范区，辐射带动 4 万多农户种桑养蚕增收致富。① 正如报纸上所说：从东部沿海到西部地区，带来的是养殖技术的提升、立桑为业的思路、植桑就是种粮的理念。不论时代如何变迁，蚕桑产业人编织美好生活的初衷没有变，追寻丝绸之路的初心没有变，延续古老文明的使命没有变。

综上所述，蚕桑丝织是我国古人留给的我们和世界的伟大发明，历史悠久，是中华民族认同的文化标识。至今，蚕桑业依然是我国农业的重要组成部分，是我国农耕文明的重要组成部分，它在国家社会经济发展和文化传播中的作用不可或缺。但也应当看到，在乡土文化"嵌入"乡土重构、推进中国式乡村现代化的当下，传承丝绸文化，助力乡村振兴，仍然存在着发展不平衡、不充分的问题，需要全国各地乡镇或乡村继续扬长避短，积极探寻一条适合自己的传承与发展之路，让一根蚕丝挑起乡村振兴大梁。

二、古法织布

古法织布是一种在我国乡村具有悠久历史传统的织布技艺，是我国服饰文化走向棉纺织时代的重要成果。它上可追溯至远古人的"编皮织麻"，下可循迹至黄道婆的"乌泥泾被"，一直在我国民间世代相传、口传心授，一代一代传承，至今已有数千年的历史，被视为我国非物质文化遗产的重要组成部分。到现在，这种古老的织布技艺仍然焕发着生机与活力。特别是随着生活观念转变，人们又开始返璞归真，追寻原生态、环保型衣物，这种曾经濒临灭绝的古老纺织技艺又重新回到了人们的视野。它不仅是一种技艺的传承，更是一种文化和历史的记忆。

---

① 钟欣、王田：《〈东桑西移〉的变与不变》，载《农民日报》2022 年 6 月 17 日。

古法织布，作为一种传统的织造技艺，具有较为复杂的工艺，从采棉纺纱到上机织布，先后要经过轧花、弹花、纺线、印染、浆线、经线、作粽、吊机、织布等若干个工序，每道工序基本上都是手工操作。随着时间的推移，一些工序已经单独成为一种技艺代代相传，如弹花、印染等。因此，传承古法织布，不仅只传承上机织布，还包括传承印染、弹花等技艺。在乡土文化"嵌入"乡土重构，推进中国式乡村现代化的当下，如何拯救这种古老的织布技艺，保护和传承好这份珍贵的遗产，激发这种古老技艺的生命力，助力乡村振兴，是一个值得思考与探索的问题。尤其是在纺织业现代化的今天，织布器具功能弱化、工匠手艺日趋式微、技艺传承后继乏人的情况下，思考与探索这个问题尤为紧迫与重要。目前，随着国家对非物质文化遗产保护力度的加大，古法织布传承将迎来春天。综合全国各地乡镇或乡村在传承古法织布，助力乡村振兴方面主要有以下几个方面的特点：

1. 地方扶持，激活老手艺释放新活力

纺纱、织布，是世界上最古老的产业之一，距今已有五千多年的历史。但在我国真正开始运用棉花纺纱织布，则是在公元前2世纪，棉花随着丝绸之路从印度传入后。起初，主要由我国西部海南、云贵和两广部分地区等这一带的少数民族开始掌握棉纺织技术，并制成棉衣、棉被等。中原地区由于气候和土壤的限制，并未大规模扩大。到南北朝时期，棉花又从东南亚地区正式输入中原地区。但由于纺织技术的限制，棉花也没有被广泛用于纺织生产。当时的纺织技术仍然主要依赖于传统的丝、麻、葛、苎等纤维。到隋唐时期，随着先进的棉花生产技术被传入，中原地区也开始学习和应用棉花种植和纺织技术，但也仍然没有大规模推广。真正开始大规模推广棉花种植和促进棉纺织业迅速发展的时期是宋朝和元朝。在两朝政府的支持下，随着黄道婆改良棉纺织机，成功造出当时世界上最先进的脚踏式织机后，棉花纺纱织布才在长江流域迅速发展，棉布终于进入汉民族的千家万户，麻织品逐渐退出了历史舞台。至明代，明太祖推出了一系列鼓励农民种植棉花的政策，使棉花种植在中原地区和江南地区迅速扩展，农民种植棉花积极性空前高涨，棉花种植面积不断扩大，从而有力地促进了棉纺织工业的进一步发展，棉布也成为了民间日常生活中不可或缺的物品。正所谓"棉布寸土皆有""织机十室必有"。到清朝时期，棉花种植已在全国范围内普及，江南地区成为了棉花主产区。此后在历任政府的支持下，我国棉纺织业迅速走向现代化，在国内国际的市场份额不断提升，并成功跻身世界先进植棉大国行列，从而迈入"衣被天下"的新时代。回溯棉纺织业在我国的发展历程，尽管历史变迁步履蹒跚，但古法织布这份古老技艺仍然在乡村特别是棉产区一代一代传承。这中间的关键在于历代地方政府的扶持。从全国各地乡镇或乡村传承古法织布，助力乡村振兴的实践中，我们也深切感到，在乡土文化"嵌入"乡土重构，推进中国式乡村现代化的当下，传承古法织布，助力乡村振兴，没有各地的支持是不可能激活老手艺释放乡村振兴新活力的。为了加强各民族优秀传统手工艺的保护和传承，促进合理利用，赋能乡村振兴，中华人民共和国文化和旅游部、教育部、自然资源部、农业农村部、国家乡村振兴局、国家开发银行六部门联合印发了《关于推动文化产业赋能乡村振兴的意见》，要求各地把文化产业与乡村振兴"锁"在一起，带领大家努力探寻乡村振兴中文化产业的更多可能性与发展潜力。正是在此政策的支持和激励下，全国各地结合自身实际，开始了各自独具特色的文化产业赋能乡村振兴的"地方实践"，也有力地促进各地推进古法织布赋能乡村振兴的深入开展。如我国中部某省获嘉县大新庄乡东刘村，是个偏小的村庄，全村人口仅 327 人，耕地 485 亩，产业发展要素匮乏。但该村所在县域不仅是优质棉花的生产基地，而且其粗布工艺也经历了千余年的历史，手工生产的老粗布已成为一种富有地域特色的民间工艺。为此，该村细盘家底，深挖老粗布的传统手工艺，一是加强传统技艺活化传承，吸引当地 140 名织娘参与，这些织娘通过使用 110 台织布机，实现了年产量 3.8 万余条，直接带动了村民的增收，帮助了 50 余名留守妇女和脱贫户在"家门口就业"。二是加强区域品牌建设，乡党委书记和村党支部、村委会积极指导，成功解决注册商标、创建品牌问题，动员赋闲在家的村民和脱贫户积极参与织纺卖布，发展壮大手工粗布产业。三是成立合作社，一方面向管理要效益，严格原材料采购、生产加工、质量检验、产品销售、售后服务等各个环节的科学管理，确保产品质量和产量；另一方面改进生产工序，对纯手工浆线、染线、经线、印线等工序加强技术改造，重视新产品的设计与开发，先后推出了"花好月圆""紫气东来""心心相印"等十几个品类，并支持按需定制，深受广大消费者的欢迎。四是利用电商平台，让手工粗布"老手艺"走俏抖音、微信等电商"新市场",实现百姓增收。目前,该村家纺合作社老粗布供不应求,加工昼夜不停。再如我国中部某省红安县,是我国著名的将军县,位于鄂豫两省交界处,种植棉花历史悠久,且自古就流传着古法织布的传统。数百年来,当地农家妇女选取当地优质棉花为原料,采用木制脚踏织布机制作土布,以此作为谋生的主要手段。21世纪初,随着纺织业现代化的迅猛发展,大量纺织品涌入人们的生活,曾经家家户户制作土布,以此谋生的农家妇女,也随着传统棉织品逐渐淡出市场,而出外打工或另谋生计。为了拯救和传承这种古老技艺,助力乡村振兴,近十年来,该县由政府牵头,各部门通力合作,一是实施"人才强县"战略,启动"民间工艺传承人"评选,计划用5年时间,推出不少于100名民间工艺传承带头人,给予一定的经费支持;二是开展老艺人绝技调查,聘请身怀绝技的老艺人为技术顾问,广泛开展古法织布技艺培训,吸引和培养更多的农家妇女参与土布制作。目前以该县华河镇邓桥村为中心,从业人群已拓展到周边村落以及七里、城关、高桥、杏花等乡镇,由数十人增加至千余人。三是举办大布织锦技能大赛,通过同场竞技,选出能手,引起现场观众共鸣,在当地掀起大布纺织热潮。四是加强校地合作,研讨技艺创新、款式花色、品种开发,及时推出融入当代商业市场和现代人生活的衍生产品,从根本上提升自身的核心竞争力。五是加大投入建设生产基地,促进古法织布技艺和文化的传承,投资800万元建设集生产基地、民俗文化、古法织布文化等于一体的红安大布生产基地。该基地占地面积100亩,主体建筑面积40亩,目前已正式建成并运营。经过努力,该县大布已获得国家地理标志,成为当地群众和东南亚地区华服饰和床上用品的首选材料,也成为当地人赠送外地亲友的特色产品。仅将军红土布织锦专业合作社一家,就有入社留守妇女2000多人,每年为织布妇女增收8000余元。这些具有地域特色的传承实践,只是全国各地乡镇或乡村用老手艺赋能乡村振兴的一个缩影,更多的地域实践会不断涌现。

2. 公司主导,探索新模式构建新秩序

古法织布技艺的传统传承主要是依靠家传和师徒相传。这种传统的家教和师徒相传,在传统的乡土礼仪社会,因为依附独特的习俗传统和地域文化,而得以代代相传。这种义字当头的传承方式,在如今市场经济大潮下,已难以为继,不仅不利于规模化生产，也不利于更好地传承和保护这一技艺，更不利于带动当地就业，增加村集体收入，推动乡村经济发展。为了适应现代社会的变化，全国各地乡镇或乡村古法织布传承人积极探索多种新模式，注重调动乡村、基地、农户等多方的积极性，让古法织布技艺惠及千家万户，助力乡村振兴。如我国北部某省鸡泽县中风正村的张苗芳，自幼年起便与纺织结下了不解之缘，在老一辈手把手地传授下，她精通了"老粗布"织布传统技艺，成为该省非物质文化遗产"老粗布"的传承人。为了传承和弘扬"老粗布"织布技艺，她于2015年创办了鸡泽县棉田纺织品有限公司。经过7年的精心传授，她已教授50个村2000余名妇女熟练掌握了"老粗布"织布技艺。这个妇女分散在50个村，每个人的情况也各不一样。如何在公司架构下集约众多织女，既解决织女半工半耕的生存状态，又规范"老粗布"个体的市场行为，减轻公司的运营成本，她探索形成了一条"老粗布+微工厂+农户"的传承模式，由公司负责整体设计、研发、仓储、销售。而在各村设立"微工厂"，投入现代化纺织、缝纫等设备，进行批量机械化初加工。农户在家中利用传统缝纫设备或针线完成纯手工部分工序。这样农户既从传承人那里学到了技术，又获得了织布机、棉线，每天在家织布一个月还能挣2000多块钱。而公司则不断推陈出新，将传统工艺与现代元素相融合，产品系列发展到床上用品、中式服装、虎头鞋、工艺品等四大类共150余种，真正实现了公司、农户双赢。目前，该公司已有360余名农户开办了"微工厂"，实现县域内多点开花。"微工厂"内吸纳村内建档立卡户、残疾人和农村剩余劳动力，为他们提供就业岗位，在家门口实现稳就业，带动近千人走上致富路。再如我国东部沿海某省广饶县陈官镇坡南村，棉花种植占全部耕地面积的40%以上，自古以来就有老织布手艺，织出来的"老粗布"不仅手感厚实、颜色亮丽，还冬暖夏凉、结实耐用，很受市场欢迎。为了传承古老的"老粗布"织布技艺，该村利用废旧房屋，经过改造提升，投资了6万元，安装了12台织布机，建立了织布工坊，让村里传承至今的老织布手艺在这里带动集体增收，农民致富。这样每位妇女一天能织一床，收入120元，村集体每月收入3000元。这种将农村"冷资源"变成"热财富"的传承模式，既增加了村集体收入，又给村内妇女、中老年人等闲散劳动力提供了一份便捷的就业方式，让手工老粗布"织出"了幸福新生活。这样的案例还有许多，值得全国各地乡镇或乡村学习与借鉴。

3. 跨界融合，数字化记录注入新时尚

古法织布，历史悠久，随着岁月的洗礼，有些土布的图案、纹样、花色、形制等会逐渐黯淡发黑，甚至面临着失传，特别是一些独门绝技。为了更好地拯救、保护和传承这些久远的技艺和文化，在数字化时代，古法织布传承更需要与时俱进，实现跨界融合，用数字化技术和手段，既为这些图案、纹样、花色、形制和绝技"建档保存"，更带给年轻一代体验土布技艺的智慧和魅力。因此，在乡土文化"嵌入"乡土重构，推进中国式乡村现代化的当下，传承古法织布，助力乡村振兴，既需要注重活态传承，更需要进入数字化管理，以此进一步融入当代民众的生产生活。这方面，一家来自东部某大都市崇明区竖新镇的"木棉花开"手工坊对此进行了探索。他们以延续崇明土布技艺为己任，尝试用现代的设计理念展现土布中蕴含的浓浓乡愁，并用数字化手段为崇明土布纹样建立了数据库，将这份遗产进行了永久留存。他们一是记录了土布纹样的"源代码"。首先剪下一块土布纹样的单元格，沿边缘稍稍剪开一点露出线头，然后依照纱线的经纬排列一一对应，记录颜色、股数，再通过电脑输入专业的纺织软件中。这样土布纹样的"源代码"便会被保存下来。经纬线纵横交错，经过巧思妙手，产生的纹样千变万化。因此，土布纹样的收集没有上限，建数据库也是一项细水长流的工程。目前，他们已经完成了600多种纹样的数字化，这项工作还要一直继续下去。二是为土布注入时尚血液。用崇明土布制作了两款"特型"香囊。在村子里擅长手工的老人家一起的帮忙下，他们运用拼接、刺绣、手缝等工艺，一针一线地缝制，完成了制作。像这样的探索虽然只是一个开始，一个探索，但它却是一个方向，一条路径，期待更多的成果到来。

4. 精神永续，用创新技艺提升效率

黄道婆被尊称为"先棉神"，是行业之师，布业之祖，是创新和奉献的象征，她的故事和成就深深影响着中土大地，激励着无数后人。在乡土文化"嵌入"乡土重构，推进中国式乡村现代化的当下，弘扬黄道婆精神，勇于创新，无私奉献，是传承古法织布，助力乡村振兴的必然之义，责任所在。许许多多古法织布技艺的传承人，以黄道婆为榜样，以衣被天下为己任，坚持不断改进技艺，无私传授手艺，提升生产效率，造福乡村，助力乡村振兴。如地处华北平原腹地的邯郸魏县，自棉花从印度传入中国后，该地的纺织业就由麻纺织转向了棉纺织，历经明清、民国到中华人民共和国成立初期达到鼎盛。20世纪60年代后，棉纺织进入萧条。21世纪，传统棉纺织产品再次获得人们的青睐。2008年，该县传统棉纺织技艺被列入第二批国家级非物质文化遗产名录。作为国家非物质文化遗产代表性传承人的张爱芳，13岁便跟随母亲学习纺棉织布，对从纺到织的全套工序样样精通。在实践中，她经常琢磨纺纱织布的技巧，善于发现织布各个工序的窍门。经过无数次反复试验，她发现原有织布的经线杆短了，络子摆放过少，人力和效率均太低。为此，她总结经验改进了工艺，把原来2米长的经线杆，改为14米长的经线杆，这样络子摆放的数量从10个猛增至130个，大大提高了经线的工作效率，缩短了经线时间，织女的收入也直接提高。不仅如此，她还不断探索土布制作工序的专业化合作，先是与农户建立合作关系，让农户用自己家种的棉花，到她这里直接换成白线，简化家庭织布的劳动环节。后又将换线业务进一步扩展到经线，待农户将线织成布之后，再回购成品布匹。这样一来，纺、染、织的分工进一步专业化，她负责织布前后的部分，农户只负责用自己家的织布机织布。这种专业化的合作，减少了成本，缩短了时间，便利了农户，实现了农户与传承人的共赢。张爱芳这种不断探索、勇于创新的工匠精神正是黄道婆精神的延续和传承。她先后被授予为首批省级民族民间文化传承人，首批省级非遗代表性传承人，县级百名农村乡土拔尖人才。又如西湖畔的萧山过江布染制技艺，这个2012年的省级非物质文化遗产代表性项目，后来由于种种原因，几近失传。直到2000年的一天，吴莹从婆婆那一整套制作"过江布"的工具中才拾起这项古老的技艺，并将其传承和发扬光大。据传秦汉时期，有位先民在葛岭找到蓝草，可用于印染，且经久不衰。于是吴越之地开启了蓝草种植历史，蓝染技术也开始衍生。对于这门祖传古法蓝染技艺，吴莹坚守而不"死守"，她认为再古老的东西也需要新的元素来点染和活化。为此，她先后尝试从茜草、苏木茶花、橘子皮、茶花、茶叶，甚至葡萄、杨梅、柿子、桑葚等果草中提纯和萃取植物颜色，使布艺产品更加绚丽多彩。她还认为蓝染这种纯手工制作，如果仍然还靠师徒之间手把手传授是难以获得突破的，必须创新培养传承人的方式，努力让历史走进今天，走向现代，走向时尚，接轨国际。为此，她把女儿和员工送进高等学院，去海外学习，让古法蓝染技艺运用于丝绸，解决色牢度的技术问题，并取得了成功，获得国家专利。古老的蓝染技艺也因此走向了更加多元化的舞台。这个距今1600多年历史的扎染技艺在吴莹的手中赋予了新的生机，留下了一串串与时代共鸣的精彩。一代织女星——黄道婆虽然离世700多年，但她的工匠精神已深深扎根在这片故土。

三、刺绣技艺

刺绣是一种用针和线把人的设计和制作添加在织物上的民间传统手工艺术。它不仅仅是技术的展示，更是艺术的创作。刺绣针法和技法是刺绣技艺的基础，它们相互关联，共同构成了刺绣的丰富多样性和独特魅力。

刺绣针法是指使用不同的针法来绣制图案的技巧。这些针法包括但不限于平针、乱针、直针、套针等。每种针法都有其独特的使用方式和效果，如平针线条排列均匀，乱针则创造出自由和不规则的效果。

刺绣技法是指在绣制过程中采用的不同技术和方法，包括轮廓绣、填充绣、镂空绣等。这些技法主要用于处理图案的细节和整体结构，使作品更加生动和立体。

刺绣针法和技法是相辅相成的。不同的针法可以应用在不同的技法中，以实现特定的艺术效果。如平针技法常用于基础的填充和轮廓绣，而乱针技法则更适合创造复杂的图案和纹理。通过熟练掌握各种针法和技法，刺绣艺术家能够创作出丰富多样的作品，展现出极高的艺术水平和创造力。

刺绣技艺是我国非物质文化遗产之一，具有悠久的历史、丰富的文化内涵。它不仅是一种民间传统手工艺术，也是我国传统服饰文化的重要组成部分。它的起源与发展可以追溯到我国的周朝。根据《尚书·益稷》记载，早在远古时代，统治者就已经开始使用刺绣的方法装饰衣物。商周时期，专门的纺织业和缝纫工业已经形成，其中丝织品尤其受到重视。西周时期的染织刺绣已有专门的分工，如文献中提到的素衣朱绣，展示了流畅的刺绣线条。

刺绣，又名"针绣"或"绣花"，是一种以绣针引彩线（丝、绒、线），在织物（如丝绸、布帛）上刺缀运针，构成纹样或文字的传统工艺。这种技艺不仅是中国优秀的民族传统工艺之一，也被视为"女红"的一部分，最初多为妇女所掌握。

在古代，刺绣不仅是装饰自身需要的产物，也是社会地位和财富的象征。例如，秦汉时期，刺绣成为阶级和身份的象征，上至帝王，下至富人，都喜爱刺绣，并将其作为服装和家居装饰的重要组成部分。随着丝绸之路的兴起，刺绣技艺和图案开始在世界范围内传播，尤其是在法国，刺绣成为高级时装的经典元素，展示了刺绣风格的华丽之美与古雅之美。

刺绣是一种精细的手工艺，广泛应用于我国传统艺术中，具有鲜明的地域特色，是地域文化的重要组成部分。刺绣按地域分，有苏绣(包括常州乱针绣、无锡精微绣、扬州文人绣、东台发绣)、湘绣、粤绣(包括广绣、潮绣)、蜀绣、汴绣、杭绣、瓯绣、金银绣、汉绣、晋绣、秦绣、辽绣、鲁绣、京绣、闽绣等。按技艺称谓分，有单面绣、双面绣、双面异色绣、双面双异绣、乱针绣(长短乱针、细乱针、叠层乱针等)、金银线绣、金绒混合绣等。按材料称谓分，有丝绣、羊毛绒绣、夏布绣、发绣、人造丝线绣、珠绣、金银线绣、金绒混合绣等。

刺绣技艺具有以下特点：一是图案工整娟秀。刺绣的图案通常工整且具有娟秀的美感。二是色彩清新高雅。使用清新的色彩，给人以高雅的视觉享受。三是针法丰富。刺绣的针法极其丰富，变化无穷，如齐针、抢针、套针、施针、乱针、滚针、切针、平金、打点、打子、结子、网绣、冰纹针、挑花、纳锦、刻鳞针、施毛针、穿珠针等。绣工精巧细腻。刺绣的绣工精细，能够展现出极高的艺术水平。

由此可以看出，刺绣技艺是一种具有多样性和精湛技艺的传统手工艺，在中国乃至世界的文化艺术领域中占有重要地位。它与蚕桑丝织、古法织布等一起构成了我国服饰文化的主体架构，成为我国传统乡村文化的重要组成部分。蚕桑丝织与古法织布，两者都是生产面料的基本技术，前者是用蚕丝生产丝织物，后者是用棉麻葛生产棉麻葛织物。而刺绣技艺是一种装饰性的手工艺。三者无论是定义和特点，还是用途，它们均有着明显的区别，各具特色，体现了我国服饰文化中"服"与"饰"相辅相成的鲜明特征和丰富意涵，共同推动和促进了我们服饰文化的繁荣与发展。

随着现代化的进程加快和机绣的迅速发展，这门具有鲜明地域特色和文化价值的技艺正逐渐丧失它的地位。究其原因：一是经济压力与市场限制。刺绣产品通常具有较强的地域性和艺术性，市场受众相对较窄，导致销售渠道不畅，难以实现规模化生产和销售，从而影响传承人的经济收入。且生产成本高，由于采用传统的手工制作方法，原材料采购、工具设备购置以及制作过程中的人力投入等成本较高。二是后继无人，传承困难。现代社会的发展导致年轻人对传统技艺的兴趣逐渐淡薄，更倾向于选择现代化的职业。加之刺绣传承方式单一，目前许多非遗的传承仍主要依赖师徒传承、家族传承等传统方式，这种方式存在局限性，难以满足现代社会的需求。三是市场竞争力不足。刺绣产品在设计、功能等方面往往难以满足现代消费者的需求和审美，与现代市场需求难以结合，导致创新和发展陷入困境。还有在创新过程中的文化传承风险引起的过度商业化、失去传统文化内涵的问题。如在创新过程中，采用工业化生产方式和现代材料，导致刺绣失去传统的韵味和价值，从而影响刺绣的原真性和独特性。四是社会认知度和支持度不足。社会公众对刺绣的了解和认识普遍不足，对它的艺术价值和实用价值的认知认同不高，导致刺绣的价值和意义未得到充分重视。五是政策支持和资金投入有限。尽管政府出台了一些相关政策，但在实际执行过程中，政策落实不到位，资金投入不足，难以满足非遗传承和发展的需要。六是知识产权保护困难。由于刺绣的独特性和复杂性，知识产权保护难度较大，侵权现象时有发生，严重损害了传承人的合法权益。且刺绣传承人在面临侵权时，往往面临着维权成本高、取证困难等问题，难以有效维护自己的知识产权。面对这些困难和问题，国家和各级地方政府先后从技艺保护与传承、产业发展与支持、市场推广与品牌建设、创新引领与技术研发等方面出台了相关政策，旨在推动刺绣产业的创新发展，保护传统技艺，提升产业竞争力，并促进刺绣文化的传承与普及。目前，全国各地乡镇或乡村以及相关传承人或团队，结合地方实际，采取相关策略和活化路径，促进刺绣技艺传承与发展，助力乡村振兴，并取得了初步成效。主要表现在以下五个方面：

1. 完善支持体系

近几年，全国各级政府积极响应国家的倡导和推动，迅速落实刺绣文化传承与保护的政策和措施，形成了较为完善的保护与传承机制和支持体系。如东部苏州市，作为苏绣发源地，为保护和传承苏绣文化，助力乡村振兴，成立了对苏绣文化保护与传承具有管理与引导作用的组织机构，出台了《民间传统文化保护办

法》《非物质文化遗产保护条例》《省非物质文化遗产代表性传承人认定和管理办
法》等相关政策法规；搭建了市刺绣作品版权许可交易平台、成立知识产权办公
室等不断强化知识产权意识。再如中部省份武汉市，作为汉绣集聚地，出台了各
项扶持政策发掘和保护汉绣，按照国家文化和旅游部规划建立了"国家+省+市+
县"共四级保护体系。

2. 建立传承机构

各地相继成立了刺绣大师工作室或博物馆、刺绣发展研究中心等机构，为刺
绣的研究、展示和传承提供平台。如西部砚山县成立技能大师工作室，传承人作
为省市英才支持首席技师负责工作室工作；又如中部武汉市成立民办汉绣博物
馆，并在汉阳江欣苑社区挂牌成立；再如东部沿海地区则在该省某高校艺术设计
学院五山校区为在珠绣领域取得丰硕成果的艺术大师成立了大师工作室，标志着
该省在传承和发展刺绣技艺方面迈出了坚定且重要的一步。还有西部某省禄劝
县，成立了彝族刺绣协会，定期举办刺绣作品大赛，召开刺绣传承人座谈会，组
织刺绣进校园活动。据统计，全国各地刺绣非遗代表性传承人均在公司、高校、
职业学校和社区相继成立了技能大师工作室或研究中心及博物馆或美术馆以及刺
绣协会。

3. 加大培养传承人的力度

政府和社会各界积极培养刺绣传承人，通过举办培训班、工作坊等多种形
式，传授刺绣技艺，培养新一代刺绣人才。如西部某省成都地区为蜀绣发源地，
在培养蜀绣传承人方面，他们既有传统的家族传承与师徒传承，还拓展学校开班
授课与政府合作等传承方式，将蜀绣传承融入当地中小学研学和高校社会实践之
中，推动蜀绣与其他艺术形式的交融，以此推动蜀绣的创新性发展。此外，还在
政府主导下，支持蜀绣传承人向外进行文化传播与交流，多元化拓宽蜀绣传承人
才储备的路径。又如中部某省武汉地区则借助国家、地方政府的政策，政策带动
高校、中小学与汉绣建立战略合作伙伴关系，使汉绣传承人的创作有更多的艺术
交叉性、创新性。同时培训传承方式实行线上线下、多种形式、全方位为推动汉
绣创新性发展注入更多的人才资源。目前，仅市内就有汉绣项目在册各级代表性

传承人 22 人,汉绣从业人员 2000 余人。① 再如西部某省黔东南地区苗族聚居区,是苗绣的发源地,针对地域习俗和文化特点,以合作社为主,采取分工合作的方式推动苗绣传承人的培养。此外,还通过建立"让妈妈回家"示范点,加强对民族地区妇女的规范化培训,以此实现就业增收。这不仅有利于苗绣传承人的培养,也有利于助力乡村振兴。还有西部临夏回族自治州东乡族自治锁南镇在政府的支持下,形成了培训、就业、产业链完全闭合的模式,不仅为农村妇女提供了就业机会,还促进了当地经济的繁荣,更多的少数民族妇女走出家门、走出大山,走进工厂车间,当起了产业工人。

4. 创新活化策略

全国各地一方面积极推动高校、研究机构与企业之间的深度合作,共同探索刺绣技艺与现代科技的融合之路,通过产学研合作模式,不断创新刺绣产品,提升其市场竞争力。如中部某省的高校针对汉绣传承人综合文化修养、设计创新能力、营销意识、民族特色手工艺品牌等方面的短板,开设相关课程,开展多届"传承人群汉绣研修班",帮助汉绣传承人提高技艺,支持汉绣品牌推广和产品设计等,从而实现产学研旅融合。另一方面,利用展览、展演等活动推动刺绣文化宣传,展示刺绣的魅力,提高人们对刺绣的认知度和兴趣。再就是利用电商平台、直播带货等新兴市场渠道,拓宽刺绣产品的销售网络,并加强与国际市场的交流合作,将刺绣产品推向世界舞台。此外,还通过打造具有地域特色和文化内涵的刺绣品牌,在传统的基础上不断创新,结合现代设计和材料,如引入现代毛绒玩具工艺,开发多种新产品,吸引更多消费者关注和购买刺绣产品。

5. 推动文旅融合

在"文旅热"的今天,推动刺绣与旅游业的深度融合,开发刺绣文化体验游、刺绣主题展览等旅游产品,让游客在旅途中亲身体验刺绣的魅力,从而进一步促进刺绣文化的传播与普及。如华东某省费县手绣是省级非物质文化遗产代表性项

---

① 陆兴忍、高慧:《纺织非遗汉绣的传承现状和创新性发展路径研究》,载《丝绸》2024年第 2 期,第 19~30 页。

目，积极探索手绣与旅游融合发展新路径，以手绣进高速公路服务区、进商超、进酒店、进校园、进社区、进图书馆为基础，依托公共文化机构、景区景点，广泛开展展示展演、互动交流、参观体验等活动。又如西部某省千阳县则厚植旅游资源的文化内涵，形成乡村休闲旅游文化新产业新业态。通过"数商兴农"和"互联网+"让刺绣产品出村进城，绘就以旅兴绣、以绣促旅的蓝图。通过文旅融合，不仅带动当地经济，增加绣娘的收入，还促进文化传承。

　　总体来看，作为我国非物质文化遗产重要组成部分的刺绣，虽然近几年取得了一定的成绩，但在新时代发展背景下，随着市场化进程不断推动，刺绣技艺的传承与发展的内生动力却略显不足，应该主要在以下五个方面下工夫：一是推动刺绣产品的创新设计，使其更好地适应现代市场需求；二是加强品牌建设和市场营销，提升刺绣产品的市场竞争力；三是通过开展非遗培训课程、设立非遗专业等多种方式，培养更多的非遗传承人才；四是优化生产流程，降低成本，同时探索新的销售渠道和市场策略；五是完善非遗知识产权保护法律法规，加大执法力度，保障传承人的合法权益。

第十二章 食，乡居生活的独特魅力

"食"，在中国人日常生活中占据着重要地位，是乡居生活区别于城居生活的重要标志之一。且"食"乃"吃"，与"喝"相辅相成，因此，"吃""喝"二字构成了中国人独特的饮食文化，它涵盖着中国人独特的美食文化、茶文化和酒文化。地道的食材、独特的调味、古老的灶台、简约的烹饪、恬淡的宴境、虫鸣的村夜，伴着袅袅烟火、夕阳西下的美景，品赏"食"之美味，"景"之惬意，追寻那久远的诗意栖居生活，正是乡居生活独特的魅力所在。

第一节 "吃"的学问

一、概念梳理

1."食"与"吃"的关联

"食"的本义是食物。甲骨文中的"食"字是个会意字，字形像一个古代用来盛食物的容器。其中，上面的"人"字头犹如器皿的盖子，下面的"良"像一个盛满五谷杂粮的器身，十分生动形象地表达了"食"的含义。在汉朝，"食"字也表示祭祀。"食"也可用作动词，表"吃"的意思。而"吃"的本义并不是表示动词的"吃"，乃指口吃，意即说话结结巴巴不流利，《说文解字》乃注："吃，从口，乞声，言塞难也。"古代与"食"动词之义相同之字乃"喫"，形声字，从口，契声。后引申为接受。随着时间的推移，"吃"字假借"喫"字。今以"吃"为正体字，"喫"为异体字。"吃"，一般表示把食物放入嘴中经咀嚼咽下，也表示饮、喝、吸等动词义，还有被、让等介词义，更有口吃等名词义。然而，从文化与语境而

184

言，"吃"乃日常用语，更多强调食物的获取和消化，而"食"则常与高雅、精致的饮食文化相关联，乃"吃"的学问，且"吃"也包含饮、喝。故，"食"，不单只是一个食物的获取和消化的动作，还包括"吃""喝"之社会和文化内涵。特别是作为一个有着几千年历史饮食文化的古老国家，"食"对于乡居生活而言具有其难以忘却的味道记忆和情感乡愁。

2. "食"与"饮"之关联

"食"与"饮"是两个不同的动词。"饮"的本义是"喝"，所饮对象是水、汤、酒等。两者相对，"饮"指喝水、喝酒，"食"则指吃饭。正如郑玄所注："渴则予之饮，饥则予之食。"由此可见，"饮"与"食"是有分工的。但古代"饮"与"食"合而为一加以通称，则表现为我国古代"食"与"饮"在很多场所是彼此包含，相互兼备的，即"食"中有"饮"，"饮"中有"食"，"饮"与"食"是不分的。这点可从"膳夫"这个食官之长的职责可以得到印证。这种官居既管吃，也管喝，"吃""喝"不分。所以，"食"，通常亦称为饮食，也就是"吃"。随着人类开始掌握钻木取火的技能，结束茹毛饮血进入熟食时代，人类的生活，吃什么？怎么吃？吃后怎样？已不再是一种单纯的生物学意义上的活动，而是包含着丰富社会意义的重要文化活动。这种关于人类(或一个民族)在什么条件下吃、吃什么、怎么吃、吃了以后怎样等的学问，便是饮食文化。也就是说，钻木取火是人类饮食文化肇始的标志，这不仅改变了人类的饮食习惯，更促进了人类文明的进步。

二、饮食文化的流变

始于乡居生活的一日三餐，每一餐都可以说是传统饮食文化的载体和符号，是乡居生活的第一要素。特别是在当下食品安全问题越来越引起人们关注的情况下，吃的问题更是人们寻求乡居的首要选择。此外，吃什么？怎么吃？吃后怎样？不仅仅是维护人们生命，解决人们温饱的需要，更是一种文化符号，反映着当地人们的性格特征、道德观念和审美情趣，影响着其他许多文化现象。正如《礼记·礼运》所说："夫礼之初，始诸饮食。"围绕在什么条件下吃、怎么吃、吃后怎样等问题，我国乡村历经数千年创造、享用和传承了博大精深的饮食文化和生生不息的饮食民俗。从"五谷为养、五果为助、五畜为益、五菜为充"的食料结构，到煮、汆、涮、蒸、熬、烩、煨、焖、烧、扒、炸、溜、爆、炒、煎、贴、烤、熏、焗、卤、炝、拌、腌、拔丝、挂霜、蜜渍等三十余种基本烹调方法，以及"手工操作，经验把握"的独到技艺，再到"凡药以酸养骨，以辛养筋，以苦养气，以甘养肉，以滑养窍"，循从自然、适时择物辨味的"五味、六和、十二食，还相为质"的优良传统，进而形成"质、香、色、形器、味、适、序、境、趣"等饮食文化风格和东北地区、京津地区、黄河中游地区、黄河下游地区、长江中游地区、长江下游地区、中北地区、西北地区、西南地区、东南地区、青藏高原地区和素食文化圈等饮食文化圈，以及年节食俗、日常食俗、人生礼仪食俗、宗教信仰食俗等饮食风俗，还有客食之礼、待客之礼、进食之礼、宴饮之礼等繁复的饮食礼仪。这表明，农耕时代的先人不仅重视"吃"，更重视食物的准备、制作过程以及其间所蕴含的独特的宇宙观、世界观、道德观和伦理观。这些独具地域特色的饮食文化，特别是其中的饮食信仰、饮食观念、饮食仪式和饮食风格，决定了中国人习尚肴馔的丰厚风味与独特魅力。

三、饮食习俗的特点

中国人对于"吃"，不仅关注其物质活动，更重视其精神和心理活动的渗融参悟，具有鲜明的饮食习俗特点。

1. 讲究"吃"的仪式

从求子、怀孕、生子，到成人、结婚、庆寿，乃至离世、节庆、祭祀等都赋予了"吃"的不同仪式活动，不仅重"吃"，更重视"吃"的过程和其文化意义，使得仪式与饮食密不可分，正所谓人们所说的"吃"是一种身份、一种心境、一种情趣、一种享受，以致"欲送残春招酒伴，客中谁最有风情？两瓶箬下新开得，一曲霓裳初教成。排比管弦行翠袖，指麾船舫点红旌。慢牵好向湖心去，恰似菱花镜上行(白居易《湖上招客送春泛舟》)"。也有"胜地不常，盛筵难再，兰亭已矣，梓泽丘墟，临别赠言，幸承恩于伟饯……一言均赋，四韵俱成"的感慨，还有"醉翁之意不在酒，在乎山水之间也"的绝唱。① 从而使得饮食行为日渐复杂化

---

① 赵荣光著：《中国饮食文化》，中华书局 2012 年版，第 163～165 页。

和系统化，并逐步成为一种重要的文化力量。① 乡居生活"吃"的仪式在于唤起儿时的记忆，追寻久远的田园生活。

2. 注重"吃"的地道

中国人信奉"吃什么、补什么"的"食补"原则，特别看重优质原产地产出的小众、优质食材，哪怕地处再偏远，也阻挡不了人们寻找的脚步，因为，这些原产地适宜的气候、土壤、水源等地理条件和当地人对植物特性的了解，让这些食材无论是外观特征、风味口感还是营养价值，都比其他产地的同类更加出色。除此之外，中国人还特别注重食物的新鲜，企盼能够吃到最高新鲜度的食物。如有的地方"吃三叫"菜肴等。因而，乡居生活的"吃"必须挖掘当地数不胜数的地域特色食材，采取就近采摘或保鲜配送的方式，确保食物的新鲜，让乡居之人"吃"得地道。

3. 看重"吃"的实操

中国人特别重视家庭，对于"吃"更看重的是自己做的，喜欢享受自己做的过程和成就。因而，往往出门在外看到好的、新鲜的食材，都自觉或不自觉地在自己品尝过后，带上一些，以便回家自己动手，实际操作一把，让家人分享自己"吃"的快乐，感受家的温馨和有家的味道。此外，中国人还认为，外面做得没有自己做得好吃，也没有自己做得干净和健康。如果自己做的话，即使是同样的一道菜，也可以做出更好的味道、更健康的饭菜。乡居生活的"吃"不仅注重人们当下的品尝，更要看到满足人们自己做的需要，提供充足的好的、新的食材。

4. 强调"吃"的中和

中国人认为：药食是同源的，药膳是同功的。因而，食材的搭配不仅要得当，而且还要考虑自己身体情况、季节和气候等因素有选择地进食，正所谓"不食不时"，坚持定时"吃"，吃季节性食物。这种赋予食物不同性质，强调物性相反的不同食，热、凉、补、损、毒的各种食物要适当食用，许多食材都有药用价值，在"吃"的过程中要根据自己的身体状况有选择性地挑选食物，以求不破坏

---

① 王娟主编：《民俗学概论(第二版)》，北京大学出版社 2011 年版，第 254 页。

自己身体内部的平衡或帮助身体达到一种平衡状态为重。这种强调药食同源、适应节律饮食的观念，体现了中国人阴阳相合而生万物，万物而生生不息的哲学思想，为中国人饮食文化所独有。乡居生活"吃"的平衡要求乡居生活注重消费的个性化把握，提供节日时令的食材搭配、多样风味选择和四季有别，注重按季节变化来调味、配菜。

5. 追求"吃"的艺术

中国人对于"吃"，早已超越了它自身的实际意义，更具有刻骨铭心的文化艺术价值。"食不厌精，脍不厌细"是中国人对于"吃"的准确描述。所谓"精"，就是注重食物的色、香、味、形、器的协调一致，无论什么食材，都可以被雕出各种造型，赋予寓意，独树一帜，达到色、香、味、形、美的和谐统一，带给人们一种物质、精神和心理的特殊享受。这种精益求精的追求，始终贯穿于全部饮食搭配活动的全过程，无论是选材、烹饪、调料，还是菜肴的命名、品味的方式、进餐的节奏、环境的塑造等都体现一个"精"字，正所谓吃的是艺术，品的是文化。乡居生活"吃"的艺术在于彰显地域特色，传承和创新地方风味品牌，以"吃"之艺术吸引八方来客，彰显乡村生活的独有魅力。

第二节 乡居的实践

一、农家乐

农家乐是随着城里人追求乡居生活而兴起的一种新业态。这种农民自己创造的新业态，正是适应了城里人乡居生活对于"吃"的需要，城里人不仅吃在农家，品尝农家自产的农产品，而且还购买农家自身生产的农产品和手工艺术品，成为农民致富的新兴产业，确实带动了乡村第一、第二、第三产业的融合发展，推动了中国式乡村现代化。甚至许多地方农家乐一度成为当地经济发展的主导产业。据调查，中部省份某县曾经在一年内就发展星级农家乐 325 家，实现综合收入61.73 亿元。① 这种以农村家庭为核心，以餐饮为主要内容，融合农家饭、农产

---

① 参见林下经济湖北省工程研究中心：《湖北林下经济典型案例》，2023 年 12 月。

品的新业态，发源于四川省成都市郫都区，该区农户徐纪元于 1986 年在自家的农家院创办了全国第一家农家乐。至此到 21 世纪前十年，农家乐进入兴盛发展阶段，全国出现了大量的农家乐或类似形态的农家乐，成为一种人们喜爱的短途游玩和就餐方式。据相关报道，截至 2017 年 10 月，中国乡村已经有 200 多万家农家乐，带动了 3300 万农民致富。接待人数达 12 亿人次，占全部游客数量的 30% 之多。① 然而，这个曾经被专家赞誉为"发展乡村的新创造"的农家乐，截至 2024 年 5 月，全国已经有 8000 多家农家乐被注销，开始从鼎盛走向下滑通道。② 那么，农家乐在当下乡土文化"嵌入"乡土重构，推进中国式乡村现代化的进程中，应当如何走出困境，继续健康持续稳定发展呢？本书认为：关键在精准定位、合理引导、有效治理、有序发展。

农家乐是什么？自 1992 年其被命名以来，至今社会各界对于农家乐的功能定位、产业属性、经营方式和发展模式等都理解较为模糊，甚至扭曲，导致农家乐的发展越来越偏离其功能和作用，偏离了"农"，淡化了"家"，消失了"乐"。这也是当下农家乐陷入困境的主要原因之一。

对于这个问题，笔者通过梳理关于农家乐的概念阐述，概括出以下几个定义。一是认为农家乐是指利用庭院、菜园、果园、池塘等自然景观和乡村人文资源，为游客提供以农业体验为特色的观光、娱乐、劳动、休闲、住宿、餐饮等服务的综合经营实体。③ 二是认为农家乐主要以农户为单元，以农家院、农家饭、农产品等为吸引物，提供农家生活体验服务的经营形态，是休闲农业基本形态之一。④ 三是认为农家乐是以农户家庭为主要经营者，以农户所有的建筑为经营场所，以农产品、农村休闲、农业耕作体验为主要的经营内容，吸引城市和周边居

---

① 张孝德著：《大国之本——乡村振兴大战略解读》，东方出版社 2021 年版，第 123 页。

② 关俏俏、马晓洁、赵欢等：《盛况不再？农家乐如何重新"乐起来"》，载《江苏经济报》2024 年 5 月 21 日。

③ 陈翔、孙志：《武汉市农家乐旅游发展的现状及未来》，载《全国商情（经济理论研究）》2008 年第 4 期，第 122~123 页。

④ 参见中华人民共和国农业农村部 2015 年 10 月 9 日颁发的《休闲农业术语、符号规范》（NY/T2857—2015）。

民到此消费、体验和感受以农村文化为主的旅游形式。① 四是认为农家乐是指依托原有村落、自有房屋条件，利用乡村田园景观、自然生态、农村民俗文化及农民生产、生活等资源，提供观光浏览、农家餐饮、旅游民宿、农事参与、文化体验等服务的乡村旅游活动点（区）。五是认为农家乐是指农户利用乡村资源，以农家庭院为载体，为消费者提供具有乡村情趣和农家生活为特色的餐饮、住宿以及劳动体验、休闲娱乐，观光度假等服务的经营实体。② 六是认为农家乐有狭义与广义之分。狭义的农家乐，也有两个视角，从消费者角度来说，它是指消费者为了远离城市喧嚣，找寻与城市生活不一样的乡村风情，在农村地区玩耍、娱乐、欣赏自然风光的一种形式。从经营者的角度来说，它是指农家乐所在地居民利用当地的景点和自然风光，以不同于城市的风景和较低的价格吸引消费者到该地区吃、喝、玩、乐、游、购、娱的旅游形式。广义的农家乐也来源于广义的农业，即农、林、牧、副、渔。农家乐旅游是当地居民以周边资源，如自然风光、特色文化等为支撑，以较低廉的价格吸引城市居民前来游玩体验的旅游活动。③ 七是认为农家乐其实是城市居民为了体验农村生活的一种娱乐形式，它是农业与经济相结合的产物。④ 八是认为农家乐是当地居民合理运用周边景观资源和文化资源，把第一和第三产业结合发展的新型旅游产业，⑤ 等等。这些定义主要是从旅游学、经济学视角进行阐述的，将农业体验作为其主要功能，强调综合经营和企业行为赋予了农家乐太多的期待与功能，也确实推动了社会资本的进入与农家乐遍地开花的发展，催生了休闲农业和乡村旅游"热"的兴起与火爆。但也不可否认，这也确实带来了农家乐的同质竞争、成本增高和价格上涨等问题，使得这个原本依托家庭经营组织，以"吃"的学问为核心要素的新型经营业态走入每况愈下的境地。

---

① 黄冕：《基于乡村振兴战略的湖北省十堰市农家乐发展研究》，中南林业科技大学2021年硕士论文，第17页。

② 参见中华人民共和国商务部发布的《农家乐经营服务规范》（SB/T 10421—2007）。

③ 田喜洲：《论"农家乐"旅游经济》，载《农村经济》2002年第11期，第61~62页。

④ 胡卫华、王庆：《"农家乐"旅游的现状与开发方向》，桂林旅游高等专科学校学报2002年第9期，第79~83页。

⑤ 周荣华：《成都"农家乐"发展现状调查研究》，载《社会科学家》2004年第5期，第93~94页。

本书认为：农家乐之所以被农民创造和推广，关键因素不是乡村旅游的景观与休闲农业的体验，而是因"吃"而起，带有鲜明的中国饮食文化特征。久居城市的人们，在消费城市工业文明成果的同时，是多么希望体验一种乡村生活，而这乡村生活印象最深之处，就是儿时"吃"的乡土美食及其道地食材。因而，当农家乐能够带给城市人这种"吃"的乡愁时，立刻吸引了城市人的关注和追捧。曾几何时，城里人为了吃上一顿心心念念的特色农家美食，不惜驱车十几千米到偏远的农家乐"一日游"，其火爆时真是一座难求。农家乐作为一个窗口，也拉动了乡村有机农业、休闲农业、观光农业、乡村手工业、乡土文化体验等快速兴起，带动了乡村第一、第二、第三产业的融合发展，促进了农家乐价值链、产业链和利益链的延伸与拓展。因此，农家乐的定位，不能离开"吃"这个核心要素，而应该注重"文旅搭台、美食唱戏"。

正如上文所述，中国人"吃"是有讲究的，吃什么？怎么吃？吃后怎样？从食物原料、加工技术、制作工艺、保藏、保鲜、饮食商业和服务、加工工具和饮食器具，以及有关习俗、制度和心理等方面都形成了独有的文化和恢宏的技法，具有讲究"吃"的仪式、注重"吃"的地道、看重"吃"的实操、强调"吃"的中和、追求"吃"艺术等鲜明特点，其中"手工操作、经验把握"是其基本文化特征。这一文化特征决定了中国人习尚肴馔的丰厚风味与独特魅力。因为它富于变化，更因为它可以凭烹饪者的独到技艺而达到令人叹为观止的艺术境界。[1] 农家乐吸引城市人消费的，不单纯是"吃"的农家饭，而是这农家饭背后的饮食文化、乡土气息，以及蕴含在里面的礼仪、礼法、礼教、礼信、礼义。

城里人之所以选择农家乐，是因为想吃纯天然或具有当地特色的农家菜，如果他们看到农民去田间把菜摘上来烧给他们吃，他们一定会很高兴。但是如果菜品都是市场上批量采购来的，那肯定与宣传上的农家自种自摘的说法大相径庭。还有，旅客来吃农家菜，来上一次两次，觉得很新奇，有特色，但来了多次之后也会觉得厌倦，以后就不再来了。所以，农家乐必须在"吃"的仪式感、新鲜感、情趣感上下工夫，根据节假日、游客的具体情况，置入饮食习俗等民俗事项，让游客不仅得到"吃"的物质快乐，而且还得到"吃"的心理和精神洗礼。

---

① 赵荣光著：《中华饮食文化》，中华书局 2012 年版，第 124~125 页。

此外，农家乐之所以兴起与推广，还有一个核心要素，就是家庭经营组织。这种以家庭为单位的经营形式，成本低、就地取材，利用自己的房子，自己种植的农产品和自己养殖的家畜，组织全家老少，用道地的食材，制作农家"家常便饭"，将农家田间地头的"五谷、五果、五畜、五菜"，变成城市人念兹在兹的乡土菜肴，让城市人"吃"在家里，独享一份难得的乡间美食和乡土气息的同时，家庭也获得了一份除经营农业外的额外收入，也由此解决了单纯经营农业不赚钱的问题。另外，家庭组织是所有市场组织中产权最清晰的组织，也是内生动力最大的组织。这种小而优的经营方式，虽然不能产生规模效益，但它可以串起一个集以"吃"为核心、以道地食材的栽培、种植（养殖）、生产加工、成品预制、销售采摘、旅游休闲等于一体的全产业链，推动乡村旅游、休闲农业、康养产业、乡土自然教育等多种新型业态的快速发展。因此，农家乐决不能以现代企业的经营模式去替代家庭经营组织，追求高投入、高产出的规模效益，而应该注重家庭经济与现代市场经济的有机结合，发挥家庭组织自我管理、产权明晰、成本低廉、内生力强的优势，实现家庭经营与现代市场的无缝嫁接。

综上所述，本书认为：农家乐是一种中国农民创造的适合现代城市发展需要的新的生计方式，这种新的生计方式，不仅催生了乡村旅游，更带动了乡村文化和乡居生活的传承与创新。但农家乐不等于乡村旅游，更不是乡居生活的全部，其市场定位应该是以"吃"为核心，以家庭为单位，利用自有房屋、道地食材、种植（养殖）基地，吸引游客体验饮食文化、乡土智慧和乡居生活的经营业态。

在这方面，目前全国许多地方已经进行了有益的尝试，取得了明显的效果。据相关媒体报道，位于陕西省咸阳市礼泉县烟霞镇的袁家村，这个昔日关中传统村落，二十几年前，以关中"小吃"和乡土气息开办农家乐，让"关中味道"留住游客，2023年游客接待量达800万人次以上，旅游收入达12亿元以上，村民人均纯收入达15万元以上，实现了从贫困到富裕的跨越。① 近年面对农家乐每况愈下的窘境，他们坚持彰显关中美食特色，牢牢把握农家乐"吃"这个核心要素，在道地食材上下工夫，在美食观赏性上做文章，严格保证所有食材都是当地农户

---

① 陈卓：《在全国"复制"5个袁家村，一个关中村庄的逆袭之路》，载《中国青年报》2023年9月11日。

自种自产，且所有食物都按照传统工艺制作，并注重拉、压、晾等传统特色烹饪技艺的展示。此外，村里还加强引导，规定每户农家乐只突出制作一种食物，每户农家乐相互分工合作，展示不同"吃"的技艺和方法，让农家乐"吃"的特色和"吃"的文化成为游客念念不忘的"乡愁"，因而获得了较高的重回率，实现了农家乐持续不断的发展。

当下农家乐正日益回归本色，以中式庭院、田园生活、简约风格等风靡乡村，呈现区域聚集式、功能多元化、特色品牌化、经营合作化发展趋势。这些农家乐，一是打破传统院子多放桌子多挣钱的老路子，留出更多的空间给游客，让游客观田园风光，看日出日落，举办生日派对以及单位团建、户外拓展、产品推介等，在"吃"的仪式感、情趣性下工夫；二是破解农家乐的"品味"单一、风格千篇一律、同质化竞争难题，走互助合作的经营模式，让农家乐与周边特色美食的村民、道地食材种植（养殖）专业户、商家等联合，丰富地方特色美食、道地食材供给；向地域烹饪大师取经学习，提升农家乐的"食"元素和"消费"档次，在"吃"的地道性和"吃"的艺术性上做文章，以多种消费业态和五花八门的地方特色美食，让游客享受到不一样的味道和风情，体验风格各异的地域美食文化。三是充分利用苦水玫瑰、冷水鳟鱼、七山羊等特色优势产业，打造以"吃"为核心，融合民俗、乡土、康养等产业为一体的特色农家乐，形成以农家乐为点，串起休闲农业、乡村民俗、康养产业、自然教育等各种业态，形成以"吃"为核心，融合食材种植（养殖）、食物制作和销售、休闲观光于一体的特色新型农家乐。这些有自己特色的新型农家乐，不仅拥有更多的娱乐活动和休闲体验，更具有一些风味独特的特色美食，成为了"吃货"们向往的"打卡地"。

此外，在农家乐的兴起与发展过程中，作为政府应当注重在规划引导和有序治理上下功夫，一方面，要引导与"吃"相关的产业融合发展，重点做好道地食材的种植（养殖），为农家乐和游客提供丰富的、实在的道地食材，以及相关膳食和食材的交易场所，从而形成一个以"吃"为核心，以道地食材种植（养殖）为第一产业，食材加工和烹饪为第二产业，食材采摘与销售、休闲观光为第三产业的发展格局，不断延伸"吃"的产业链、价值链和利益链，引导农家乐"农家"滋味越来越浓，美好"食"光越来越乐。另一方面，要加强农家乐环境卫生的整治和管理，特别是食材的质量管控，因地制宜地推进标准化服务和行业规范化管理，加强员工生态保护、应急自救等知识技能培训演练，通过引入先进的管理理念和技术手段，不断提升菜品的质量和服务水平，打造集具有鲜明地域特色、体现"吃"的文化内涵的、融餐饮、休闲、娱乐等于一体的服务新业态。同时，要建立严格的农家乐准入制度，分类施策，加强和改进农家乐的日常检查和全程监管，改造和提升农家乐的各项设施，着力提高服务质量，以此实现农家乐健康持续有序发展。

二、老字号

老字号是我国传统饮食文化的重要代表，历史悠久，世代传承，具有鲜明的地域特色和深厚的历史印记；是历经数百年大浪淘沙沉淀而成的极品，具有不可估量的品牌价值、经济价值和文化价值。那么，何谓老字号？根据商务部等印发的《"中华老字号"认定规范(试行)》的文件精神和定义，所谓老字号是指在长期的生产经营活动中，沿袭和继承了中华民族优秀的文化传统，具有鲜明的地域文化特征和历史痕迹、具有独特的工艺和经营特色，取得了社会广泛认同和良好商业信誉的企业名称和产品品牌。2006 年 4 月，中华人民共和国商务部在 1992 年至 1995 年进行"中华老字号"认定的基础上，重启了"中华老字号"的认定工作，并发布了《商务部关于实施"振兴老字号工程"的通知》，计划在 3 年内由商务部在全国范围重新认定 1000 家"中华老字号"，由商务部授予牌匾和证书。自此之后，商务部和地方商务部门先后于 2006 年和 2010 年认定了两批，共计 1128 家"中华老字号"，3277 家地方老字号，其中创立历史至今已超百年的有 701 家。为了推动老字号创新发展，促进品牌消费，2023 年 4 月，商务部联合相关部门部署开展了"中华老字号"示范创建工作，打破终身制，建立实施"有进有出"的动态管理机制，对已有的 1128 家中华老字号进行了全面复核。经企业自查、地方初核、专家评审、社会公示等程序，商务部联合相关部门于 2023 年 11 月公布了中华老字号复核结果，有 981 家企业通过复核，55 家品牌被取消"中华老字号"封号，73 家品牌被要求限期整改。与此同时，各省市商务部门也对全国 3277 家地方老字号进行了全面复核。如江西省对 169 家江西老字号进行复核后，只有146 家通过，不通过 12 家，还有 11 家附条件通过。此外，中华老字号的认定年限也由创立在 1956 年以前，改为品牌创立时间在 50 年(含)以上。

老字号既是一个工商业的景观和金字招牌，更是一个地域历史传统文化的载体和现象，尤其是那些具有乡土气息、与"吃"相关的老字号，更是乡土文化"嵌入"乡土重构，推进中国式乡村现代化不可或缺的重要力量。"民以食为天"。崇尚"吃"，并讲究"吃得好""吃得健康""吃得营养"，一直是中国人的独特追求。因此，与"吃"相关的老字号，在老字号中的占比一直处于领先地位。据不完全统计，在已认定的老字号中，与"吃"相关的老字号占比已高达近六成。① 这些"吃"以及与"吃"相关的老字号餐饮企业，是随着一个地域的发展和长期的商业竞争而兴起的，它们是这个地域时代发展的印记和留存，是这个地域历史和文化的代表和写照，是这个地域饮食文化的浓缩和精髓。特别是它们在代代相传中形成的独特烹饪技艺和制作工艺，更是这个地域文化传承的"活化石"。因此，探究具有乡土气息、与"吃"相关的老字号文化的传承和创新，不仅是老字号企业本身续写"不老传说"的内在需要，也是乡土文化"嵌入"乡土重构，推进中国式乡村现代化的应有之义。

在国家实施乡村振兴战略和推动老字号传承创新两重政策的驱动下，一大批具有乡土气息、与"吃"相关的老字号品牌，以传承不守旧、创新不忘本"为原则，及时把握新渠道、新工具、新工艺，兼顾文化传播和拉动消费两大任务，以守正创新的正气和锐气，走出了一条既赓续历史文脉，又催生消费新业态，续写"不老传说"的发展之路，为老字号品牌做大做强、形成具有地域特色的乡土产业、实现乡村振兴发挥了重要示范引领作用。这里，笔者从美食、茶、酒三个维度选取了实地调查了解的三个案例作为代表，以阐述老字号文化"嵌入"乡土重构，推进中国式乡村现代化中的路径选择。

1. 尝香思

酱在中华民族饮食文化的历史舞台上扮演着举足轻重的角色，是人们日常食物重要的蛋白质来源。据史料记载，当下中国人日常喜爱吃的酱，是历史上的酱不断演变形成的形态。起初的酱是由动物的肉制作而成的，亦称为"醢"，《说

---

① 《全国 1128 家"中华老字号"，超六成与吃有关》，载新浪网，https://k.sina.cn/article_5328858693_13d9fee45020011fpk.html？from＝news,2020 年 12 月 10 日访问。

文·酉部》："醢，肉酱也。"自春秋以降至入汉后，传统"醢"的形态也发生了巨大变化。"酱"由泛指传统的咸味的醢、酸味的醢两大系统调味料，逐渐独立并发展为主要指称咸味的非肉料调味品。由于大豆在三代后期至汉时是百姓大量种植和仰赖的重要食粮之一，并作为制作酱的主要原料，因此，通常认为以大豆为主要原料制作酱始于汉代。当时以大豆为主要原料造酱，一般是"以豆和面而为之"，"以豆麦为黄，投盐与水为酱"，或"麦面米豆皆可罨黄，加盐曝之成酱"。

尝香思是一个省级带有鲜明乡土气息，并与"吃"相关的老字号，它以大豆为主要原料制作酱而闻名。公司位于我国江汉平原腹地某乡镇，其制酱的核心技艺是自然菌群即"酱母"制酱。该工艺的源头始于何时尚无法确考，但据《潜江县志》记载，早在清道光年间，潜江县城关就有多个酱园作坊，其中城关关厢门的"吴长茂酱园"时间最为久远，祖祖辈辈靠制酱谋生，至19世纪30年代则发展为5个门店，酱缸200余口，其生产的面酱受到当地人喜爱和称道。该店的技术创始人乃是一个被称为"吴八爹"的长者，生于1810年5月。自此之后，分别传承于其子吴廷魁(1848年12月)和孙子吴光烈(1893年10月)，从清末延续至民国时期。

1955年12月，顺应公私合营改组的需要，吴长茂酱园与另外8家百年老店联合组建成为益民酱品厂，不久改属国营酱品厂。1964年至1979年，酱品厂先后改进生产设备，不断传承并创新工艺，使其酱品销售范围和影响日益扩大，一直延续到20世纪90年代末被关停。为了赓续吴长茂酱园的传统技艺，该市某国有农场于1998年8月投资新建了国营江汉调味品厂，将持有吴长茂酱园祖传秘方的第四代传人彭绍钧高薪聘请进厂进行技术传授和指导，并将产品命名为"尝香思"，乃"长相思"的谐音，寓意"品尝之后，口齿留香，滋生相思和想念之情"。之后，该公司运用"酱母"技术生产以尝香思为商标的系列酱品，尤其是牛肉酱品，得到消费者的普遍认可。1999年10月，该公司制作的牛肉酱在北京参加1999年中国农业国际博览会获名牌产品称号。随着品牌效应的不断提升，销售网络不断建立和拓展，知名度越来越高，2000年1月18日，为实现企业名称与产品商标的统一，企业更名为潜江市尝香思调味品厂，当年产量达3000吨，实现产值2449万元。10月，通过ISO9001质量管理体系认证，2001年1月，尝香思牌香辣牛肉酱系列荣获湖北省1999—2000年消费者满意商品称号，2002年

7月尝香思牌香辣牛肉酱被认定为湖北名牌产品。2002年11月，"尝香思"商标被认定为湖北省著名商标。2003年10月底，尝香思调味品厂改制为民营，由返乡创业的关某等人承接，并于2003年12月8日，将公司更名为潜江尝香思食品有限公司。2008年8月1日，又变更为湖北尝香思食品有限公司。至2019年5月22日至今，股东变更为关某所有。其间，"尝香思"牌香辣牛肉酱先后被认定为"中国绿色食品A级产品""湖北省农业产业化重点龙头企业""国家星火计划项目""全国乡村特色食品""我喜爱的湖北品牌电视大赛提名奖""湖北省扶贫龙头企业"；该公司大豆种植基地被认定为"湖北省乡村振兴科技创新示范基地"；"非发酵风味食品加工技术及其系列产品开发"被认定为湖北省重大科技成果。2013年10月，尝香思传统酱品制作技艺被列入湖北省非物质文化遗产名录，2014年9月，关某被命名为省级非物质文化遗产代表性项目传承人。目前，第六代传承人关某之子已成功接棒父辈"再创业"，被命名为市级非物质文化遗产代表性传承人。2019年年底，尝香思品牌被认定为省级地方老字号。目前，该公司已发展成为占地8万平方米，建筑面积29500平方米，年产值达9000万元的食品制造企业，先后获得"食品安全管理体系认证""全国守合同重信用单位""国家高新技术企业""湖北省回归创业优秀企业""湖北五一劳动奖状""湖北省支柱产业细分领域隐形冠军示范企业"等殊荣。2023年9月，该公司生产的首批5类80箱酱香产品扬帆出海，实现了这个具有浓郁乡土气息的老字号产品走出国门的新突破。

该公司之所以能续写老字号"不老传说"，关键在于该公司立足乡土，守正创新，将产业发展与乡村振兴相融合。首先，该公司紧紧依托农业产业化经营，积极响应国家乡村振兴战略，着力完善产业链，大力流转乡村土地，创办原料基地，坚持"公司+基地+农户+合作社"的运作模式，一方面确保产品食材道地，另一方面带动当地就业，促进当地农村产业结构调整，使周边农村和农民受益，实现企业经济效益与社会效益和谐双赢。其次，该公司紧紧抓住消费升级、美食文化兴趣以及人们对营养健康食品的需求，坚持守正与创新并举，一方面始终沿袭传统的制酱方式，确保生产工艺与核心"酱母"技艺，依然还是老的配方，还是童年的味道；另一方面，不断提升市场意识，积极融入现代生产技术，将传统秘制工艺与现代生物技术的完美融合，进一步做优风味、做精品质，丰富产品种类，让"家乡味"摆脱地域束缚，走向更广阔的市场。最后，该公司坚持与时俱进，不断打造消费新业态，丰富品牌消费供给，用心讲好"尝香思故事"，做好老字号文化传承，推动线上线下融合发展，走出传统销售模式，在数字技术和平台经济大发展的时代，拓展消费新景观，把握消费新工具，续写下一个百年的辉煌。

2. 尧治河

酒在我国经济和社会发展中具有着重要和特殊地位，是我国饮食文化的重要组成部分。早在四五千年的大汶口文化时期，我国就具有足称发达的酿酒技术和饮酒文化。酒的发明利用，最初并不是用于人们日常交往和现实享乐，而是用于娱乐和对鬼神的祭祀。因此，早期的酿酒均是由妇女负责酿造。至夏商时代，我国已创造出了独有的酒曲发酵技术，即边糖化边发酵的酿造工艺。在乡土文化"嵌入"乡土重构，推进中国式乡村现代化的当下，如何将具有乡土气息的、老字号酒文化与乡土重构有机融合，实现老字号文化"守正创新"与乡村现代化共同促进与发展，笔者认为：尧治河酒业的发展之路为此作了最好的诠释。

尧治河是一个具有浓郁乡土气息的省级地方老字号品牌，品牌所属公司现位于我国中部某省保康县城关镇发展路 1 号，以"高山纯粮、纯净矿泉、固态发酵、地窖贮藏"的传统工艺，生产尧治河品牌世纪珍品酒、世纪精品酒、世纪上品酒，以当地得天独厚的山水资源为依托，聚山川之灵气，汲矿泉之精华，成为纯生态白酒的经典，先后获得省级著名商标、商务部优质产品金奖、全国食品流通骨干企业、省级扶贫龙头企业、省级农业产业化重点龙头企业和荆楚优品等称号。

该老字号品牌前身为保康窑湾综合加工厂，1994 年更名为保康翁泉酿酒有限公司，2003 年改制为民营企业，现为该县尧治河村所属的村办企业之一。该品牌具有悠久的工艺沿袭及品质传承。据该县县志记载，该县区域在战国时属楚辖治，明弘治十一年，该县首任知县苏某，见民从下河挑水，饮水困难，遂徒步踏勘，自东山山麓寻泉脉，凿山掘井以供民用，此井四季不涸，水质优良。人们随之用此泉水酿酒，酒体甘美无比，远近闻名，百里之外皆有此饮者……后人感其恩德，饮水思源，将此泉称为"苏公泉"，尊此酒为"苏公醉"，并代代传承。随着规模化生产，当地酒业公司将此酒加上地域概念，将"苏公醉"改注为"楚翁泉"，于 1989 年 5 月 13 日注册，后又于 2009 年 5 月 28 日又改注为"尧治河"。"楚翁泉"和"尧治河"品牌先后被认定为省级著名商标。其中，尧治河酒业是尧治河村集体企业，更受到驰名商标"尧治河"知识产权保护。目前，尧治河酒业公司虽然其酿造方法和设备不断进行了更新，但其工艺特征及参数配方仍为当时口述相传至今，而且酿造用水也与"苏公泉"一脉相连。

该老字号品牌多年来扎根乡土，守正创新，将企业发展与尧治河村的乡村振兴紧密相连，为尧治河村穷途变坦途、成为中国十大幸福村庄作出了自己不可磨灭的贡献。提起尧治河村，这个 20 世纪 80 年代被誉为某地级市"最边远、最贫穷、最落后"的小山村，95% 的区域在海拔 1650 米以上，处于崇山峻岭之巅，山高路阻，缺衣少粮，无路无电。为了走上富裕幸福之路，他们曾开山路、挖磷矿；修水坝、建电站。但近十年来，水电的发展空间已越来越小，如何在新的形势下，走出一条乡村振兴之路？近年来，该村一方面盘活尧治河这个老字号品牌，塑造酒业"小而美"的典范，一方面盘活离弃矿产资源，打造矿洞经济，将酒业与旅游完全连接，实现乡村经济的华丽转型。2023 年 10 月 23 日，尧治河村成功举办了首届中华洞藏酒文化旅游节，与会嘉宾品佳酿、扬文化、兴旅游，让酒业与废弃矿洞这一特殊的旅游资源焕发出勃勃生机。

尧治河老字号品牌的守正创新之路主要有四个方面：一是体现道地风味，确保原料的纯正品质。公司利用尧治河村及周边区域崇山峻岭的独特高山气候、温湿度和微生物生存环境，流转土地、租地种植"红缨子"糯高粱及优质小麦（尧治河酱香型和白酒的主要原料），并从选种、田间管理到粮食成熟的整个环节，严格把控入库存储，使之达到可以用来做饭的标准后才能正式投入使用。二是加强技术攻关，在提升白酒饮后的舒适度上下工夫，在传承"高山纯粮、纯净矿泉、固态发酵、地窖贮藏"的酿酒手工传统工艺的同时，提出并实施了"非典型性"标准，并将其相关研究成果逐一应用于生产工艺和产品中，取得了较好的市场效果。尧治河 1988 酒成为了当地人欢迎的酒类产品，其人气之高、影响力之大，在当地市场没有其他品牌可比，在当地确立了尧治河酒的品牌地位和差异化竞争的相对优势。三是守住品质底线，不盲目扩大产能，不过分注重营销，巩固核心阵地，逐步向域外扩张。"有多少酒，做多少市场"。依据产能、储能来制定市场目标，确保产能、储能与市场相匹配，保证每一瓶酒中"滴滴都是陈年好酒"。

品质重于营销的理念，始终都是尧治河酒业"美"的形象和个性。四是坚持以酒为媒，立足乡土资源，延伸以酒为主的产业链、利益链和价值链，串起酒藏、酒旅、酒研、酒养为主题的系列康养项目和活动，推动乡土产业不断做大做强，促进乡村经济日益增强，乡村振兴日益彰显。

3. 恩施玉露

我国是茶的故乡，是世界上最早发现和栽培茶树、利用茶叶的国家。茶树起源很早，大约在六七千万年以前。而人类发现和利用茶树则只有大约四五千年。起初，茶被用作药物，用于止渴、清神、消食、除瘴、利便等功能。这个发现首先来自巴蜀之人，因所处之地多发"烟瘴"，"番民以茶为生，缺之必病"。于是，为了消除"烟瘴"，他们尝试"煎茶"服用，解热毒。久服成习，药用之旨渐没，茶于是成了一种日常饮料。随着《茶经》的问世，我国正式进入茶文化时代，饮茶不再只是一个喝的过程，而是一种艺术行为，具有了一种"精神"和"方法"，体现着茶人的品格、思想情操和修养水平。据说，茶文化之所以在我国唐代形成，主要与禅宗兴盛、科考制度及诗风大盛相关联。甚至有人根据《茶经》推论，我国发现茶树和利用茶叶迄今已有 4700 多年的历史。目前，世界上有许多国家的种茶技术和饮茶风俗均来自我国。

我国茶叶的种类繁多，种茶制茶都有悠久的历史。据不完全统计，现在我国已培育出茶树三百多类，生产的茶叶有千余种。茶叶的命名和分类很多，有的以茶叶产地的山川名胜为主题命名，如"西湖龙井""黄山毛峰""苍山雪绿"等；有的以茶叶的形状命名，如"碧螺春""瓜片"等；有的以茶叶的制作方法来命名，如发酵茶、半发酵茶、未发酵茶。基本的茶叶，是依据黄烷醇含量、茶叶干湿、色泽来命名，通常称为绿茶、红茶、黄茶、白茶、黑茶、青茶等，其中绿茶是我国产量最多的一类茶叶，其制法通常是鲜茶叶经高温杀青，然后揉捻、干燥后即成，特点是汤清叶绿。根据杀青、干燥方法不同，绿茶又分为炒青绿茶、烘青绿茶、蒸青绿茶和晒青绿茶。我国自唐代起便采用蒸汽杀青的方法制造团茶，后来又出现蒸青散茶。宋代以后，蒸青法传到日本，日本一直保留至今。而我国则在明代以后，由于炒青、烘青制法的发明，蒸青法便逐渐被淘汰。①

---

① 丁以寿、章传政：《中国茶文化》，中华书局 2012 年版，第 35 页。

恩施玉露，是我国唯一一款当今保存古法制茶的蒸青针形绿茶，其名原为"恩施玉绿"，相传于清康熙年间（1680年），由恩施芭蕉黄连溪一蓝姓茶商，根据《茶经》所载，自垒茶灶，采用以特制蒸青灶蒸青为主，包括摊青、扇干水气、炒头毛尖、揉捻、铲二毛火、整形上光、焙火提香和拣选等传统制作工艺，创制了一款绿茶，因其所制茶叶外形紧圆、坚挺、色绿、毫白如玉，便称为"玉绿"。公元1686年，土司将蓝氏所制茶叶朝贡给康熙皇帝，获得"胜似玉露琼浆"的盛赞，当地茶人遂改"玉绿"为"玉露"。其蒸青法的传统制作工艺也随之流传至20世纪80年代。然而，由于20世纪80年代后，我国中部省份茶产业受到极大影响，恩施玉露渐渐销声匿迹，蒸青工艺也一度失传。之后，为延续蒸青工艺，1998年我国科研人员利用无性系繁殖技术，在当地市级区域内逐步扩大玉露茶原生树种的种植，并恢复了失传多年的蒸青工艺，使得我国始于唐代的蒸青法得以保存与发展。

根据《第四批国家级非物质文化遗产代表性项目名录恩施玉露制作工艺简介及传承人谱系》，恩施玉露的传统制作技艺历经了蓝氏家族七代嫡传，自第八代开始采取师傅带徒弟方式开始恩施玉露传统制作技艺社会传承。至今已发展到第十一代和第十二代传承。2007年3月5日，以该市芭蕉侗族乡黄连溪村为源头，辖该市芭蕉侗族乡、舞阳坝街道办事处所在行政区域，获得原国家质检总局"恩施玉露"地理标志产品保护。如今的"恩施玉露"已不再是蓝氏创制之时的那个行政区域品牌，它已成为当地市级区域的一张"名片"，为了统筹和发挥好"恩施玉露"老字号品牌效应，进一步做大做强"恩施玉露"品牌，促进乡土文化"嵌入"乡村重构背景下中国式乡村现代化，2022年1月20日，经国家市场监督管理总局商标局批准，"恩施玉露"老字号品牌将隶属于"恩施玉露"茶产业协会，商品生产区域范围扩大至6县2市的91个乡镇、街道、开发区（风景区）。目前，该协会持有"恩施玉露""恩施硒茶""利川红""恩施富硒茶""利川功夫茶"等五大地理标志证明商标。在"恩施玉露"的品牌授权、管理、宣传推介等多个层面起到重要的积极作用。2021年，由协会选送的"恩施玉露"被推荐为中国茶叶博物馆"2021年度展示茶样"，同年年底，协会选送的"恩施玉露"荣获"我最喜爱的省级品牌"金奖。2022年，协会选送的"恩施玉露"品牌入选农业农村部首批农业品牌精品培育计划（全国茶叶品牌仅8个）。2023年选送的"恩施玉露"入选新华社

2023 年大众喜爱的中国茶品牌 TOP10。

回首"恩施玉露"这个被商务部首批认定的"中华老字号"的艰辛创业和传承发展历程，这个具有浓郁乡土气息、与乡村振兴紧密相连的老字号品牌，在全面实施乡村振兴战略过程中，他的作用和地位已不再局限于"一企一村"的行动，而是"一品一域"的行动。这种区域性的统筹与规划，正是老字号茶文化"不老传说"的"新意"所在。2024 年 5 月，经相关权威机构评估，"恩施玉露"区域公用品牌价值达 37.14 亿元。

由上述所析与乡土相关的几个老字号文化传承与创新，不难看到，这些具有浓郁乡土气息的老字号，对于当下乡土文化"嵌入"乡土重构，推动中国式乡村现代化无疑具有重要的榜样示范和引领带动作用。但也应当看到，具有乡土气息的老字号也面临着"吃老本""守摊子""不进取""业绩差"等问题。如何建立健全老字号保护传承和创新发展的长效机制，让这些乡村老字号文化传承不守旧、创新不忘本，坚持与时俱进，展示新面貌，孕育新生机，让"金字招牌"越擦越亮，正是乡土文化"嵌入"乡土重构，推动中国式乡村现代化是当下所需要探讨和解决的难题之一。笔者欣喜地看到，目前已出台相应办法，强化示范创建和动态管理，以推动老字号释放创新活力，守得住经典，推得出新品。仅 2023 年春节假期，老字号餐饮外卖消费就同比增长了 13.5%，拉动商务部重点监测零售企业销售额同比增长 6.8%，成为消费市场的一大亮点。①

三、药膳园

药膳是一种具有中国特色的传统饮食文化②，是我国饮食与传统医学紧密结合的产物，是中国人"以形补形""医食同源""药食同用"饮食观念的客观呈现。自古以来，中国人一直认为："食疗之方，医药之法，摄生之道"，讲究"以食治病，胜于用药"，追求"寓医于食"，药借食力、食助药威之效，明确"食治胜于药治"。因此，中国人历来都非常重视饮食保健，强调"药补不如食补"。这种

---

① 每日申论：《推动传承创新，让老字号续写"不老传说"》，载《网络时评》2023 年 2 月 16 日。

② 赵新宇：《传承药膳文化 发掘产业潜力》，载《农民日报》2024 年 3 月 14 日。

"把药疗变为食疗"的理念深受大众喜爱。这种以食疗为手段，运用独特的烹饪技术，将药物性能和食物的性味合理调配加工制成的，保留食物的营养和药物的药性，具有养生保健、治疗疾病双重功效的，且色、香、形、味、效俱全的一种特殊食品，就是药膳。它是中华饮食文化与传统养生观念的完善融合。

药膳起源于远古时代，上可追溯至神农尝百草，下可见于李时珍《本草纲目》所载药食产品，历史悠久、内容丰富。从最初的宫廷贵族的养生秘方，到民间的药膳方剂，药膳不断吸收中医药理论，结合烹饪技艺，得到充实、完善和发展，形成了独特的药膳文化。时至今日，这种独特的药膳文化作为我国饮食文化和中医药文化的重要组成部分，已经成为中华民族文化之精髓，走进千家万户，传遍世界各地。

进入 21 世纪，随着人们越来越注重吃健康、吃文化，越来越重视饮食质量，药膳食疗也迎来了新的发展，药膳餐饮新业态正越来越受到消费者的广泛关注。根据市场分析，2023 年我国药膳市场规模已达到 5000 亿元左右，2018 年涉及药膳的企业达 7.86 万家，涵盖了药膳餐饮、凉茶、药酒、固体药膏、中药冲剂、中成药保健品等行业，① 呈现出强劲的增长势头，已成为一个庞大的产业。近年来不少企业正向药膳研制、药膳预制菜等方面发力。毋庸置疑，随着人们生活水平的提高和健康养生意识的增强，药膳产业将逐渐成为健康饮食的新商机。

乡村是我国道地药材和道地食材的栽培、种植、加工和生产基地，是我国乡土药膳文化的重要载体和传承创新的重要舞台。如何依托丰富的道地药材和道地食材资源，传承和创新具有乡土气息的药膳文化，发展现代药膳产业，实现乡村产业兴旺、生态优美、人民富裕？这既是当下实施乡村振兴战略的应有之义和内在要求，也是乡土文化"嵌入"乡土重构，推动中国式乡村现代化的客观需要和重要途径。笔者欣喜地看到，全国各地一大批乡镇或乡村，如云南滇池岸边的百草村、黑龙江伊春市南岔县迎春乡沙山村、福建省漳州市平和县前埔村、浙江省温州市文成县角山村、湖北省宜昌市五峰县牛庄乡等，他们发挥道地药材和道地食材资源优势和药膳"药食同源、简便验廉、蕴医于食、寓养于膳"的特色优势，

---

① 《2023 年药膳市场规模分析：中国药膳市场已经达到 5000 亿元以上》，载中国报告大厅网，https://www.chinabgao.com/info/1246431.html，2024 年 10 月 2 日访问。

积极推动"药膳+"的乡村规划和建设，着力打造以药膳餐饮为主，集游药园、赏药景、学药理、品药膳、沐药浴、住药村、享药养的"药膳特色小镇"或"药膳和美乡村"，以"小食"成就"大业"，赓续了药膳文化"不老"的神奇。

通过调查，笔者认为：在乡土文化"嵌入"乡土重构，推进中国式乡村现代化的当下，各地传承乡土药膳文化，推进乡村振兴，具有以下四个方面的特点：

1. 守正道地

药膳的核心在于吃出健康、吃出营养、吃出美丽、吃出长寿，治末病，调身心，求平衡。而要达此目的，关键在于气味合。正如《黄帝内经·素问》所言："五谷为养，五果为助，五畜为益，五菜为充，气味合而服之，以补精益气。"如果气味不合，则损精泄气，吃坏身心，吃出疾病。而气味合，则"用药必须择土地所宜者"①。"凡诸草、木、昆虫，产之有地；根、叶、花、实，采之有时。失其地，则性味少异；失其时，则气味不全"②。因此，传承药膳文化，必须守正道地，依托当地中药材资源和天然食材，研究和开发具有鲜明地域特色的药膳美食。正所谓越是道地的，越是世界的。综观全国各地药膳文化传承的实践，守正道地解锁药膳文化的独特魅力，正是当下乡土药膳文化传承的鲜明特征。从南药融入岭南药膳、到楚药融入神农药膳；从五峰"老母鸡炖天麻"、阳春"砂仁蒸排骨"、神农"山楂红烧肉"，到云南"三七气锅鸡"、宁夏"枸杞泡茶"，以及一系列药食同源健康产品，全国各地乡村都紧紧依托本地生产的道地药材和天然食材以及饮食习惯，研究和开发一系列具有浓郁的地域特色、民族特色的药膳美食，让药膳的飘香助推乡土重构，促进中国式乡村现代化。

2. 赋能现代

药膳是一种独具中国特色的饮食养生方式，其形成与发展的过程，就是一个中医理论和烹饪技艺不断改进与创新的过程。随着现代医学、营养学和现代生产

---

① 转引自朱光：《药味宜于病、药量宜于病、配伍宜于病，谈谈药病相宜论》，载《中国中医药报》2021年6月9日。

② 转引自朱光：《药味宜于病、药量宜于病、配伍宜于病，谈谈药病相宜论》，载《中国中医药报》2021年6月9日。

技术的发展，特别是当下消费者需求日益多样化、个性化和定制化的情况下，现代药膳食品类型也必须不断改进和创新，赋予新的业态、新的品种、新的领域、新的渠道，进一步提升消费者的消费体验和满意度，不断拓展药膳的市场边界，注入药膳产业新的活力。此外，随着现代药理学和生产技术的发展，以及对各类动物和植物研究的深入，一些动物和植物以其独特的药用和食用价值，不断丰富和充实按照传统既是食品又是中药材的物质目录。截至目前，已有 106 种原料被正式纳入按照传统既是食品又是中药材的物质目录。① 这必然要求，现代药膳不断依托新的食品原料，加强药食同源食品的开发和应用。综观全国各地药膳文化传承的实践，赋能现代不断开发健康饮食养生新商机是其又一鲜明的特征。全国各地乡村或地区广泛开展了以"传承经典、创新膳食、服务健康"为主题的药膳节活动或药膳餐饮大赛，传承和发展药膳文化，一方面，鼓励和引导各地乡村或地区结合实际，充分利用不断丰富和发展的道地药材名录，进一步发掘道地药材价值，创新发展推出新型美食；另一方面，善于利用当地的物产，在传承传统菜系烹饪技艺的基础上，融合药膳思维，推出具有药膳特色的烹饪新品，塑造各地药膳的优先品牌，形成各地乡村或地区独具乡土特色的药膳文化。同时，根据现代生活的快节奏和消费者的个性化需求，不断拓展传统药膳的领域，鼓励和引导各地乡村或地区使传统药膳由菜肴饮食类、面点类、酒类向新型饮料冲服类、代用茶、浓缩剂类、压片糖果类等发展，从而以更加方便、快捷的形式融入人们的饮食生活中，引领人们学药膳、懂药膳、食药膳，从而促进当地乡村特色产业兴旺和特色经济发展。

3. 联农带农

传承乡村药膳文化，关键在于挖掘其产业潜力，联农带农，帮助农民增收致富。这既是传承乡村药膳文化，发展药膳产业，助推乡村振兴的需要，更是传承乡村药膳文化的出发点和落脚点。这也构成了全国各地乡村或地区传承药膳文化实践的一个显著特征。经过近十几年扶贫帮困实践，目前全国各地乡村联农带农的模式层出不穷，大体有 30 多种，主要有"龙头带动，统分结合，兜底销售，二

---

① 孙蔚：《药食同源名单再添 4 位新成员》，载《中国消费者报》2024 年 8 月 27 日。

次返利""直补到户、折资入股、合作自愿、入股分红、退股还本"等产业化连带
模式。但大多数乡村或地区则积极推行的还是"龙头企业+合作社+基地+农户"这
个具有普遍意义和推广价值的产业化连带模式。如中部某省团风县马曹庙镇九家
咀村，依托"九姑汤点"药膳文化，村民"钱"途无量。该村具有种植白及、射干、
白前草等中药材的传统。为了培育和壮大中药材种植特色产业，该村坚持带领村
民抱团闯市场，由村集体注册成立了"中药材种植专业合作社"，免费为贫困户
提供种苗、肥料和技术培训，协议定价全面收购。在此基础上，他们还将美食与
中药材种植、乡村旅游有效融合，建设中药文化产业园，把药材产业从田里移到
餐桌，打造"九姑汤点""九姑药膳"等具有地方特色的药膳美食，不仅要种好药
材，卖好药材，还要挖掘乡村药膳养生文化的潜力，让具有农家风味的药膳美食
走进更多的寻常百姓的生活中，让"小食"带来"大利"，使村民们的收入实现了
翻番，贫困户户均增收达万元左右。① 又如东部某省文成县角山村，位于海拔
900 米的山峦中，离县城有 50 多千米，偏远、落后，被称为"无产之村"。该村
在党支部书记的带领下，采取"发动党员户、培养示范户、带动群众户"三步走
的方式，分批发动村民参与中药种植，村民以土地入股，负责荒地开垦，书记负
责管理和销售，并无偿为村民提供中药材苗木、技术指导及培训服务等，药材销
售利润按比例分成。经过努力，该村成功开发出了以"金银花、太子参"为重点
的生态中药材种植基地，形成了"合作社+公司+农户"的发展模式。如今，角山
村成为了名副其实的中药材之村，村民收入翻了几番。在此基础上，该村又以打
造药膳角山为重点，发展集药膳养生、观光旅游于一体的养生生态园。该生态园
占地 8000 亩，其中中药材种植基地 1500 亩。生态园里不仅种植了金银花、黄栀
子等中药材，也种植了银杏、红豆杉等既具观赏价值又可入药的树种，还有着独
具特色的风土菜肴以及极为丰富的药膳美食。"白落地温蛋""铜锤玉带草"等地
道的当地药膳，道道别有风味，令人流连忘返。再如南部某省云浮市，这个所在
省最年轻的地级市，地处亚热带，药用植物资源丰富，有中草药 164 科 670 余
种。自古以来，该地农民就有种植、使用南药的习惯，且南药与粤菜早已融入云

---

① 任毅、林娟:《九家咀村:"九茹汤点"药膳文化，村民"钱"途无量》，载微信公众号
"团风之声"2020 年 6 月 10 日。

浮人的饮食之中，形成了极具云浮特色的药膳文化。特别是南药牛大力，以其极高的药用价值，在岭南民间有着上百年的食疗历史，是人们养生调理常用食材之一。基于此，该地乡镇与企业合作，在建设南药牛大力标准化种植基地的同时，他们将南药常见的肉桂、陈皮、巴戟等与粤菜融合，依托本土特色美食，打造极具云浮特色的"岭南药膳房"，让更多的岭南人、大湾区人品味到药膳的神奇魔力，让云浮药膳走向了广阔的岭南市场，带动了当地 155 个乡村和 6 个乡镇走上脱贫致富之路。① 更有西部某省城固县，地处陕南汉中盆地，素有"中国元胡之乡""秦巴天然药库"等美誉，特别是元胡占全国总产量的 70%。该县充分利用良好的生态环境和中药材资源优势，坚持引龙头、建基地、树品牌、强产业，成功走出了一条涵盖种植、加工、生产、销售的全产业链发展之路，探索形成了产业到户兴农、经营主体带农、集体经济助农、就业务工富农、科技引领强农等 5 种联农带农模式，带动 4 万家农户增收致富。②

4. 拓展链条

药膳是一种既不同于中药方剂，又不同于普遍饮食的特殊食品，其显著特征在于辨证施食、防治兼顾，具有药物功效和食品美味双重功能。因而，要达到"寓医于食"（即药借食味，食助药性）之效，首先要强化药膳的生产链，加快药膳工业化生产基地建设，加强药膳制作科学化、专业化和个性化建设，建立药膳标准体系，加强药膳专业技术人员培养，不断创新和推广药膳适宜技术和技艺，严格产品安全性、保健功能、质量可控性审查，确保药膳食品质量。其次要延伸药膳的供给链，实施"连片开发"和"林下发展"等不同途径和方法，盘活林地土地以及宅基地和闲置农房，加强药材种植与加工技术的研究和应用，加快道地药材规范化种植示范基地建设，以及道地食材基地建设，从药材和食材地里"刨"出新天地，确保药膳产业发展的原料供给充足、质量道地。最后要拓宽药膳的市场链，做好"药膳+医疗""药膳+药旅""药膳+康养"等诸多要素的融合，探索形

---

① 何玮珊、区伟东：《打造岭南"药膳房"》，载《云浮日报》2020 年 7 月 27 日。

② 杜康、柴宽：《城固：延链补链强链兴产业，多种联农带农模式促振兴》，载微信"城固发布"2023 年 5 月 5 日。

成适合不同消费群体的多元市场开发模式，构建着眼当地、服务周边、辐射区域乃至全国和全球的药膳产品销售网络，形成药膳食疗养生服务与产品销售的现代营销体系。综观全国各地乡镇或乡村药膳文化传承的实践，拓宽链条，积极铸成药膳全产业链，是药膳文化传承的又一鲜明特点。如西部某省镇坪县，素有"巴山药乡"美誉。该县立足自身优势，传承发展药膳文化，做大做强药膳产业，加快产业链、创新链、增收链深度融合，积极实施"七镇十村百基地"工程，拓展"县域建基地、飞地做加工、校企共研发、全域拓市场"链条，聚焦"医、食、养、游"等不同要素，构建以药膳为核心、覆盖全域的药旅、药养、药膳、药浴等于一体的康养全产业链，推动药膳全产业链持续壮大，综合产值年均增长10%以上，2023年实现产值达13亿元，全县1/4的农户在药膳产业上增收致富。①还有东部某省磐安县，号称"中国药材之乡，是该省最大的中药材主产区。为传承药膳文化，壮大健康产业，该县立足当地"磐五味"优势，致力于研发各类满足健康养生需要的药膳产品，着力建标准、抓培训、开讲堂、聘专家、创品牌，立足市场需求构建产学研一体化，开设磐安小吃连锁模式，将磐安药膳与小吃有机结合，启动药膳养生之旅，让磐安药膳成为人们餐桌上一道道健康美味的养生套餐。目前，磐安药膳业已形成了以药材、食材专供基地为基础、药膳料包生产为主导、药膳定点餐厅、磐安小吃连锁企业等为主体的药膳产业体系，拥有会员单位135家，产品远销东部省份和海外，有力地推动了当地经济发展和农民增收致富。再如中部某省五峰土家族自治县，位于东经110度与北纬30度交会的"神秘区域"，素有武陵山区"天然药库"之称，这里深山闲草，遍地是灵药，拥有中药材893种，其中道地药材10种，是"中国乌天麻之乡""中国五倍子之乡"。特别是五峰天麻，号称"十大楚药"之一。当地牛庄乡是五峰天麻生长的最佳之地。该乡以五峰天麻为原料，结合当地的天然食材，先后研究和开发了"老母鸡炖天麻""腊味鲜椒煨天麻""橙汁浸天麻""雪花天麻片""原生态烤天麻"等具有当地特色的天麻药膳，将天麻这味楚药融入当地人的饮食之中，形成了独具五峰特色的药膳文化，促进了当地集"药旅、药膳、药养"于一体的地道药膳小镇建设。

---

①　肖绪沛、屈光波、邵晨等：《聚力中药首位产业，逐渐乡村振兴》，载微信公众号"镇坪融媒"2022年3月29日。

该乡九里坪村全村 216 户 683 人，仅在牛庄农商行存款就超过 1000 万元，户均存款 5 万元以上。截至 2023 年 5 月，全乡中药材种植总面积突破 1.4 万亩，产值突破 1.5 亿元，现有 30 余个中药材基地、37 家农村专业合作社、15 个家庭农场。① 真可谓是"小食"成就"大业"。

综观全国乡镇或乡村药膳文化传承与创新的实践，总体来看，药膳产业在促进乡村振兴，推动中国式乡村现代化方面具有独特的优势和内在动力，且市场需求持续增长，发展潜力巨大。但也应该看到，药膳文化的传承与创新还存在着基础理论研究不够、宣传推广力度不够、产学研合作研究不够、药膳产业专业人才不够、药膳质控体系力度及产业化程度不够等问题，药膳行业、地方、团体或国家标准较为缺乏，药膳行业的发展任重而道远，必须下工夫从政策上、技术上、制度上进一步规范与管理。我们坚信在不久的将来，药膳这个蕴含着中华民族传统养生智慧的文化产业，一定会在"大健康"产业中焕发新的活力，实现更大的发展。

四、小吃店

小吃是一类具有特定地方风味的食品的总称，② 它的最大特色在于独特的烹饪技艺和就地食材。同样的食材，因其烹饪技艺的不同，而食之乏味。因此，"小吃"兼具传统"老"字号的特征，也兼具非物质文化遗产的特征，是一种更具地域文化特色的饮食文化。这种饮食文化，正是我国饮食文化中最原质、最精深的内核所在，具有根深久远、品种繁多、味道独特、食材简朴、技法独到、贴近天然，扎根乡土的鲜明特色，反映着一个地域独特的物质文化和社会生活风貌，饱含着一个地域人们的精神追求和高超智慧。它虽没有贵族饮食的精雅华美，但它却来自市井大众，具有广泛的社会认同和良好的市场信誉，往往一盘小粉、一碗小面、一串小蜜、一碟小菜，却能炒出千亿级产业集群，造福一方乡村，致富一批农户。因而，传统小吃也是一个地域的"名片"和"乡愁"，具有绵延乡情、

---

① 王登场、杨浩、伍佳梦：《"高山明珠"初长成——五峰牛庄乡因地制宜打造"幸福五小镇"》，载五峰土家族自治县人民政府官网，http://www.hbwf.gov.cn/content-8076-476437-1.html，2023 年 5 月 18 日访问。

② 张洪光、郭起元主编：《传统小吃》，山西科学技术出版社 1998 年版，第 3 页。

传承文化、发展经济的作用与功能。在乡土文化"嵌入"乡土重构，推动中国式乡村现代化的当下，这些透着浓郁乡土气息和传统风味的小吃，无疑将成为乡村经济发展的"金招牌"和农民致富的"金饭碗"。

从其历史发展的视角来看，"小吃"是相对于"大吃"而言的，"小吃"是"大吃"的陪伴物，是人们正式饭食之外的调节之食，是人们从"食必常饱"逐渐过渡到"吃好吃美"的产物。从最初的石烹火烧之物，到器蒸皿煮之品，再到节庆时鲜之食，"小吃"历经千年，代代相传，其烹饪技法日臻完善，名食佳点花样辈出，色香味形日益完备，至宋代我国"小吃"业进入蓬勃发展时期。此后，历经明、清两代及至近现代，"小吃"不断得到昌盛发展。20世纪70年代末，伴随个体经济和门店经济的兴起和发展，我国的"小吃"业再次迎来了蓬勃发展的时期，各种名食佳点如雨后春笋般迅速涌出和蓬勃发展。到如今，"小吃"已从调节之食逐步演变成人们快餐式消费、养生性美食、礼仪性交往的主要选择之一。相较于"大吃"，"小吃"更重视就地取材、尊重地域习俗、注重当地口味、追求精细制作，具有用料广、品种多、技艺精、造型巧、口味全等特色，以及传统性、民族性、地方性和普及性等特点，大体分为蒸煮类、烤烙类、炸炒类、汤食类、冷食类和特产类等六大类型数千个品种。目前，为更好地满足人们个性化、多样化、品质化服务消费的需求，国家已出台相关政策和措施，鼓励地方传承发扬传统烹饪技艺和餐饮文化，培育特色小吃产业集群，打造"美食名镇""美食名村"，进一步挖掘餐饮消费潜力，促进乡村振兴。这对于全国各地传承和发扬"小吃"文化，推动"小吃"产业发展壮大必将产生重大影响。

回溯和总结全国各地乡镇或乡村传承和发扬"小吃"文化的实践，不得不谈及"沙县小吃"和"柳州螺蛳粉"。这两个围绕"小吃"发展起来的特色富民产业，不仅成就了百亿级产业集群，成为当地发展的支柱产业，更是拉动了上游农产品种植和养殖产业的规模化、品牌化、产业化，带动了下游物流配送、餐饮服务和观光旅游等产业的发展，有效地解决了农村富余人员出路问题，造福了一方农户和城乡从业人员，为乡村振兴闯出了一条新路。"沙县小吃"和"柳州螺蛳粉"这两个"地方小吃"的蝶变历程说明："地方小吃"是乡村振兴的重要支撑力量。

随着"沙县小吃"和"柳州螺蛳粉"这两个"地方小吃"的成功示范和各种政策措施的激励，全国各地乡镇或乡村传承和发扬"小吃"文化的实践也步入一个蓬勃发展的新阶段。一批具有乡土气息和传统风味的"地方小吃"，正成为各地乡镇或乡村实施乡村振兴战略的重要抓手，悄然吹进乡村经济发展和农民致富的每一个角落，不仅唤醒人们久违的"味蕾"乡愁，更以"小食"成就"大业"，续写各自"地方小吃"的传奇故事，成为激活当地乡村经济和农民致富的新引擎。如宝鸡擀面皮，以 62 项专利技术助推擀面皮工业化生产"不变味"，使擀面皮这个"地方小吃"变身成为当地乡村振兴的特色支柱产业，年销售额突破 55 亿元，也成为带动农民增收的大产业，安置从业人员 10 万人以上。襄阳牛肉面，则以"襄飘天下"为统领，强上游供应链，延下游产业链，加快这碗具有 300 多年历史的"地方小吃"，从小作坊操作到规模化生产，从手工作业到工业化生产线，从一店一营到统一标准连锁发展，让"一碗面"成为可食用的城市名片，可快递的乡愁。据不完全统计，该市以"襄阳牛肉面"或"××面馆"等为招牌的早餐面店现有 6500 家，该市外带有"襄阳"或"襄樊"元素的面馆主要分布在武汉、上海、南京、广州、重庆、郑州、深圳等地。这些面馆中，有务工人员 3 万多人，劳务纯收入总额达 26 亿元。① 如今，该地已形成育种、繁育、育肥、屠宰、加工、批发、品牌零售的牛肉全产业链，培育出一批以小麦种植、加工等为主的农产品企业，其中每天生产湿碱面的企业就有 10 余家。此外，还有配套的油料、黄酒等若干种原材料生产加工企业，惠及周边农户 10 万余户。每月销售 15 万份盒装面，线上占七成，产品更是远销马来西亚、美国等国家和地区。襄阳牛肉面带动全市上游面条加工、牛肉(牛杂)、汤料包和佐料等食材配送，下游黄酒豆浆统一配送，即食牛肉面加工销售企业 56 家，年经营性收入约 1.8 亿元。2020 年襄阳牛肉面全产业产值达 46 亿元，市内襄阳牛肉面营业额达 23.7 亿元，占全市餐馆营业总额的 11.8%。② "一碗面"带火了一座城。除此之外，还有兰州牛肉拉面、孝感米酒、南充李家锅盔等一大批具有乡土气息和传统风味的"地方小吃"，正突破地域限制，向其他地方和全国乃至世界各地挺进，昔日流动的街头小吃摊、小吃店，正变身连锁、加盟式门店进驻豪华商城"揽客掘金"，以其自身品牌带动农特产品、文旅产业一体化发展，成为乡村振兴"新热点"。红餐大数据

---

① 柳洁、董庆：《牛肉面"煮"出大产业》，载《经济日报》2022 年 4 月 9 日。
② 柳洁、董庆：《牛肉面"煮"出大产业》，载《经济日报》2022 年 4 月 9 日。

显示，2024 年 1～12 月，全国新开小吃快餐门店数超过 180 万家，同比增长
21.8%；截至 2025 年 3 月，全国总门店数已超过 360 万家。红餐产业研究院数据
显示，2024 年小吃快餐市场规模已超过 1 万亿元，同比增长 7.5%，增速居餐饮
各细分赛道前列，预计 2025 年小吃快餐市场规模将增长至 1.08 万亿元。① 特别
是在餐饮行业增长整体萎靡的情况下，地方小吃却凭借其投资小、门槛低、夫妻
店、市场大等优势异军突起，撑起了中国餐饮业的半边天，占据着餐饮业最大的
品类赛道，成为餐饮业变革发展的晴雨表。但总体来看，"地方小吃"，特别是
农家特色小吃在全国各地乡镇或乡村的传承与发展还不均衡，面临着产业化与新
滋味、品牌化与新消费、全链化与新渠道、协同化与新支撑等四个方面的困境与
难题，必须下功夫加以重视和处理。

1. 产业化与"新滋味"的关系

传统小吃之所以历久弥新，具有旺盛的生命力，除了道地的食材之外，更有
独特的烹饪技艺。而这些独特的烹饪技艺并不完全适合标准化或工业化，而有些
环节是不能工业化的，只能艺术化展示。这就决定传统小吃的传承与创新决不可
"一刀切""一个模式"推行产业化、品牌化、连锁化，必须分类施策、扬长避短。
一般而言，产品类"地方小吃"适应于工业化、标准化，但是如何在工业化背景
下仍然保留原有的传统风味，也需要一个逐步实验推广的过程，可以先选择相邻
的地方或"口味相近"的地域开始，建立好产业基础后再进行更大范围的推广，
切不可盲目扩张、一哄而上大规模生产。这方面的失败案例较多，教训极其深
刻。因此，在传承和发展"地方小吃"，特别是农家特色的小吃时，要具体情况
具体分析，对于那些品类多、地域性强、手工技法较繁杂、师徒传承类的"地方
小吃"或农家特色小吃，要注重挖掘其丰富的文化内涵，发挥其独特的手工技法
优势，在做深、做精、做特上下工夫，以"质"取"市"，注重采用当地食材，沿
袭传统风味，讲究干净卫生，立足传统走品牌化道路，巩固和扩大市场影响力和
占有率。对于那些产品特性较强而地域属性较弱的产品类"地方小吃"或农家特

---

① 王萍：《〈小吃产业发展报告 2025〉：连锁化率有望达 29%，高于大盘》，载《新京报》
2025 年 3 月 12 日。

色小吃，则要以标准化、产业化、连锁化为方向，改变经营模式，加快品牌推广，延长产业链，在口味、工序等方面开展技术攻关，通过数字化、工业化等手段，让"地方小吃"或农家特色小吃在保留传统风味的同时，吃出"新滋味"，突破地域界限，走向全国各地。

2. 品牌化与"新消费"的关系

品牌是传统小吃的核心竞争力之一。随着人们从吃饱、吃好向吃得更有特色、吃得更健康转变，小吃品牌化成为小吃产业发展的新趋势，也成为乡村振兴的"新热点"。民以食为天，食以安为先。"地方小吃"的品牌化，带动第一、第二、第三产业融合发展，助力乡村经济发展，是业已印证的成功经验。无论是年产值500多亿元的沙县小吃，还是600多亿元的"柳州螺蛳粉"，以及兰州牛肉面、襄阳牛肉面等，都无不表明品牌的价值无限。因此，在传承和发展"地方小吃"尤其是农家特色小吃文化的实践中，全国各地乡镇或乡村均以"地方小吃"品牌化作为小吃产业发展的重要抓手，助力"地方小吃"尤其是农家特色小吃做大做强，以此带动相关种植业、养殖业发展，进而孵化并助力形成相关食品和农产品加工业集群，实现以"地方小吃"产业为龙头，第一、第二、第三产业互动发展。但也应当看到，随着社会购买力的增强和城乡居民收入的增长，人们的消费观念和消费需求也发生了明显的改变，呈现出消费分层和消费升级的新特点，人们不仅追求美味，还看重时尚、便捷和颜值。据近年美团平台数据分析，小吃产业订单量占比超过1%的细分品类共有17个，排名靠前的是快餐简餐、麻辣烫、面条、米粉、粥、包子、黄焖鸡、炸鸡炸串、米线和饺子。且"90后"已成为小吃的主要消费群体。因此，这就要求在"地方小吃"品牌化打造过程中，必须适应这些新消费，注重品质、个性和潮流等消费新趋势，不断在菜品上创新、在颜值上着力、在体验上突破，不断提升自身的品牌竞争力和影响力，以更好的环境、更优的味道、更美的场景、更全的服务，为消费者带来新的体验。

3. 全链化与新渠道的关系

传承和发展"地方小吃"，特别是农家特色小吃文化，离不开上游稳定、安全、高质的原材料供给，也需要中游的初级食材加工支撑，更要有下游庞大的群体认同与消费。这就要求传承和发展"地方小吃",特别是农家特色小吃,必须建立包含上、中、下游产业的全产业链、供应链和经营链。这既是"地方小吃"特别是农家特色小吃,扎根乡土,联农带农,助力乡村振兴的内在要求,也是"地方小吃"特别是农家特色小吃,拓展产业链条,力求互动发展,打造发展亮点的客观需要。因此,在传承和发展"地方小吃"特别是农家特色小吃文化的实践中,各"地方小吃"特别是农家特色小吃的经营者,要注重建立和拓展稳固的在地原材料供给渠道,发现和拓宽精准的食品消费渠道,尤其是在消费者口味多样化、价格个性化、就餐条件优化、消费升级的情况下,更应正确认识和处理好全链条与新渠道的关系,强调味道为王、产品至上、健康为本,更加注重消费者的环境、口味、品质、特色、健康、安全、服务等的综合体验,确保原材料供给、食材加工、食品消费等渠道畅通无阻,具有鲜明的地域特色,体现"地方小吃",特别是农家特色小吃独特的烹饪技法和传统风味,切不可顾此失彼,更不能脱离当地乡土实际,将原材料供应、初级食材加工和食品消费均建立在依靠外部上,盲目工业化、标准化、连锁化。其结果必然只能是"昙花一现",终将丢失"地方小吃",特别是农家特色小吃的传统口味,也将丢失"地方小吃",特别是农家特色小吃的乡愁品牌。重庆小面是个极具地域"土味"和饮食"特色"的"地方小吃",以前,该小吃的产业链、供应链比较分散,原料和销售"两头在外",致使其生意仅限于其最早的发源地大渡口区一带。为了改变这种状态,该市延长产业链,建立产业集群,一方面将产业链向种植端延伸,实现小农户、个体经营与现代农业的有机衔接,大面积推广优质小麦种植,以及红辣椒、花椒等配料种植,建立以面条加工为主,调味品和浇头加工为辅的"一主两辅"现代农业产业发展体系,原料供应链、主食加工链、配套服务链"三链共建"和多业态联动发展模式,将重庆小面打造成了该市第一、第二、第三产业融合发展的交汇点,农民增收致富的增长点、助推乡村振兴的重要支撑点。小面年产值突破 400 亿元,全产业链从业人员超过 50 万人,间接带动 60 万农户约 100 万人从事原料种植生产。① 目前,重庆小面的风味更加独特、传播和影响更加久远,其品牌也早已走

---

① 刘建元、李庆荣、赵紫东:《重庆小面:升级产业链 拥抱更大的市场》,载《中国乡村振兴》2023 年第 22 期,第 46~69 页。

出大渡口区，走红重庆，蜚声海内外。全市拥有小面门店约有 8.4 万家，一些企业还将面馆开到了国外，其预包装小面还销售到全球 10 多个国家和地区，初步实现了"重庆小面重庆造、卖全国、香世界"的目标。① 重庆小面升级产业链，拥抱更大市场的实践正是破解全链化与新渠道困境最好的范例，值得各地在传承和发展实践中加以学习与借鉴。

4. 协同化与新支撑的关系

传统小吃以就地取材、技法独特而获得生存与发展。随着小吃消费更趋年轻化、特色化、品牌化，传统小吃仅仅依靠过去的小作坊经营已无法面对日趋激烈的市场竞争，必须加强与上游的种植和养殖产业、中游的食材加工产业和下游的销售和观光旅游产业互动发展，形成协同化发展格局，不断创新菜品，强化食品安全，注重食品质量，以独特的个性、品质、环境、味道、服务和场景，以满足消费者口味多样化、价格个性化和环境颜值化的需要。而要形成这种协同化发展格局，仅仅依靠小作坊、小吃店本身很难有这样的实力，必须完善社会支持体系，寻找新支撑。仅以原料生产基地、材料配送等而言，如果没有一定的资金和政策支持，没有任何一家小吃店可以解决这些问题。因此，协同化内在地要求各级政府的资金和政策的支持。以沙县小吃为例，起初，沙县小吃是带着一种民间自发的行为而开始闯荡江湖的，由路边摊逐步演变成具有一定规模的店面。经过几年的发展，沙县小吃开始在福州、厦门、广州、深圳等地粗具规模，但仍然处于"各自为政"状态。为了推动沙县小吃的规范化发展，1997 年沙县政府成立了沙县小吃办，并申请集体商标"沙县小吃"供沙县业主使用，从此，沙县小吃正式进入快速发展的新阶段。此后，为推动沙县小吃产业化发展和市场化运作，沙县还先后成立了小吃产业发展中心、小吃集团有限公司、小吃集团餐饮连锁有限公司、小吃产业提升发展工作小组等，形成独特的经营模式和强大的支持体系，加强小吃本地化经营和经典菜品的研发，注重小吃业主的技能培训，促进沙县小

① 刘建元、李庆荣、赵紫东：《重庆小面：升级产业链 拥抱更大的市场》，载《中国乡村振兴》2023 年第 22 期，第 46~69 页。

吃品牌推广，产业链的延伸和拓展，从而实现沙县小吃的成功扩张。① 沙县小吃、柳州螺蛳粉、襄阳牛肉面等一批具有乡土气息和传统风味的地方小吃的成功经验表明：传承和发展"地方小吃"，特别是农家特色小吃文化，必须具有联结上中下游产业的高效协作机制、完整的产业链以及标准化的餐饮服务，形成协同化发展格局。而协同化发展格局，必须具有强大的支持体系和独特的经营模式。这个支持体系既有独特的创新精神和团结互助的商业文化，更有持之以恒的政府支持。而政府层面的务实态度和长期支持，对于品牌保护、市场推广和标准化、产业化发展至关重要。

五、乡宴席

乡宴，亦俗称为"流水席"和"平民宴席"，是一种流行于乡村且最具烟火底色的宴席形式，是一种与日常饮食相区别的特殊的、有目的聚餐方式，具有明确的主题内容、严格的礼仪程序和成套的菜单，是我国传统宴席文化平民化的产物，常用于庆祝喜事、婚丧嫁娶等重要场合。② 它的历史可以追溯到先秦时期的筵席，且随着食礼的产生、规范和实践，这种与"礼"相随的宴席活动也逐渐由贵族向民间下移，成为维系民间社会秩序、教化民风的重要场合和礼俗文化传承、社会交往的主要平台。进入现代，特别是城镇化发展和农村生活变化，乡宴文化也发生了改变，呈现出以下三个方面的特点：一是传统"互助式"办席及其形成的人情往来的社会秩序，正在被现代"包办式"服务及其形成的经济理性的社会秩序所取代；二是传统"兼职式"乡村厨师及其互助式服务模式，正在被现代"职业式"专业厨师及其互换式商业模式所取代；三是传统"礼乐式"教化场合及其社交性的饮食活动，正在被现代"表演式"攀比之风及其功利性的饮食活动所取代。面对乡宴文化的变化，在乡土文化"嵌入"乡土重构，推动中国式乡村现代化的当下，如何传承与发展乡宴文化，既发挥乡宴的经济功能，促进乡宴产业发展，又发挥乡宴的文化功能，培育文明节俭餐风，是当前实施乡村振兴战略

---

① 卫凌云、殷学兵、邓露雨等：《传统小吃产业化，如何吃出"新滋味"？》，载《南京日报》2023 年 5 月 11 日。
② 李登年著：《中国宴席史略》，中国书籍出版社 2020 年版，第 111~112 页。

亟待研究和解决的重要问题。笔者认为：要解决这个问题，必须重点把握和正确处理好以下四个关系。

1. 乡宴礼俗与新食尚

乡宴区别于其他聚餐形式和一般饮食活动的最大差异在于它讲的是"礼"，是我国礼仪与烹饪的完美结合。正如古人所言："夫礼之初，始于饮食。"这里的饮食，指的就是乡宴的最初形式——筵席，后亦称之为"宴席"。而古代筵席从产生到发展，无不受到"礼"的制约，可以说筵席是一种为"礼"服务的特殊聚餐形式。而乡宴则是筵席平民化的产物，是一种社交筵席和民间筵席。因此，乡宴是我国最具乡土气息、最有乡村味道的饮食文化，也是我国最具乡土社会特征、最有乡居风情的生活方式，更是我国筵席文化中最有烟火底色的一种筵席形式。它聚"情"、讲"礼"，具有独特的礼仪习俗，成为我国食礼中最集中、最典型，也是最为讲究的部分，体现在邀客、迎宾、入席、落座、敬酒、奉食、送客等环节，且具有鲜明的地域特色和民族习性，是我国博大精深的饮食文化的重要组成部分。但也应当看到，乡宴礼俗也经历了一个由繁到简的发展过程，从早期的"养老礼""乡饮酒礼"，到后来的周公礼制，再到秦汉以后化繁为简，雅俗共享，但无论形式如何变化，其明确的主题内容、严格的礼仪程序和成套的菜单等这些主要内容仍然代代相传，直到现代。这些礼俗，尤其是那些属于尊老爱幼、礼貌谦恭、热情和睦、讲究卫生等内容的食礼食仪，对于培育以文明节俭为主题的乡宴"新食尚"具有鲜明的社会教化功能，对此，应该予以继承和发扬。而对于那些不够合理、不够健康、不够文明的部分，则应当予以改革移风易俗。这方面，东部省份慈溪市附海镇等地探索以文化礼堂为媒介，打造新时代农村文明"新风宴""新风桶"的项目，以及东部省份泰州市创新建设"阳光宴会厅"守护乡宴乡情，标准化引领乡宴文明新风等实践，为传承和发展乡宴文化，助推乡村振兴提供了成功的示范和案例，值得各地乡镇或乡村学习借鉴参与。

2. 乡宴美食与新产业

乡宴美食不同于其他聚餐形式和一般饮食活动，它具有就地取材、规模较大、菜品稳定、菜式讲究、上菜快速、程序严格、摆席时长、技法独特等特点，还有着鲜明的地域特色，是当地民风习俗和人们生活方式的集中反映。这些特点和特色决定了乡宴产业的发展与农业生产活动具有更紧密的联系、更直接的联动、更有效的帮带，为特色农业和乡村经济的发展提供了资源优势和销售基础，是一个具有鲜明乡土气息、深深扎根乡土的新型产业。正如某些媒体所说：一场热闹非凡的乡宴，衍生出了庞大的餐饮消费需求，进而催生出上下游诸多产业。在农村，一个人从出生到死亡，有太多可以办宴席的事情了，满月酒、周岁酒、升学宴、订婚宴、结婚宴、做寿酒席等。乡宴永远都有市场，少则十几桌，多则几十上百桌，最高的有的达到 1200 多桌。① 而乡宴的筹备涉及食材采购、菜品设计、现场布置和定制服务等众多环节，尤其是食材采购是所有环节的重中之重。因此，乡宴产业能否健康持续地发展，食材足够新鲜是前提。由此，乡宴产业催生了农业种植和养殖的活鲜市场和时令果蔬及其相关产业；也引起了预制菜产业的关注与介入，还带动了乡厨职业发展及其技能培训等产业。此外，菜品，尤其是具有大众性、广泛性、跨区域的菜品，更是乡宴市场追逐的对象。在乡宴日益从过去互助式办席，转向现代包办式服务、乡宴市场竞争日益激烈的形势下，如何打造极具影响力的乡宴品牌，化解乡宴产业发展的食品安全问题，促进乡宴产业发展健康持续发展，是传承和发展乡宴文化的必须关注的热点问题和亟待解决的难点问题。目前，部分地区特别是东部省份长乐地区的规范化、产业化和流程化的探索，西部省份"坝坝宴"专业性、标准性和人文性的实践以及中部某些省份的乡宴实践等，已经引起了学界和社会的关注。随着物流的便捷、人才的流通、消费的升级，乡宴的形式、内容、服务和环境氛围也将随之改变，如何利用这些优势，满足人们日益增长的对美食文化和审美的追求，使乡宴在传承传统的仪式、习俗和味道的同时，又融入现代元素，形成以品质为核心、食品安全为基础、科学技术为动力的传承与发展良性机制，让广大消费者喜欢、放心和安心，将乡宴产业越做越大，将是未来乡宴文化传承和发展的必然要求和路径选择。

---

① 《乡宴大师陈道如：乡宴产业，传承与创新是关键》，载搜狐网，https://www.sohu.com/a/812298955-120296029? scm = 10001.325-13109000.0.0.5-32，2024 年 9 月 27 日访问。

3. 乡宴厨师与新人才

厨师是乡宴的核心。传统的乡宴一般都由乡村厨师来承办。由于时间和技术的局限，主人家不可能亲自承担通常几十桌乃至上百桌的宴席，乡村厨师就像村里的其他手艺人一样，成为乡村邻里街坊主人家聘请的对象。他们虽然没有经过专门培训，处于零散化、个体化、人情化的状态，且一般每个村都有，不获取什么报酬，只是村里互助式办席的参与者，主人家与乡村厨师的关系仅限于人情往来和物资"礼物"的酬谢。随着乡宴日益走向商业化、专业化、市场化，乡村厨师已从过去一种身份转变为一种职业，一种行业。现如今，乡村厨师被誉为"移动酒店"，已不再是零散、个体、非专业的"土厨"，而是一个有组织、有纪律的专业服务机构，已经成为乡村振兴的"金钥匙"和真正能留得住人才的"新洼地"。乡厨，这个从一缕缕烟火气中走出来的群体，已成为乡村振兴的一种新型人才。他们不仅让村里闲置的劳动力得到了充分利用，也让那些日渐消散的传统手艺得以传承和发展，越来越多的人，特别是英俊青年开始涌进这个赛道，加入这个队伍之中。在欣喜的同时，也应该看到这个队伍参差不齐、良莠并存，亟待规范和完善。自2015年12月国家出台相关政策和措施后，很多地方相继成立了乡厨协会，从从业资格、专业素养、食品安全、职业健康等方面加强乡村厨师队伍的引导和规范管理。部分乡镇乡厨协会结合自身实际，发挥乡村厨师领头人的作用，实施各具特色的乡厨建设工程，让乡厨产业真正成为了留得住人的产业，落到实处的"乡村振兴"。如东部某省新兴县天堂镇区村乡厨协会通过"粤菜师傅工程"打通人才培养和联农带农的通道，整合当地资源，形成"粤菜师傅+生产+旅游"模式，带动村民就业创业，促进村民增收致富，走出了一条"天堂风味"的乡村振兴之路。如今，该村乡厨协会的辉格流动餐厅，经过20多年发展，已由最初的5名成员发展到至今拥有超过200人的专业乡宴团队，承接乡宴最大规模可达同开800席，年产值约1000万元。[①] 再如北方某省赤峰市柴达木村以"添双筷子加个碗，村民轻松做老板"的理念，演绎了农道乡厨助推乡村振兴不一样的路径，将乡厨与乡宴赋予不一样的意义，注重打造乡村的厨房，农家的饭菜，将烹饪技艺的传承与乡宴的仪式、习俗和味道，融入一次次入户的手把手的传教之中，让

[①] 黎居雄：《天堂镇：支部强　产业旺　农民富》，载《云浮时报》2019年11月12日。

每家每户都把当乡厨作为自己的事业，以主人翁的心态参与，用心做好每道菜，用心服务好每一位食客，让从一缕缕烟火气中走出来的厨师，守住本地菜的"根"，留住本地菜的"魂"，让"乡厨"如同一把"金钥匙"，成为撬动乡村振兴、盘活闲置资源资产的有效支点，续写乡村厨师不一样的故事。除此之外，各地烹饪或乡厨协会组织开展乡宴烹饪创新成果大赛，不仅为提升乡村厨师技艺水平搭建平台、提供提升的机会，也通过不同技艺的烹饪创新，可以给菜品带来不同的口感味道，既能提升菜品的市场竞争力，还能提高农产品的附加值，带动农产品产业发展。目前，各地乡厨协会虽然在正确引导和规范管理方面做了一些工作，但由于该群体是依托乡村乡宴市场自发形成的，存在着一定的不稳定性，如何帮助乡厨更好地成长发展，仍然是传承乡宴文化，助推乡村振兴需要研究的重要课题。

4. 乡宴故事与新名片

一席乡宴，既具有一方水土的独特味道，又承载一方村民的习俗记忆，更蕴藏着一方故土的乡愁寄托。每一次乡宴的欢聚，都是一次动人乡情的体验；每一次乡宴的登场，都是一次烟火乡味的记忆；每一次乡宴的开席，都是一次乡饮酒礼的洗礼。乡宴里有太多乡风习俗的故事，有太多乡愁寄托的传说。挖掘乡宴里深藏的文化内涵，并将之与乡村美食、文化遗产、自然风光、民居特色、生活方式整合起来，走乡宴与生态、文化、旅游融合发展之路，突出人文、美食主题，精心打造既具有鲜明地域特色，又具有市场吸引力的乡宴品牌，赋予乡宴文化新的时代内涵、表现形式，吸引四面八方的热爱乡宴美食的粉丝汇聚于乡村，给予消费者一种完整的生活体验和精神享受，获得久违的风俗人情，让乡宴成为解开乡愁的新名片。这方面，东部沿海某省以"原产地食材"和"道地烹饪方式"为原则，挖掘深藏在乡村的传统乡宴，通过"一站一文化、一站一主题、一站一特色"等系列活动，打造"中国乡宴"文旅品牌，成功塑造了"半山乡宴""诏安乡宴""长乐乡宴"等十多个富有特色的地方乡宴文旅品牌①，得到了社会各界的关注，释放了乡宴文化的独特魅力，让乡宴文化绽放了新的光彩，走出一条传承乡宴文

---

① 陈艳艳、赵巧丽：《中国乡宴：以乡宴为视角，讲述新时代中国乡村振兴的故事》，载《福建日报》2024 年 6 月 21 日。

化，助力乡村振兴的新路子，值得各地学习与借鉴。目前，越来越多的地方正在打破乡宴的传统模式，突出品牌化、规模化、标准化，注重从模式、服务、产品、品牌等各个维度，拓展乡宴的产业链、价值链和利益链，注重乡土文化资源与自然景观、生活方式的融合发展，把乡宴文化与现代文明要素、农村农民发展需求等结合起来，不断促进乡宴文化的创造性转化和创新性发展。此外，部分地区也开始探索传统家宴文化，赋能乡村振兴，如中部某省绩溪县伏岭村，利用"值年"传统①，举办村里30岁年轻人集体家宴，用传统的"十碗八"犒赏回家过年的人们，让参与者既感受家乡美食文化的特定含义和象征，也领受全村人集体家宴的盛情与意义，从而打造家宴独特品牌，唤醒人们心中固守的乡愁，以此助力乡村振兴。

　　总之，"食"是中国乡土文化中最难忘的集体记忆，是中国传统乡居生活美学的独特风景。在乡土文化"嵌入"乡土重构，推进中国式乡村现代化的当下，挖掘深藏在每个乡村独特的饮食习惯和饮食文化，在传承和保护的同时，如何实现创造性转化和创新性发展，发挥其最本真的价值，让乡居生活和乡村美食收获更多的粉丝，助力乡村振兴，还需要社会各界和各地方继续前行，拓展更多的渠道，寻找更多的路径，运用更多的形式，延伸"食"的各种链条，丰富和美乡村精彩图景。

---

　　① 元风：《一口家宴，一生情怀，〈大地家宴奔赴家乡至味〉》，载微信公众账号"深度文娱"2024年2月21日。

第十三章　住，乡居生活的独特依托

从远古以来，"住"便成为了人类的一种文化。它从"人"从"主"，诉说着人类的住处从洞穴演变成住所，住所成为家的历史变迁，也道出了人类此心安处的生活状态和心理的寄托，承载着一代又一代人的情感记忆和精神归宿，蕴含着丰富的社会意义和文化内涵，是乡居生活独特的情感和记忆载体，更是乡土文化不可或缺的人情乡愁。正所谓："夫宅者，乃是阴阳之枢纽，人伦之轨模"①，住宅承载了太多的文化禀赋和社会生态诉求。在乡土文化"嵌入"乡土重构，推进中国式乡村现代化的当下，传承和创新"住"的文化，赋能乡村振兴，具有重要的现实意义和深远的历史意义。

第一节　"住"的规制

一、概念梳理

1. "住"与"宅"的关系

"住"乃形声字，《说文解字》没有收录，其相近字为"驻"，根据古代汉字结构而推断"住"的本义，表示军队离开大本营在外居留、守防。由此得出，"住"的本义即为人们在某地长期居留、稳定生活。"宅"是个形声字，"乇"是声旁，"宀"是意旁，本义是处所、住所。② 甲骨文的"宅"字，外部就像是一个房子的

---

① 李少君编著：《图解黄帝宅经》，陕西师范大学出版社 2008 年版，第 13 页。
② （东汉）许慎原著，《图解经典》编辑部编著：《图解〈说文解字〉（画说汉字：1000 个汉字的故事)》下，北京联合出版公司 2014 年版，第 697~698 页。

形状，里面是"乇"的古字形。金文的"宅"，字形和甲骨文相近。古代，"宅"也用于指代大的家族，如《红楼梦》中"宁荣两宅"意思就是住在宁国府和荣国府的贾氏家族。现在，人们常说某人很"宅"，意思是这个人不经常出门，或痴迷于某物，或依赖着网络。宅是居家之所，也是一种生活态度。

"住"与"宅"合并组词"住宅"，意指供人居住的建筑物或其一部分，通常包括多个房间和生活设施。它是一个具体的居住场所，强调居住的功能性，满足人们日常生活的基本需求。

2. "住"与"房"的关系

"房"，形声字。从户方声。据考证，"房"字最早见于战国时期的包山楚墓竹简。户，与住家有关；方，人的周围。根据《说文解字》，"房"的本义是正室两旁的房间。小篆文中，字形外围像一扇门，右边为"方"，表示字音。在古代，堂中间为正室，两旁为房。① 此外，也用来泛指房屋、房间、官署及办公处所、祠堂、妻室等。

"住"与"房"合并组词"住房"。"住房"已不再仅是词组，而是现代社会的一个综合性的居住环境概念，不仅指的是居住的空间，还包括了与居住相关的配套设施、居住环境以及社区文化等方面。当我们谈论住房时，通常指的是一种全方位的居住解决方案，这可能包括公寓、独立住宅、住宅小区等不同类型的居住形式。因此，住房是一个相对宽泛的概念，涵盖了居住环境的多个方面。相比之下，住宅更多地指单一家庭或个体的居住空间，它是一个具体的居住场所，通常具有独立的门户、院落以及生活配套设施。住宅更多地强调居住的功能性，即满足人们日常生活的基本需求。

总体而言，"住房"和"住宅"的主要差异，一是范围上的差异。住房涵盖了全面的居住环境概念，包括配套设施、社区文化等各个方面；而住宅则侧重于具体的居住空间和生活环境。二是功能上的差异。住房更多地关注居住环境的整体规划和设计，旨在为人们提供一个舒适、安全、便捷的居住环境；而住宅则更多

---

① （东汉）许慎原著，《图解经典》编辑部编著：《图解〈说文解字〉（画说汉字：1000个汉字的故事）》下，北京联合出版公司2014年版，第356~357页。

地关注满足个体或家庭的日常生活需求。在实际应用中，根据不同的语境和表达需要选择使用合适的词汇。例如，在讨论国家住房政策时，我们通常会使用"住房"这个词；而在描述自己的住所时，我们可能会使用"住宅"。通过了解这些差异，可以更好地理解"住宅"与"住房"在不同情境下的适用性和重要性。

3. "居"与"住"的关系

"居"和"住"在汉字中有着密切的关联，它们不仅是字形上的相似，而且在文化和意义上也有深刻的联系。从字形起源与含义上看，"居"的甲骨文形象描绘了一个人依靠几案悠闲而坐，这代表了休息、休闲的状态。这个字的原始含义是居住、居家，强调的是一种宁静、淡泊、悠闲的居住状态。"住"的本义是人靠着火烤火歇息，这体现了居住的功能性，不仅是身体的休息，也有社交和多功能使用的空间。从文化与哲学意义来看，在我国文化中，"居"不仅仅是物理上的居住，更是一种心灵的安顿。它象征着内心的平静和淡泊，是一种精神的归宿。① "住"则更多地关联到生活的实际层面，包括住所的物理条件和生活方式。"居"和"住"在汉字中各有其独特的含义和文化背景，但它们共同体现了人类对居住空间和生活状态的追求与向往。在现代语境下，这两个字仍然被广泛使用，以表达人们对舒适、安全和归属感的需求。

但"居"与"住"也是有区别的。首先，从定义与用法上说，"居"，通常作为动词使用，表示"处于……状态"或"处在……"例如，"居民"指的是生活在某个地区的人们，强调的是一种状态或位置。"住"，作为动词或名词使用，主要描述"停留"的行为。例如，"住房"指的是人们居住的场所，而"住宿"则指临时的居住安排。其次，从应用场景上说，"居"，常用于描述静态的位置或状态，如"官居一品"表示官员的地位高，或"居左"表示位于左侧。"住"，更多用于描述动态的居住行为，如"家住蛤蟆陵下"描述的是一个具体的居住地点，而"行多有病住无粮"则表达了因疾病而需要临时的住所。从文化与法律层面上说，在法律语境中，如民事诉讼中，被告的住所地（"居"）与经常居住地（"住"）的确定，显

---

① ［美］布鲁范德著，李扬译：《美国民俗学》，汕头大学出版社 1993 年版，第 233 ~ 234页。

示了"居"与"住"在法律上的重要性区别。综上所述，我们可以看到"居"与"住"在语言中各有其独特的功能和应用场景。理解这两个词的区别有助于更准确地表达和理解与居住相关的概念。

"居"与"住"合并组词"居住"，意指的是较长时间地住在一个地方。这个词汇在现代汉语中用来描述人们在一个地方长期生活的状态，无论是个人还是家庭。在古代汉语中，"居"和"处"常常同义，都指居住的地方或行为。例如，《诗经》中的"居岐之阳"和"爰居爰处"都表达了居住的意思。到了魏晋南北朝时期，"住"这个词开始用来表示居住，其意义从"停留"或"站立"转变为专指居住。这一转变在佛经翻译中尤为明显，如"住"字在佛经中常用来表示居住。从法律角度看，居住权是指对他人所有房屋的占有、使用的权利，这在《民法典》中有明确规定。居住不仅是个人生活的状态，也是法律上的权利和责任。社会角度上，居住通常与家庭、社区紧密相关，是人们在社会网络中建立联系的基础。通过这些维度的解析，可以看出，"居住"不仅是一个描述生活状态的日常词汇，它还承载着丰富的文化、法律和社会意义。

4."住房"与"建筑"的关系

住房与建筑之间存在密切的关系，它们相互影响、相互依存。从定义与功能上说，住房主要是供人类居住和生活的空间，包括住宅、宿舍等类型。它的主要功能是提供安全、舒适的居住环境，满足人们的基本生活需求。建筑是一个更广泛的概念，它包括了房屋、桥梁、电视塔等各种人工构筑物。建筑不仅具有实用功能，如提供居住空间，还具有艺术、文化和社会意义。住房是建筑的一种形式，而建筑的范围远远超出了住房。住房的建设需要遵循建筑的基本原则和标准，如安全性、耐久性和美观性。同时，住房的设计和建造也反映了建筑技术的发展和创新。从环境影响上说，建筑对环境影响显著，包括能源消耗、材料选择、废弃物处理等方面。住房作为建筑的一种，其设计和建造也需要考虑到环境保护和可持续发展的原则，如使用节能材料、提高建筑能效等。从社会文化意义上说，住房不仅是居住的场所，也是社会文化的载体。不同的建筑风格和居住模式反映了当地的文化特色和社会价值观。建筑和住房的发展与变迁也是社会文化发展的重要组成部分。综上所述，住房与建筑之间的关系是多方面的，它们既是人类生活的基本需求，也是社会文化和科技进步的体现。

5. "居住"与"建筑"的关系

居住与建筑之间存在着密切的关系，这种关系不仅体现在建筑的物理形态上，还体现在建筑如何影响和反映人类的生活方式和社会需求。首先，居住需求与建筑功能。建筑首先满足人类的基本居住需求，包括安全性、舒适性、便利性和经济性。例如，住宅需要能够抵御自然灾害，提供良好的通风和日照，同时控制成本以满足经济可行性。其次，环境与可持续性。随着环境保护意识的提高，绿色建筑和可持续发展成为建筑设计的重要方向。建筑不仅要满足当前的居住需求，还要减少对环境的影响，如通过使用可再生能源、节能材料和绿色设计来降低碳足迹。再次，社会与文化反应。建筑不仅是居住的容器，也是社会和文化的体现。不同的建筑风格和社区设计反映了当地的历史背景、社会价值观和生活方式。例如，欧洲的古典建筑和亚洲的现代高层住宅分别体现了各自文化的特色和时代的变迁。复次，心理与情感体验。建筑的空间设计、材料选择和色彩运用能够影响居住者的心理和情感体验。一个舒适、和谐的居住环境可以提升居住者的幸福感和生活质量。最后，技术与智能建筑。随着科技的发展，智能建筑和自动化系统在居住建筑中的应用越来越广泛。这些技术不仅提高了居住的便利性和效率，还增强了居住的安全性和舒适性。

总之，居住与建筑之间的关系是多方面的，包括功能需求、环境可持续性、社会文化反映、心理情感体验以及技术应用等。建筑设计和建造需要综合考虑这些因素，以创造出既满足人类居住需求又与环境和谐共存的建筑作品。

二、居住文化的演变

居住文化是一个涵盖广泛的概念，一般而言，是指一个民族在特定居住生活方式下形成的文化整体，它包括物质的硬件设施如住宅，以及知识的软件设施如居住习俗和行为规范。这种文化不仅是物质建设的反映，也是精神文化的体现，涵盖了人们在建造和居住过程中形成的特定的生活方式和价值观念。

我国居住文化的演变经历了多个阶段，从古代的穴居、半穴居到现代的多样化住宅形式，体现了社会文化、经济条件的变化。在远古时期，人们主要居住在天然的洞穴或半地下的洞穴中，这主要是出于对自然环境的适应。《诗经》中就有关于这种居住方式的记载，如《大雅·绵》提到的"古公亶父，陶复陶穴，未有家室"，反映了周人早期的生活方式。随着农业的发展和社会的进步，人们开始在地面上建造更加稳固的住所。这种地面房屋通常为四合院的形式，体现了家族和社区的紧密联系。例如，北京的四合院是中国传统合院式建筑的代表，其格局为一个院子四面建有房屋，通常由正房、东西厢房和倒座房组成。20世纪初，随着西方文化的传入，中国的居住建筑也开始受到西方的影响。这一时期出现了许多西式风格的建筑，如上海的石库门。石库门建筑结合了欧洲联排式住宅的形式和中国传统的三合或四合院结构，是中西文化融合的产物。现代中国的居住建筑更加多样化，包括高层住宅、公寓和别墅等。这些建筑通常更加注重舒适性和功能性，同时也融入了现代科技和环保理念。近年来，随着经济的发展和城市化进程的加速，中国的居住环境得到了显著改善。新的住宅区不仅提供现代化的设施，还注重绿化和公共空间的设计，以满足居民的多元化需求。总体来看，中国的居住文化从远古的穴居和半穴居逐渐发展到了现代的多样化住宅形式，这一过程中融入了不同历史时期的文化特色和社会经济因素。

三、居住文化的特征

居住文化是一个涵盖物质和精神层面的综合概念，它反映了人类对居住环境的理解和需求。居住文化在日常生活中，它不仅仅是关于居住的物理形态，更是一种生活的态度和精神的享受。例如，从简单的洞穴居住到现代的高科技生态住宅，居住文化随着时代的发展而演变，更加注重人与环境的和谐共生。且在不同的历史阶段，居住文化受到不同哲学思想的影响。如儒家思想中的"仁"概念，强调家庭和社会的和谐，这直接影响了居住文化中对于聚居和等级的重视。此外，山西的"王家大院"等传统民居展示了居住文化在历史长河中的独特风貌。因此，居住文化是一个多维度的概念，它不仅仅是关于居住的物理形态，更是一种生活的态度和精神的享受，反映了一个民族的历史、经济和民族心态的综合体现。其具有以下几个特征：

（1）人居环境的生态化。居住文化强调与自然环境的和谐共生。中国传统民居历来注重生态环境，新居住文化在继承这个传统的同时，依托现代科技，不断推进人居环境的生态化，如使用节能材料、优化自然通风和光照等，以创造健康舒适的居住环境。

（2）家庭结构的伦理化。居住文化也深深植根于家庭结构和伦理观念中。在中国，家庭被视为社会的基本单位，尊老爱幼、健康和乐的伦理观念在居住空间中得到体现。例如，客厅作为家庭的核心区域，不仅是社交活动的场所，也是家庭成员情感交流的中心。

（3）天人合一的理念化。居住文化中强调"天人合一"的哲学思想，即人与自然应当和谐统一。这种理念体现在住宅设计中，如庭院式住宅的布局，既满足了居住功能，又融入了自然元素，使居住者能够亲近自然、感受自然。

（4）文化传承的延续化。居住文化不仅是对传统的继承，也是文化创新的体现。随着时代的发展，居住文化不断吸收新的元素，如现代科技、国际设计理念等，使居住环境既具有历史底蕴，又不失现代感。

（5）社会经济的浓缩化。居住文化还反映了社会和经济因素的变迁。不同历史时期和地区的居住文化，受到经济发展水平、社会制度、文化背景等多种因素的影响。例如，随着城市化进程的加快，现代集合住宅成为主流，但其内部空间布局和设计仍试图保留一定的传统元素，以体现对历史文化的尊重和传承。

综上所述，居住文化是一个多维度的概念，它涵盖了从自然环境的利用到家庭伦理的维护，从哲学思想的实践到社会经济的发展等多个方面。人类的"住"始于乡村，形成了各具地域特色、井然有序的乡村人居文化，且依据地域习俗和传统，延绵传承，一代一代潜移默化地为乡村独有的思想观念和传递信息的符号系统。因此，研究和拯救这些独有的符号系统，保护和传承乡村人居文化，助力乡村振兴，既是乡土文化赋能乡村振兴的内在要求，也是珍藏民族瑰宝，追寻乡愁寄托的时代呼唤。

第二节　乡居的实践

一、传统村落

1. 传统村落的意涵与特质

传统村落，又称古村落，是指形成较早、拥有较丰富的文化与自然资源的村落。它是传统村落、历史文化名城、名镇、名村等的总称。这些村落不仅具有重要的历史、文化、科学、艺术、经济、社会价值，而且是我国农耕文明留下的最大遗产，是我国乡村居住文化的重要载体。[①] 传统村落具有以下基本特征：

一是蕴含历史价值与文化价值。传统村落是历史文化传承的重要载体，每个村落都蕴藏着丰富的历史信息和文化景观。例如，它们可能与重要历史事件或人物有关，蕴含深厚的儒家思想、道家思想等，能够集中反映地区的地域特点或民族特色。

二是具有传统建筑与空间格局。传统村落通常拥有完整且传统的建筑风貌和村落格局。这些村落的选址和路网格局保持传统特色，建筑布局和空间结构反映了古代先民的"天地人和"哲学观和建筑"风水"理念。

三是属于非物质文化遗产。传统村落是非物质文化遗产的活态传承地。这些村落中的村民依然保持着传统的生产和生活方式，传承着丰富的民俗、传统技艺等非物质文化遗产。这些文化形式通常以口传心授的方式流传，是村落文化的重要组成部分。

四是具有保护与利用价值。我国政府高度重视传统村落的保护工作，通过建立名录、制定保护发展规划等措施，旨在保持和延续传统村落的传统格局和历史风貌。同时，传统村落也是潜在的旅游资源，通过合理的利用可以促进当地经济的发展。

综上所述，传统村落不仅是民族的宝贵遗产，也是连接过去与未来的桥梁，对于传承文化和促进社会经济发展具有重要意义。传统村落不仅是农耕文明的载体，也是中华民族历史记忆的保存之所。这些村落承载着丰富的历史遗存、传统与记忆，如风俗习惯、传统建筑艺术和村落空间格局等，这些都是活着的文化遗产，反映了我国农耕文明的丰富内涵与进步历程。

2. 传统村落保护的流变

自 20 世纪 80 年代以来，我国开始探索传统村落保护。2003 年正式启动历史

---

① 萧放：《传统村落的文化价值与现代意义》，载中国民间文艺家协会官网，http://www.cflas.com.cn/mx/ZJGD/8229a0452b914a6086a6ed0993f8cd50.html，2024 年 9 月 12 日访问。

文化名村的评选，2005 年国务院发布保护通知，建立四级保护体系。2012 年国家印发指导意见，公布首批传统村落名录。经过六批次调查认定，共有 8155 个中国传统村落、5068 个省级传统村落、55.6 万栋历史建筑和传统民居，分别列入国家、省传统村落保护名录并实施挂牌保护，5965 项省级及以上非遗得到传承发展，形成了世界上规模最大、内容和价值最丰富、保护最完整、活态传承的农耕文明遗产保护群，守住了中华农耕文明的"根"与"魂"。① 不仅如此，传统村落的保护工作不仅保护了物质空间，还有效地改善了村民条件，所有中国传统村落 100%村民的住房安全有保障，96%的村落生活垃圾实现集中收运处理，69%的农户用上热水淋浴，66%的农户用上水冲厕所，44%的农户用上了燃气。② 逐步出现了原住民留村、新乡贤回村、新村民进村的良好态势，传统村落正在焕发勃勃生机。

　　追溯我国传统村落保护的发展历程，2024 年 9 月 8—9 日，在中国城市规划年会上，中国城市规划学会乡村规划与建设分会副主任委员，中国城市规划设计研究院副总规划师靳东晓提出将我国传统村落保护划分为三个阶段：第一个阶段是关注物质空间保护和非物质文化遗产保护，以"保护为先、利用为基、传承为本"为原则，做好包括宏观、中观、微观层面的空间保护及非物质文化遗产传承。第二阶段是更加重视传统村落及其集中连片保护利用示范区域文化价值的挖掘，同时通过加强生活的舒适性、便利性建设及发展适宜产业留住原住民，吸引新村民。第三阶段是进一步整合各类遗产保护，研究传统村落与世界文化和自然遗产、重要农业文化遗产、灌溉工程遗产、地质遗产等之间的相互依存关系，从"山水林田草湖沙"生态系统的高度加强各类遗产的整体性、系统性保护。③ 笔者认为，这个阶段划分实际上反映了我国传统村落保护和利用的认识和观念随着实践的不断深入而不断升华的过程，体现了传统村落保护的战略思维、系统观念和

---

　　①　靳东晓：《传统村落保护传承的思考》，载微信公众号"中国城市规划"2024 年 9 月 12 日。

　　②　靳东晓：《传统村落保护传承的思考》，载微信公众号"中国城市规划"2024 年 9 月 12 日。

　　③　靳东晓：《传统村落保护传承的思考》，载微信公众号"中国城市规划"2024 年 9 月 12 日。

规制意识，是我国传统居住文化核心理念和建造原则的创造性转换和创新性发展。

3. 传统村落保护的路径

总结过去二十几年传统村落保护的实践，特别是乡村振兴战略实施近几年的实践，笔者通过调查传统村落分布较多的部分省份，认为这些地方在守护传统村落，助力乡村振兴方面做到了以下几个结合：

(1)形态保护与活态传承相结合。传统村落具有文化与自然遗产的多元价值，历经数千年沉淀，无论是村落的选址、结构、格局等景观形态，还是村落建筑的架构体系，蕴含丰富象征意义的装饰、雕塑、雕刻与墙画等民间物象，均凝聚了我国先民循律遵道的生存智慧和技艺，一木一隼、一石一台，都体现着历史时期的传统风貌和地方民族特色，是不可再生的、潜在的旅游资源，更是现代城市文化中不可多得的宝贵资源。因此，保护和传承传统村落，必须坚持保护优先、利用为基、传承为本，既要关注传统村落的民间建筑的形态保护，特别是修缮类历史建筑、传统建筑的形态保护，又要保持古老村落独特的景观选择与形态设计，以及它所处的生态、自然与地理环境，更要重视传统村落的活态遗产传承，让传统村落的生活文化、社会生活、精神生活等非物质文化遗产"活"起来，成为村里老百姓日常的文体活动。如西部某省榆林市佳县，位于黄河上游，被誉为黄河边上的古村落明珠，也是该地域古建筑"活"的博物馆，全县拥有13个国家级传统村落，其中一个传统村落就有保存完整的明清古民居27处、古匾50余块。座座古村，特色独具，一砖一瓦见证历史，一屋一巷承载乡愁，一村一貌串珠成链。该县守望乡愁护根脉，以系统思维着力构建"一带、五区、多村落串点、多文化体验的七十公里黄河风情带"空间架构，首先注重培育工匠人才，建立传统工匠库，选拔具备传统民居修建、历史建筑和古旧民居修复等技能的人员入库，结合乡村人才振兴，探索建立传统工匠职称评价体系，加强传统建筑修缮专业队伍建设。其次，注重产业发展，既要看山望水，更要留客兴业。该县朱家坬镇泥河沟村以千年枣园特色为主，注重乡土味道，保留乡村风貌，打造"百里不同风、十里不同俗"的传统村落，走出了一条"文化赋能农业、农业推动旅游"的新路径。2023年，泥河沟村集体经济收益达到30万元，走出了一条留住乡愁古韵，焕发活力新生的传承之路。又如中部某省长阳土家族自治县，是个土家族少数民族聚居区，拥有集中成片的土家族标志性建筑——土坯房。该县在不破坏房屋原貌、不失颜色、不失原汁原味的情况下探索传承新模式，吸引民营资本进驻该地连片建设和经营，让土坯房的价值得到较好发挥。再如西部某省布朗族村寨，以传统民居内部功能提升为引领，探索"政府引导、专家指导、村民参与"修缮路径，让传统村落实现活态传承、形态保护、活化利用和可持续发展。

(2)以用促保与以保促用相结合。利用是更好的保护，保护是为了更好地利用，两者相辅相成，互促互进，是传统村落保护与传承中坚持的原则之一。各传统村落分布较为集中的省份，一方面坚持保护优先，建立传统村落保护名录制度，实施传统村落保护工程，加强传统村落建档立卡。如有的地方以立法的形式经过立法机关颁布《传统村落和民族村寨保护条例》，有的建立以专家团队和村民为主的知识档案体系，加强调查建档，力争将有保护价值的传统村落全部建档。同时，鼓励专家、市民、村民提供线索，对符合条件尚未纳入保护序列的传统村落组织专家实地核查，将符合条件的传统村落纳入各级保护范围。有的地方围绕"加强传统村落保护利用"开展重大课题研究，进行蹲点式、沉浸式调查研究，确保有保护价值的传统村落纳入保护范围。截至2023年底，笔者调查的地区，凡申报成功的传统村落均已完成规划的编制工作，编制了各级传统村落保护规划和保护原则，逐步建立了分工明确、各负其责的保护名录体系。另一方面积极探索适用于传统建筑、历史遗产的保护方式和修缮技艺，最大限度地保留传统村落尤其是传统民间建筑与环境的价值、特色和本来风貌，从而依托传统村落的文化与自然资源优势，培育新业态，创造新就业，让传统村落在有效利用和保护中活力绽放。如西部某省宁洱县探索建立以茶马古道为纽带，农、文、旅相结合集中连片保护利用模式，深度挖掘各村特色，因地制宜发展茶叶种植、茶文化体验、民俗文化体验、康养体验等文创产品，推动传统村落全产业链融合发展，形成了多元化的传统村落发展路径。又如中部某省黄山市探索走出了一条传统村落"找出来、保起来、用起来、活起来"的发展路径，持续投资修缮"百村千幢"古民居和徽州古建筑保护利用工程，创设不同场景的"新安山居图"。再如中部某省兴山县古夫镇，把传统村落优秀遗产和现代文明要素结合起来，赋予传统村落新的时代内涵，所辖10村(社区)个个都组建民间文化协会，不断培训民间艺人，培养乡土文化传承人100多人，常年活跃在昭君故里，既解决了民间艺人传承断代问题，又丰富了当地群众文化生活。

（3）守正创新与多方参与相结合。传统村落既有民间建筑、选址布局等形态景观，还有人居理念、耕读文化、生态智慧等活态遗产，是一个多系统、多元素、多业态融合的命运综合体。因此，传统村落的保护不能只针对村落、建筑本身，还要顺应发展规律、注重系统统筹，吸引多方参与，更要匹配文化因素，尊重村民意愿，实现增收致富。因此，保护与传承传统村落，应该坚持在守正创新前提下聚合多元要素，引领多方主体，发力多重赛道，推动多方式利用、多业态转化，积极探索多方参与合作的新方式、新路径、新渠道，努力践行在传承中守正、在守正中创新的理念和方法。如东部某省古韵县碧阳镇古黄村，近年来以康养产业为传统村落传承与发展的"新风口"，依托闲置资产引进古筑艺养研学旅行基地项目，投入2.5亿元建设百工复兴聚焦区、仓库手工作坊区、艺匠商街区、非遗手工作坊体验区等文创业态，释放康养活力和传统村落魅力。又如中部某省黄山市徽州区一方面探索"传统村落+文化"模式，成功打造以呈坎村、唐模村为代表的古徽州文化传承村落集群。另一方面又创新"村落徽州"绿色金融模式，与银行合作，一期授信3.8亿元，开展4个传统村落改造升级，带动村级集体经济发展、农民增收。还有板桥镇的青龙街在保护原有青石板路和传统民居特色的基础上，通过完善旅游配套设施，如游客服务中心和停车场，提升了游客体验，同时也促进了当地经济发展。章丘区通过发展特色产业，如精品农业区和生态农业区，以及探索"文+娱""住+行""吃+购"的旅游模式，既保护了传统村落，又拉动了经济。相公庄街道梭庄村通过将塘坝改造成观光点，吸引了大量游客，同时提高了村民的收入。这种多方合作的模式不仅促进了经济的发展，也增强了社区对传统文化的保护和传承意识。通过上述方法，传统村落可以在保护其历史和文化的基础上，实现与现代生活的和谐融合，促进可持续发展。

（4）整体保护与留住乡亲相结合。传统村落保护与传承的关键在于留住乡亲。一个没有人的传统村落不是保护传统村落的目的。因此，"留住乡亲"是传统村落形态保护与活化利用的本质所在。而要"留住乡亲"，不能只留住民间建筑、形态景观的原始性，还要顺应时代发展的需要，用整体性、系统性思维推进传统村落的保护，加强卫生厕所、沐浴等设施建设，不断改善传统村落中的居住条件和生活设施的便利化现代化。因此，传统村落的保护与传承必须坚持整体保护与留住乡亲结合。全国各地纳入保护名录的传统村落，采取了许多切实有效的措施，留住乡亲、护住乡土、记住乡愁。综合各地实践，主要有七种活化策略和路径。如提供良好的教育和培训机会。通过建立和改善乡村学校和培训中心，提供优质的教育和职业培训，以满足原住民、新乡贤和外来人的需求。又如创造有吸引力的就业机会，引导和支持农村创业和发展乡村产业，提供多样化的就业机会，包括农业创新、乡村旅游、生态农业等。再就是改善乡村基础设施，包括道路、供水、电力、通信等，提高生活质量和便利性，吸引乡亲留下来。还有提供完善的社会保障制度和福利政策，包括医疗保险、养老保险、住房补贴等，提供稳定和可持续的生活保障。加强乡村文化建设，举办各种文化活动和节日庆典，提高社区凝聚力和归属感。加强乡村科技创新，引进互联网和数字技术，推动农业现代化和乡村数字化，提供更多的发展机会和便利。以及吸引外部资源和合作伙伴，包括企业、大学和社会组织，共同推动乡村发展和人才留住。通过这些综合性的政策和措施，传统村落可以有效吸引和留住乡亲，并推动传统村落保起来、用起来、活起来。

4. 传统村落保护的问题与建议

总体来看，各地传统村落的保护与传承虽然取得了很大的成绩，但也应该看到有些地方保护发展和活化利用还是存在着一些问题，主要是：（1）随着城市化和工业化的快速发展，许多传统村落面临消失的威胁。大量农民入城务工，导致村落人口减少，生产生活瓦解，甚至出现从"空巢"到"弃巢"的现象。此外，城镇化进程中的拆村并点力度也导致村落的快速消失。（2）传统村落活化利用率较低，大部分传统村落是"只保护未利用"，缺乏整体规划策划。传统村落活化利用形式单一、同质化特征明显，特色化挖掘不够。由于交通条件限制、旅游配套设施不足等原因，传统村落的"吸引力"不足。（3）部分传统村落内现代建筑和传统建筑穿插，导致村落整体风貌发生变化。掌握传统建筑建造工艺的工匠缺失，造成传统建筑修缮失真或损失。（4）部分村庄配套基础设施不能满足消防需求和消防力量不足，村内道路狭窄或高差较大，不能满足消防需求。同时，现有的传统村落保护体系在立法、资金配置、发展模式、发展理念、规划设计等方面还存在问题，需要进一步地改善和加强。

目前，国内学者和社会各界也对传统村落的研究和保护进行了有效的探索，初步形成了具有中国自身特色的研究和保护体系，研究和保护的热点包括遗产保护、风景园林、村落文化、城镇化、乡村振兴、文旅融合等，且与国家政策、方针的联系渐趋紧密。在乡土文化"乡土重构"，推进中国式乡村现代化的当下，传统村落的研究和保护的重点应关注传统工匠培育、传统村落形态保护与活化利用成效、系统性理论构建、乡村居民主体视角、传统村落的现代化发展等内容。

综上所述，传承村落文化不仅是保护和保存历史记忆与文化遗产的需要，也是维护地域特色、增强社区凝聚力以及传承重要社会价值观念的重要途径。这些文化特质和价值观念是乡村社会不可或缺的精神财富，对于推动乡村振兴和社会发展具有重要意义。

二、乡村民宿

1. 乡村民宿的由来与发展

"民宿"起源于英国 20 世纪 60 年代初期，英国的西南部与中部人口较稀疏的农家为了增加收入开始出现民宿，采用的是 B & B（Bed and Breakfast）的经营方式，这种家庭式的招待是英国最早的民宿形式。20 世纪 80 年代，民宿传入日本和我国台湾地区，并得到广泛发展。最初是指利用当地闲置资源，由民宿主人参与接待，为游客提供体验当地自然、文化与生产生活方式的个性化住宿场所。这种形式的住宿地点可以是城镇或乡村地区，旨在让游客更深入地了解和体验当地环境。

我国的第一代民宿起源于 20 世纪 80 年代末兴起的农家乐，后来又有了洋家乐、渔家乐等。2003 年随着"家庭旅馆"的引入，有效地缓解了我国旅游旺季住宿的紧张状况。经过多年发展，到 21 世纪初，我国的旅游度假需求迅速增长，处在初级阶段的民宿行业则多是自发形成，以乡村农家乐为主流，只能提供简单的餐饮娱乐和住宿服务。自 2010 年开始，随着各种在线平台和电子商务的兴起，我国的民宿行业迎来了井喷式发展。很多民宿开始出现品牌经济，国内很多资本开始涌入民宿行业。民宿行业开始越来越内卷，民宿装修越来越豪华，设施越来越丰富，逐步开始走精品化酒店之路。其实很多精品的民宿已经不再是民宿，而是一个新型的精品酒店。如今，越来越多的景区、目的地民宿被度假酒店所取代。民宿被迫升级，开始向度假酒店迈进。民宿的野蛮生长也为这个行业带来了危机，民宿的发展开始进入新的阶段。而与此相反，乡村民宿则在乡村振兴的背景下，异军突起，迎来了发展的黄金时期。据不完全统计，截至 2023 年年底，全国旅游民宿约 20 万家，其中四川、云南、浙江、山东、贵州、广西等省区排位靠前，均超过 1 万家，且四川最多，达到 4 万家。① 在这些旅游民宿中，80% 的旅游民宿分布在乡村地区，也因此乡村民宿成为助力乡村振兴和乡村居住文化传承的重要工具。近年来，各地政府尤其是县级政府均将乡村民宿产业作为乡村振兴的主力抓手，采取有力措施，促进乡村民宿进入新的发展周期。

2. 乡村民宿的意涵与特质

乡村民宿为什么在近几年异军突起？究其原因在于乡村民宿独有的居住文化。这种居住文化，不仅有古老的形态景观，还有其建筑、地址和布局等背后蕴含的生活文化、社会生活文化和精神生活传统。位于东部某省湖州市德清县的莫干山民宿，地处沪、宁、杭金三角之心，是洋家乐的发源地和集群地。这个 2007 年起步，主要依托乡村风景提供单一食宿的乡村民宿，历经 17 年发展，如今已从单一住宿业态向"民宿+"产业集群转变，从自主经营到公用品牌，从观光到休闲度假，实现了农文旅体跨界合作和深度融合。还有位于首都密云区东部山区的下棚子村，原是一个有名的"空心村"，在首都城建集团的帮扶下，利用自己传统村落的景点优势，精心打造出 8 个院落组成特色精品民宿群。177 名村民参与施工，获得收益 390 余万元，实现在家门口就业增收。莫干山民宿的发展不仅留住了原住民，吸引了新乡贤，迎来了新旅客，还帮村民实现了年均收入 90 余万元，带动农产品销售 13 万元左右。

这些成功的案例及其发展壮大的实践证明：发展乡村民宿，必须将乡村居住文化与乡村振兴"锁"在一起，将保护和传承乡村居住文化与乡村民宿产业发展结合起来，突出乡村民宿"沉浸式体验""家庭式服务""数字化平台"特色。基于

---

① 张艺驰：《旅游民宿发展的现状、问题与对策》，载《中国旅游报》2023 年 9 月 8 日。

此，笔者认为，所谓乡村民宿是指一种利用乡村或农林场地区的合法住宅以及闲置资源，为消费者提供沉浸式体验、家庭式服务、数字化平台等住宿接待服务的经营场所。这个概念主要有四层含义。第一，乡村民宿是闲置资源的利用。许多乡村民宿利用村集体用房、农林场房等闲置资源，这些资源在未被充分利用前常被视为浪费。第二，乡村民宿是家庭式服务。乡村民宿强调家庭感，提供的服务不仅是住宿，还包括深层次的体验和多元化的感受。第三，乡村民宿是沉浸式体验。乡村民宿不仅仅是提供住宿的地方，更是沉浸式体验乡村居住文化，品味乡村生活的重要场所。这种体验让游客能够更深入地了解和体验乡居生活，从而区别于传统的城市酒店住宿。第四，乡村民宿是数字化平台。乡村民宿的井喷式发展得益于数字化产品的广泛应用，这种便捷、高效的预订服务将为游客带来与时代同频的感受。

基于上述界定，笔者认为乡村民宿具有以下几个特点。一是地理位置与自然环境优越。乡村民宿通常位于远离城市喧嚣的自然村落，利用农田、山林、河流等自然资源，为游客提供回归自然的体验。二是建筑风格与设计独特。许多乡村民宿保留了乡村的传统特色，如农舍、竹楼、石屋等，同时融入现代设计元素，既保持了原生态的环境，又满足了现代游客的审美需求。三是乡村多元文化体验。乡村民宿不仅仅是住宿的地方，更是体验乡村文化的场所。游客可以通过参与农事体验、传统手工艺课程等活动，深入了解和体验当地的农耕文化和传统乡居生活方式。四是社区参与经济发展。乡村民宿的建设往往与当地社区紧密结合，通过改造闲置农房，既保留了乡村的原始风貌，又为村民提供了额外的收入来源，促进了当地经济的发展。五是市场定位与目标客户。乡村民宿主要针对寻求宁静、远离城市喧嚣的休闲度假体验的家庭游和亲子游群体，特别是城市中生活的人们，他们更倾向于选择能够提供原生态体验的民宿。这些特点使得乡村民宿成为了乡村旅游和乡村振兴中的重要组成部分，不仅为游客提供了独特的住宿体验，也为当地社区带来了经济和文化上的双重收益。

发展乡村民宿具有重要的现实意义。一是促进乡村振兴。乡村民宿的发展是乡村振兴战略的重要组成部分。它能够吸引城市资本和人才回流，推动乡村经济的多元化发展。通过民宿，可以整合乡村的闲置资产，如宅基地和房屋，提高土地使用效率，同时带动乡村餐饮、休闲农业、文创商品等相关产业的发展。二是提升农民的收入水平。乡村民宿为农民提供了一种新的收入来源。通过经营民宿，农民可以直接参与旅游服务行业，增加他们的经济收入。此外，民宿还能带动当地农产品的销售，如特色农产品和手工艺品等，进一步提升农民的收入水平。三是传承和发展乡村文化。乡村民宿不仅是住宿的场所，更是展示和传承乡村文化的重要平台。通过民宿的设计和运营，可以融入当地的文化元素，如传统手工艺、地方特色美食等，让游客在体验乡村生活的同时，也能感受到乡村文化的魅力。四是改善乡村环境。随着民宿的发展，乡村的基础设施和公共服务设施可以得到改善和提升。例如，道路、供水、供电等基础设施的改善，能提升游客的住宿体验，同时也有利于提升乡村的整体形象。五是促进就业和创业。乡村民宿的发展能创造大量的就业机会，包括民宿经营、餐饮服务、旅游商品销售等多个领域。此外，民宿还为返乡创业提供了平台，鼓励更多的年轻人参与乡村的创业和发展。综上所述，发展乡村民宿不仅能够促进乡村经济的发展，提升农民收入，还能够传承和发展乡村文化，改善乡村环境，以及促进就业和创业，对实现乡村振兴具有重要的意义。

3. 研究现状与实践经验

（1）研究现状。目前，由于乡村民宿在我国是个刚刚兴起的新业态，国内学界对于乡村民宿的研究和成果较少，主要局限于经验性探索。而国外关于这部分的研究关注度较高。主要代表人物有 Sood（2017）和 Anand（2012）。他们分别认为：民宿的作用远远不只提供简单的餐饮和住宿，民宿也能够为游客提供个性化的服务和主客互动文化，民宿能够有效地增强游客的体验感，同时，民宿产生还能推动乡村旅游发展。此外，发展民宿能够为当地提供就业的机会，带动当地居民创收，增加当地居民的收入。一部分学者则通过调查研究发现，发展民宿其作用并不都是积极的，也会带来相应的负面影响。如民宿旅游的兴起会带来民宿行业内部激烈竞争，从而导致民宿服务质量下降、水平参差不齐等方面的问题。随后，还有学者提出，民宿经营者拥有的人力资本和社会资本在民宿发展过程中发挥着关键作用。其中对于少数民族经营者经营的民宿，社会资本起着至关重要的作用。Walter（2018）等人的研究还发现，通过系统的培训和丰富的实践经验，民宿经营者的领导力可以得到显著提升，则民宿的经营绩效也会随之提高，口碑营销是民宿营销最有效的渠道。Wu（2012）等人则指出客户关系的维护也会产生直接绩效，民宿经营者应深化对线上预订平台民宿图片展示功能的认知，这对于吸引游客具有关键作用。这种行为可以有效激发消费者的购买意愿，促使其作出购买决策。国内对于民宿的探讨可分为两个部分，一部分为我国台湾地区，随着《台湾民宿管理办法》的颁布，我国台湾地区的学者从 20 世纪 80 年代就相继开始民宿研究。另一部分为大陆地区，进入 21 世纪初，大陆地区的民宿业已初具雏形，而自 2010 年起，民宿在全国范围内更是迅猛崛起。胡小芳等（2020）、张东燕（2021）等学者认为民宿与旅游业密不可分，民宿是旅游业发展的产物，并指出乡村民宿业站在了时代的新起点，迎来了蓬勃发展的黄金时期。胡永林和韩若馨（2017）认为民宿发展中存在着当地特色缺失、合理规划缺乏、配套基础设施缺少、品牌意识缺少等问题。徐峰等人（2020）经过研究发现，民宿经营者在网上对民宿信息的描述详细程度、民宿经营的时间以及游客评论数量等因素，会影响游客对共享民宿的在线预订意愿；侯玉霞等学者（2018）认为与传统的住宿设施相比，民宿更具有民俗化、本地化和家庭化的属性。这些研究成果为乡村民宿的现实发展提供了一定的理论支撑。

（2）实践经验。在乡土文化"嵌入"乡土重构，推进中国式乡村现代化的当下，全国各地乡镇或乡村坚持依托自身优良的乡村居住文化资源，以乡村民宿发展作为各地经济发展的新引擎、新动能，以乡村民宿赋能乡村振兴发展，促进了乡村民宿产业的蓬勃发展。总结各地的发展实践，主要具有以下四个方面的特点：

一是变"好资源"为"好产业"。乡村民宿最显著的特点就是其乡土味。它依托于乡村的自然风光、文化背景和产业特色，提供一种回归自然、体验乡村生活的机会，从而变"好资源"为"好产业"。如西部省份红河县宝华镇龙玛村，紧邻撒玛坝万亩梯田景区，且处于红河县旅游环线主干道上，村内农家小宅错落有致，背靠高山，面向景区，是游客看日出、观云海、赏梯田的理想之地。该村紧紧围绕这个"好资源"，实践"四入模式"（农房入会、农田入股、农谷入景、农产入市），实行"一屋一规划"发展村落民宿。目前，该村已有民宿客栈 4 家，共有50 个房间、79 个床位，带动 13 人就业。2023 年接待游客 10 万余人次，增加旅游附加值 4500 余万元。又如西部省份江油市枫顺乡位于江油市最北端，依山傍水，森林覆盖率达90%，气候宜人，常年空气质量优良。2022年，该乡活化闲置资产，投资208万元建设清云溪云宿，再由村集体出租给第三方公司运营，每年收取租金保障村集体收入。看到清云溪云宿带来的收益和人流量，该乡决定将民宿产业"走到底"。他们通过整合"镇村社企户"五方力量，探索返乡村民自主盘活、空间规划腾挪盘活、引入企业资本盘活等方式，盘活"沉睡"的闲置宅基地，已初步形成具有当地特色的乡村民宿集群，让生态优势转化为发展优势。再如中部省份恩施州位于武陵山脉、巫山山脉和大娄山脉的交汇处，处于武陵山脉和周边山脉的包围之中，自然生态优越，巴蜀文化多样，名特产品丰富，素有天然药库、凉都、硒都之称。近年来该州全域布局，多点发力，探索创新乡村民宿发展模式，形成了景区周边民宿群、休闲度假民宿点、城市风情客栈区、城郊旅游民宿带、特色旅游民宿村的发展格局中，走出了一条具有地域特色的乡村民宿发展新路子。

二是变"一家暖"为"暖大家"。乡村民宿的优势在于提供家庭式服务，变"一家暖"为"暖大家"，能让租客感受到宾至如归的温馨和亲切。为此，部分地区积极依托当地闲置民居资源，积极引导鼓励有条件的农户，发展适合大众化的特色家庭民宿，打造乡村民宿产业差异化发展格局，解锁乡村"共富密码"。如中部地区庐江县围绕如何盘活乡村闲置农舍，解决乡村民宿市场供给不足，并带动村民增收致富这个问题，按照"试点带动、集聚发展、量质并举、富有特色"的思路，推动乡村闲置农舍改造提升为家庭民宿，努力使每处农舍就是一处风景、一处网红打卡点、一处产业增长点，积极打响"恋庐小舍"家庭民宿公共品牌，以"家庭民宿"照亮当地乡村振兴之路。又如西部省份双堡镇大坝村，利用当地避暑经济优势，引导鼓励有条件的村民将闲置的民房改造成家庭民宿，不仅有效促进乡村旅游的发展，还为当地经济社会发展注入了新的活力。目前，该村已拥有138栋家庭别墅、60家民宿、325间客房、650个床位的"民宿村"，日均接待旅客800余人次，旺季月均营业额140万元左右。乡村民宿经济势头越来越旺。

三是变"过境客"为"过夜游"。乡村民宿要想留住客人，必须积极探索"民宿+"模式，延伸产业链、供应链、价值链，变"过境客"为"过夜游"。如中部省份赫山区自搭桥村以文化施粉、美景抹黛，优质产品为乡村民宿增添魅力。该村深入挖掘在地乡村文化资源，将农耕文化、传统工艺、民俗礼仪等融入"乡创农庄"产品之中，体现淳朴"乡土味"、浓郁"烟火气"，打造"乡创农庄"品牌，村集体收入超 30 万元，2023 年累计接待游客超过 1 万人次。又如中部省份董家村，依托本地山美水清、气候宜人的优势特色，围绕"民宿+农耕""民宿+有机农产品"等，探索这个鄂西"桃源"的乡村振兴新路子，让游客在沉浸式体验中乐不思蜀，天然绿色健康，成为乡村民宿引以为傲的"金招牌"。西部省份双石村，创新"村集体+村组干部+农户+社会资本"方式建设乡村民宿，并整合乡村民宿周边果园和鱼塘资源，带动周边 20 户农户开发垂钓、采摘等多种休闲项目，在留住游客的同时，带动当地村民增收。

四是变"高流量"为"高留量"。数字化时代，乡村民宿本质上是个微度假、小而美的平台，随着"民宿+"元素的延伸，资金流、信息流、物流、人流以及人才都将开始向乡村汇聚，可以改变乡村"空心村"现象，重新聚焦起人气和活力，变"高流量"为"高留量"。东部沿海省份河源林石村，毗邻万绿风景区，隐匿于山、林、溪、云雾等自然景观之中，犹如桃花源一般。可是以前，这个村却藏于深山无人知，村落"空心化"日益严重。如今，该村将闲置房屋改造成万绿民宿，荒废土地种起农作物，农特产品卖给游客。民宿经济激活了林石村的发展动力，村民有了"造梦空间"，村里的人气也就旺了。又如东部省份东阳三单乡，是东阳唯一的零工业、纯生态乡。之前，全乡 70%村庄为"空心村"。2020 年，林栖三十产院民宿入驻该乡，成功盘活了该乡的生态资源，带动了乡村旅游、休闲康养、学生研学、农特产品售卖等，为乡村集体和村民增收，使村民实现就近就业，大批年轻人被吸引返乡创业就业，为家乡的发展增砖添瓦。

总体来说，近年来乡村民宿在政府的推动下，已取得了一定成绩。但也存在着立法滞后、商业滞后，管理断档、成本失控、运营效率低等问题。今后应加快立法步伐，提高行业准入门槛，加强从业人员培训，引进专业运营团队，以提高乡村民宿的质量，促进乡村民宿可持续发展。

第十四章 行，乡居生活的独特方式

"行"，是人类最基本的能力之一。只有能行，人类才能获得食物，也才能逃脱强大敌人的捕食。因而，自古至今，"行"在人类日常生活中都占据着重要的地位。为了能行，人类在生活和劳动过程中观察和形成了强身健体的技能，如走、跑、跳、射、御等，这就是现代意义上的体育；为了能行得快，人类在生活和劳动过程中发现和创造了交通出行的道路和工具。为了能行得安全，人类在生活和劳动过程中观察和确立了顺应自然、祛邪避灾的行为规范和出行文化。"行"就以其丰富多样的含义和魅力渗透我们生活的方方面面，从而成为乡居生活的独特方式。因此，在乡土文化"嵌入"乡土重构，推进中国式乡村现代化的当下，传承和发展"行"的文化，助力乡村振兴，正是"行"之思想和表达的内在之义和意义所向。

第一节 "行"的方式

一、概念梳理

1."行"与"动"的关联

"行"是象形字。甲骨字形像是一个相互交叉的两条大路。金文大致相同。小篆承接金文而来，隶变后楷书写作"行"。"行"的本义为路、道路，后来，也用于代指军队，如《史记·陈涉世家》中的"陈胜、吴广皆次当行"。不论是在道路上，还是在军队的行伍之中，时刻都离不开行进，所以后来人们还将"行"字进行变音(本义读"háng"，变化后读"xíng")，用于表示前进、行走的意思，如行百里者半九十、行云流水、运行等。"行"字这个汉字在中国文化中具有丰富的内涵，涵盖了从基本的日常行为到深层的道德和哲学思考。

"动"也是象形字，甲骨文字形像一个人用手推重物，这反映了其原始的象形意义，即与人的体力使用相关的动作。"动"的本义就是行动或动作，《说文解字》解释为"作也"，即动作或起意。字形分析显示，由"力"（形旁，表示动作的力量）和"重"（声旁）组成，强调动作的力量和重要性。

"动"与"行"都具有动作、行为的含义，但它们在具体使用和语境中有一些区别和联系。"动"字通常指任何形式的动作或变化。可以是身体的移动，如跑、跳；也可以是思维的活动，如思考。强调开始与激活，常常侧重于某个行为或状态的起始阶段。例如，"动身"意味着开始旅程。涵盖范围广，几乎可以涵盖所有类型的动态过程。

"行"字指具体的行走或旅行，最初的含义是指人或动物的行走动作。后来扩展到更广泛的旅行、移动场景。其行为的实施与进展，更多强调实际行动的执行和进展过程，如"行程"表示旅行的路线或安排。"行"具有一定的方向性，行为往往带有明确的目的地和方向性。

行与动相互依存，没有"动"的意图或动力，可能就不会产生具体的"行"为。而实际的"行"为又体现了先前的"动"的意愿。"动"可视为内在的动机或准备阶段，"行"则是外在表现的实施阶段。例如，一个人内心"动"了想要锻炼的念头之后，才会付诸"行"动去跑步。在某些表达中，"动"和"行"可以互换使用而不影响理解。然而在特定语境下，它们的细微差别又能提供更精确的信息。

综上所述，"动"与"行"既有区别又有紧密联系，在理解和使用时要结合具体语境加以区分把握。

2."行动"与"体育"的关联

"行动"的词义是指人为的、有目的的活动或行为，追求特定的效果和后果。它是积极的、动态的，涉及具体的执行和操作。行动与动作有所区别。动作更多指的是身体活动或物理行为，而行动则侧重于有目的、有动机的行为，包括身体动作和语言表达，但不仅仅局限于这些。

"体育"是个术语，最早出现在1760年法国的报刊上。"体育"一词在我国开始使用是 19 世纪末，在古代，我国用养生、导引、武术等名词表述。到 19 世纪末，随着国外体操开始传入我国，我国才有与体育相近的"体操"一词。直到 20 世纪初，我国才开始出现"体育"一词。到 1923 年才结束"体操"与"体育"并用的时期。而后，"体育"一词逐渐取代"体操"一词被广泛应用。在国外与中文"体育"意思相近的有"身体文化""身体教育""运动""身体娱乐"等名称。体育的词义可以从两个主要方面来理解。一个是狭义的体育，也称为"身体教育"，主要指通过身体活动来增强体质，传授锻炼身体的知识、技能和技术。这是一个有目的、有计划的教育过程，旨在培养道德和意志品质，是教育的组成部分，对培养全面发展的人至关重要。另一个是广义的体育，它涵盖了更广泛的社会活动，包括以身体练习为基本手段，旨在增强体质、促进人的全面发展、丰富社会文化生活和促进精神文明建设。这种形式的体育是有意识、有组织的社会活动，反映了社会总文化的一部分，其发展受到社会政治和经济的制约，同时也为社会的政治和经济服务。这两种理解方式揭示了体育不仅是关于身体活动的概念，它还包括了教育、文化和社会发展等多个层面。

　　"行动"与"体育"之间存在着密切的关系。第一，体育活动的实践。体育活动本身就是一种行动，它要求个体参与各种运动，如跑步、游泳、球类运动等。这些活动不仅能够增强体质，还能培养团队合作精神、竞争意识和自律性。第二，体育教育的推广。将体育教育和行动相结合，通过体育课程、校队活动等方式，鼓励学生积极参与体育活动，是提升学生体质和全面发展的重要途径。第三，体育对个体行动的影响。主要表现为身体健康、心理健康和社会能力。体育活动能够改善个体的身体健康状况，增强肌肉力量、提高耐力和协调性。通过体育活动，可以释放压力、缓解焦虑，提升个体的积极情绪和自我效能感。体育活动往往以群体形式进行，有助于建立和维护人际关系，提高社交能力。第四，体育对社会行动的影响。体育活动可以增强社区的凝聚力，通过共同支持球队或参与体育活动，不同背景的人们可以团结起来。体育产业是一个重要的经济领域，提供了大量的就业机会，促进了经济发展。第五，体育对青少年行动的影响。促进青少年健康信念的提升：体育社交媒体的健康传播可以提升青少年的健康信念，进而促进他们采取积极的体育行动。第六，体育行为的改变。通过体育社交媒体，青少年可以获得更多关于体育的信息，增强对体育的兴趣，从而改变他们的体育行为。

通过上述分析，我们可以看出行动与体育之间存在着相互促进的关系。体育活动不仅能够直接提升个体的身体健康和心理健康，还能通过增强社会凝聚力和经济发展，对社会产生积极的影响。同时，体育也是青少年健康信念提升和体育行为改变的重要媒介。

3."出行"与"行动"的关联

出行与行动之间存在密切的关系：（1）出行是行动的一种特定形式，指的是离开常住地到其他地方进行短暂停留的活动，通常涉及一定的距离移动。行动是一个更广泛的概念，涵盖了任何形式的身体活动或举止。（2）出行是行动在空间移动方面的具体体现，它特指为了达到特定目的（如工作、旅游、探亲等）而进行的地理位置变换。行动是构成出行的基础要素，行走作为行动的基本形式，是出行过程中不可或缺的环节，无论是步行、骑行还是驾驶，都离不开行走的动作。（3）出行前的决策和规划过程同样属于行动范畴，包括选择目的地、确定路线、安排时间等。出行受行动能力的影响和身体机能的限制。（4）个体的行动能力直接决定了其出行的方式和范围。例如，健康状况良好的人可以选择多种出行方式，而行动不便者可能受限于轮椅等辅助工具。（5）出行过程中可能需要运用特定的技能和知识，如驾驶技能、导航技巧等，这些都是行动能力的延伸。（6）出行对社会和经济产生影响。从经济活动来看，大规模的出行活动促进了交通运输业及相关产业的发展，带动了就业和经济增长。从社会变迁来看，随着出行方式的变革（如汽车时代的到来），人们的居住模式、工作方式乃至社会结构都发生了显著变化。（7）出行与行动的共同目标。一是满足需求。无论是出行还是其他形式的行动，其根本目的都是满足人们的生活和生产需求。二是实现价值。通过有效的出行和行动，个体和社会能够实现更高效的时间利用、资源配置及价值创造。

综上所述，出行可以被视为行动在空间位移领域的专门化表现，二者相互依存、互有影响。理解这一关系有助于我们更好地规划和管理个人及社会的流动性需求。

通过上述梳理，应该看到，"行"不仅与体育文化有关，也与出行文化有关，两者都包含着同一个核心要素——"行动"，亦即"行"。

4."出行文化"与"体育文化"的关系

"出行文化"是一个广泛的概念，它涵盖了人们从一个地方到另一个地方的所有移动方式，包括使用各种交通工具和步行。这种文化不仅是物理上的移动，还深深根植于社会、心理和文化习俗中。从历史演变来看，在古代，出行主要依靠步行或简单的交通工具，如马车、船只等。随着科技的发展和生活水平的提高，出现了自行车、汽车、火车等现代交通工具，极大地改变了人们的出行方式。从社会文化意义来看，出行不仅是到达目的地，它还是一种社会交往的方式。在不同的文化和地区中，出行伴随特定的仪式和习俗，如选择出行的吉日、特定的出行服饰、携带的吉祥物等，这些都体现了人们对出行的重视和祝福。从心理层面来看，出行文化也反映了人们对安全和幸福的追求。例如，在出行前进行祈福活动，如贴对联、放鞭炮等，都是为了祈求旅途平安顺利。从现代出行文化来看，在现代社会，随着科技的发展，共享出行工具如共享单车、高速铁路等成为流行趋势，这不仅提高了出行的效率和便利性，也反映了现代社会对环保和可持续发展的重视。总之，出行文化是人类文化多样性的体现，它反映了不同时代、不同地域人们的生活方式、价值观念和社会习俗。

出行文化与体育文化之间存在着密切的关系，这种关系主要体现在体育旅游这一新兴业态上，是人们对体育活动的热爱和探索新地方的愿望。从体育旅游的发展来看，体育旅游是一种将体育活动与旅游相结合的旅游形式，它通过举办体育赛事或体育活动吸引游客，促进地方旅游经济的发展。从体育旅游对出行文化的影响来看，体育旅游不仅满足了人们参与体育活动的需求，还通过体验不同的体育文化和赛事，丰富了人们的出行体验。此外，出行文化与体育文化的关系不仅体现在体育旅游这一新兴业态上，还体现在体育旅游对城市品牌提升、文化传播以及经济发展的积极影响上。未来，随着科技的进步和消费者需求的变化，体育旅游有望成为推动出行文化发展的重要力量。因而，在乡土文化"嵌入"乡土重构，推进中国式乡村现代化的当下，传承和发展出行文化和体育文化，特别是体育文化，对于助力乡村振兴具有更加重要的不可或缺的作用。

二、体育文化的特点

体育文化是广义文化的一个组成部分，是在运用身体练习增进健康、提高人们生活质量的过程中创造和形成的一切物质财富和精神财富。体育文化具有以下几个特点：

(1)群众性。体育文化是一种面向大众的文化活动，不分年龄、性别、职业，每个人都可以参与并从中获得乐趣和益处。

(2)竞技性。体育文化强调竞技和竞争，鼓励人们在体育竞赛中不断拼搏、超越自我，追求更高的目标。

(3)娱乐性。体育文化具有很高的娱乐性，通过体育活动为人们提供乐趣和愉悦，有助于放松身心和缓解压力。

(4)教育性。体育文化不仅锻炼身体，还培养人们的意志品质、团队精神、竞争意识和社会责任感，对人们的全面发展产生积极影响。

(5)经济性。体育文化能够带动体育产业的发展，创造就业机会，促进经济增长。

这些特点共同构成了体育文化的多维度价值，使其成为不仅仅是身体锻炼，更是一种全面提升生活质量的方式。

三、乡村体育文化特点

乡村体育文化是指在乡村地区，以当地村民为主要参与群体，利用简便的体育设施、器材或自然环境资源，开展的一系列旨在促进身体健康、休闲娱乐、社会交往和文化传承的体育活动。这类体育活动往往具有鲜明的地域特色，包含了传统的乡土体育项目和一些形式灵活多样的现代体育项目。具有以下几个方面的特点：

(1)活动项目的多样化、乡土化。结合农村地域环境特点，开展各种传统项目、乡土项目或者形式灵活的现代项目。

(2)活动时间的农闲化。乡村体育活动主要在农闲时进行，这样既不影响农业生产，又能让农民在忙碌之余得到放松和锻炼。

(3)活动形式的分散化。由于农村地区地域广阔，人口分布相对分散，因此乡村体育活动也呈现出分散化的特点。

乡村体育文化不仅是乡村地区一项重要的群众文化活动，它还有助于提升村民的身体素质和健康水平，促进乡村社区的凝聚力和文化认同感，丰富乡村居民的精神文化生活，促进社会和谐与发展。

第二节　乡居的实践

一、乡村赛事

1. 乡村赛事是传统赛事的传承

乡村赛事，简称"村赛"，是指在我国乡村地区举办的各种体育赛事，这些赛事通常融合了当地的文化特色和体育项目，旨在促进乡村的文体旅游发展，增强村民的凝聚力，并推动当地经济。近年来，"村赛"如"村 BA"（乡村篮球联赛）、"村超"（乡村足球超级联赛）等已经成为一种流行的乡村文化现象，吸引了大量的村民和游客参与。

这些赛事不仅提供了体育竞技的平台，也成为了展示乡村文化和风土人情的重要窗口。例如，"村超"在贵州省榕江县举办的赛事，不仅吸引了大量的外来游客，还通过比赛带动了当地餐饮、住宿、旅游等相关产业的发展，实现了体育、文化、旅游和经济的融合发展。此外，"村赛"还常常融入当地的民族文化元素，如歌舞表演、民俗展示等，使得赛事更加丰富和多元。通过这些活动，村民们可以在参与比赛的同时，享受到乡村文化的魅力，促进了乡村文明的新提升。

实际上，"村赛"在我国过去就已存在，旧时的"村赛"通常是指那时乡村地区举行的迎神赛会。这是一种传统的民间庆祝活动，常见于我国乡村地区。在这些活动中，村民们会通过比赛、游行等方式来展示和庆祝，旨在祈求神灵的保佑和社区的繁荣。这种活动往往融合了文化、宗教和体育元素，是乡村社区凝聚力和传统文化传承的重要方式之一。如今，火爆全国的"村赛"正是对传统"村赛"的传承与创新。

2. 乡村体育赛事已步入新高度

以台江县为例，台江县的传统村赛，特别是所谓的"村 BA"，有着深厚的历史和文化背景。这种篮球比赛起源于 1936 年，当时篮球这项运动首次传入贵州地区。台江县在 1936 年建立了第一个篮球场，并在 1936 年 10 月 10 日举行了台江县第一次体育运动会。

篮球运动在台江县得到了很好的融入和发展，特别是在当地的传统节日"吃新节"中。这个节日是贵州南部民族地区庆祝丰收的节日，篮球比赛成为了节日中的一项重要活动。从 1975 年到 1983 年，东风"苗寨女篮"协助县体委培养了 148 名农村体育骨干力量，到 1984 年，全县共组建 68 支"苗寨女篮"球队。篮球场的数量也从 1965 年的 129 个增加到 1985 年的 319 个，篮球成为了台江县乡村篮球发展的基础。

近年来，台江县通过"传统+赛事"的方式，不仅保留了传统的村赛形式，还通过举办各类篮球赛事，如"村 BA"球王争霸赛等，将这种传统体育竞赛提升到了一个新的高度。

(1)传统与现代的结合。台江县在保持农历六月六苗族"吃新节"传统篮球赛事的基础上，积极举办各级别的篮球赛事，如州级、省级乃至国家级的篮球赛事。这种做法不仅延续了传统村赛的精神，还通过赛事的举办吸引了更多的关注和参与，使得传统村赛得以在现代社会中焕发新的活力。

(2)文化与经济的融合。通过"村 BA"等赛事的举办，台江县不仅提升了当地的体育文化水平，还有效地促进了文化体育与特色农业、乡村旅游等产业的融合发展。赛事期间，各种民族歌舞表演、特色农产品推介等活动的举办，不仅展示了当地的文化魅力，也为当地经济带来了新的增长点。

(3)乡村振兴的推动力。"村 BA"等赛事的成功举办，极大地推动了台江县的乡村振兴。2024 年 1 月至 11 月，台江县接待游客 363.9 万人次，同比增长 32.1%，实现旅游综合收入 42.21 亿元，同比增长 32.67%。[1] 这种以赛事带动旅

---

[1]　杨正海：《黔东南做强文体旅深度融合文章　多元供给燃爆旅游市场》，载《贵州日报》2025 年 1 月 8 日。

游、以旅游促进经济发展的模式，为台江县的乡村振兴注入了强大的动力。

"村BA"的火爆出圈，实际上是台江县篮球运动长期发展和社区文化积累的结果。这种比赛不仅是一种体育活动，也是台盘村文化的一部分，体现了苗族同胞对篮球的热爱和接受，以及他们"海纳百川，有容乃大"的气魄。通过"村BA"，台江县不仅展示了自己的文化和传统，也促进了当地经济的发展和提升了村民的生活质量。

综上所述，台江县的村赛不仅是传统体育活动的传承，更是与现代体育赛事相结合，通过文化与经济的融合，有效推动了乡村振兴和地方经济的发展。

3. 乡村体育赛事的问题与对策

现在，乡村体育赛事正在全国各地蓬勃开展。在看到成绩的同时，也应该看到乡村体育赛事目前仍然存在一些问题，主要包括以下几个方面。一是赛事管理存在漏洞。近年来，从足协爆出的种种丑闻到CBA的"假球事件"，显示出相关机构在管理国家赛事、规范赛场行为方面仍存在一定的改善空间。体育管理体制权力过于集中，导致体育管理体制存在弊端。二是资本介入难抵抗。村BA的发展为当地经济产生了强大的助推力，但随着资本的介入，其对经济的增长能力已进入倦怠期，难以促进当地经济的飞速增长。资本的介入可以解决这一难题，但一旦给赛事注入太多商业化的元素，参赛运动员职业化、场地正规化、广告赞助等环节增多将是比赛必然会面对的现实。三是真诚"村味"易消失。村BA之所以能迅速"出圈"就在于它的原汁原味，它的纯粹本色。但一旦成为国家赛事，让村BA出圈的"村味"还能否继续保持是村BA赛事升级后面临的最大难题。一旦给赛事注入太多商业化的元素，参赛运动员职业化、场地正规化、广告赞助等环节增多将是比赛必然会面对的现实。这些问题需要相关部门和组织者采取有效措施进行解决，以确保乡村体育赛事能够健康、持续发展，同时保持其原有的特色和魅力。

乡村体育赛事的发展应该采取以下几个对策来促进。(1)创新体育发展模式。推动乡村体育与旅游、赛事、康养、文化、医疗等领域的深度融合，培育乡村体育产业多元业态，推动新型体育产业蓬勃发展。(2)发展绿色生态体育。利用乡村的自然资源和生态禀赋开展亲近自然的体育活动，如徒步、野营、登山等，实现人与自然和谐共生，推动生态宜居环境的建设。(3)开放多元文化。通过体育赛事活动展示乡村的风土人情和地域文化，增强乡村体育的多元性和包容性，吸引外来游客，促进文化交流和经济发展。(4)加强组织建设。建立健全乡村体育指导站，配备完善相应健身设施、健身器材和社会体育指导员，提升乡村体育的组织和管理水平。(5)举办特色体育赛事。根据乡村的特色和条件，举办具有地方特色的体育赛事，如乡村篮球赛、排球赛等，吸引村民和游客参与，提高乡村的知名度和吸引力。(6)利用现代信息技术。通过现代信息技术提升公共健身设施的管理服务水平，如将乡村体育指导站、公共健身设施纳入电子地图和全民健身信息服务平台。

通过这些对策的实施，可以有效促进乡村体育赛事的发展，提升乡村生活质量，推动乡村经济的多元化发展。

二、乡村婚庆

1. 乡村婚庆的意涵与特点

乡村婚庆是一种结合了传统和地方特色的婚礼形式，通常在自然环境中举行，如乡村的空地、自家的院子或特定的农业场所。这种婚礼风格强调自然美、质朴材料和温馨氛围，旨在营造一种回归自然、简单而真诚的庆祝方式。主要特点有：一是自然环境。乡村婚庆通常在户外进行，利用自然环境作为婚礼的背景，如田野、花园或古老的农舍。二是质朴装饰。装饰材料多采用自然材料，如木头、稻草、鲜花和农作物等，营造出一种田园风格。三是传统仪式。包括一些传统的婚礼仪式，如新娘下婚车时的特殊习俗(如跨过火盆等)，以及拜天地、敬父母等传统礼仪。四是亲密互动。乡村婚礼鼓励宾客与新人有更多的互动和参与，如共同种植象征性的植物或进行户外游戏。五是食物和饮料。婚宴通常提供地道的乡村美食，如自家种植的蔬菜和肉类，以及传统的酒精饮料。六是文化意义。乡村婚庆不仅仅是一场婚礼，它更是一种文化的传承和展现。它反映了乡村社会的价值观、生活方式和对美的追求。通过这种婚礼形式，新人和宾客能够共同体验和感受乡村文化的魅力，增进彼此之间的情感联系。总之，乡村婚庆是一种独特而富有意义的庆祝方式，它结合了自然美景、传统习俗和亲密的人际关系，为新人和他们的客人提供了一种难忘的体验。

2. 乡村婚庆的由来与发展

乡村婚庆的传统起源于古代农耕社会，它不仅是庆祝丰收和祈求来年好运的重要仪式，也是家族延续和社会稳定的体现。在儒家思想的影响下，婚礼逐渐成为家庭和家族生活中不可或缺的一部分。一是传统习俗与目的。一方面是庆祝丰收与祈求好运。乡村婚礼常随着对农作物丰收的庆祝，人们希望通过这样的仪式祈求来年的好运气和更多的收获。另一方面是家族延续。婚礼是家族成员聚集的时刻，有助于加强家族凝聚力，同时也是对新婚夫妇未来能够延续家族血脉的祝愿。二是社会与文化展示。婚礼也是展示新郎家庭社会地位和文化的一种方式，通过婚礼的规模和仪式的隆重程度来体现家族的财力和声望。三是婚礼仪式的特点：①季节性。传统上乡村婚礼多在农闲的冬季举行，这时村里的劳动力较为充足，也更容易找到帮忙的人。②简朴与热闹。婚礼仪式相对简单，但气氛热烈，常伴有唢呐和戏曲表演，吸引全村人参与和观看。③家庭与社区参与。婚礼从准备到执行，几乎全村人都参与，不仅是新人的庆典，也是全村的盛事。

随着时代的变迁，乡村婚礼也发生了一些变化。现在的婚礼更多地转移到了酒店或饭店举办，这不仅节省了时间和精力，也提供了更完善的设施和服务。同时，婚礼的形式和内容也变得更加多样化和现代化，但仍保留了一些传统元素，体现了乡村文化的传承与发展。

现在乡村婚庆是一种结合传统与现代元素的婚礼形式，具有独特的魅力和多样化的风格。目前流行的乡村婚庆风格有以下几种形式：

(1)户外草坪婚礼。在乡村的草坪或自然环境中举行，结合传统与现代元素，如重固镇徐姚村的婚礼，展现了乡村生活的新风貌。

(2)艺术与田园相结合的婚礼。如旌阳镇的"携小满·共圆满"2024年旌德青年人才艺术乡村田园婚礼，通过艺术和文化元素融入乡村，提升乡村的文化和艺术价值。

(3)特色动物参与的婚礼。如狗狗做伴郎的婚礼，增加了婚礼的趣味性和亲和力，使婚礼更加温馨和个性化。

(4)复古风格的婚礼。法式复古风格的婚礼，通过复古的家具和柔和的色调，营造出怀旧和浪漫的氛围。

这些风格不仅展示了乡村的自然美景和文化底蕴，还通过创新的设计和元素，为新人提供了既传统又独特的婚礼体验。

三、传统体育

1. 传统体育项目的传承意义

我国传统体育项目丰富多样，涵盖了从武术、棋术到民族传统体育等多个方面。主要有武术包括少林功夫、武当武术、沧州武术、精武武术、咏春拳、心意拳、八卦掌、蔡李佛拳、螳螂拳等；舞狮与舞龙；棋术，包括象棋和围棋等；摔跤，古代称为角力、角抵、相扑、争跤等；空竹，古称"胡敲"，也叫"地铃""空钟""风葫芦"等；射箭；蹴鞠，又名"蹋鞠""蹴球""蹴圆""筑球""踢圆"等；龙舟；马球；捶丸等。这些传统体育项目不仅具有娱乐性，还体现了中华民族的文化特色和历史底蕴。

传统体育项目的传承具有深远的意义，主要体现在以下几个方面：

(1)文化传承的载体。传统体育项目是历史的见证，承载着中华民族的智慧和精神。例如，龙舟竞渡起源于古代的祭祀活动，如今已经成为了一种团结协作、勇往直前的象征。每一次龙舟比赛，都是对中华民族传统文化的一次传承和弘扬。

(2)全民健身的推动者。与现代体育项目相比，传统体育项目更加贴近人们的生活，具有较强的趣味性和参与性。例如，键球运动简单易学，不受场地限制，无论是在城市广场还是乡村小院，都能看到人们踢键球的身影。通过全运会的推广，更多的人了解和参与传统体育项目，有助于提高全民的身体素质和健康水平。

(3)国际交流的桥梁。中国的传统体育项目具有独特的文化内涵和艺术魅力，在国际上具有较高的知名度和影响力。例如，武术已经走向了世界，成为了中国文化的一张亮丽名片。通过全运会的平台，更多的国际友人能够了解和认识中国的传统体育项目，促进中外文化的交流与融合。

综上所述，传统体育项目的传承不仅是对体育文化的传承，更是对中华民族精神的传承。这些项目中蕴含的坚韧不拔、团结协作、勇于拼搏的精神，是中华民族宝贵的精神财富。通过全运会的舞台，这些精神得到了更好的弘扬和传承，激励着一代又一代的中国人为了国家的繁荣富强而努力奋斗。

2. 传统体育项目传承的实践

近几年来，在乡村振兴背景下，全国各地均加大了乡村传统体育项目的传承力度。总结各地实践，主要有以下几个特点：

（1）创新与融合。传统体育项目的传承需要结合现代元素进行创新。例如，将传统武术与现代舞蹈、音乐相结合，或者融入电子竞技、舞台剧等现代科技和艺术元素，创造出新的表演艺术。这种创新不仅让传统体育项目更加符合现代人的审美和需求，还增强了其观赏性和吸引力。

（2）教育与普及。将传统体育项目纳入学校教育体系，通过设置专门的课程和课外活动，引导学生学习和实践。此外，利用现代科技手段，如大数据、云计算等，对非物质文化遗产进行数字化记录和保存，有助于传统体育文化的普及和传承。

（3）社会宣传与参与。通过社交媒体、网络直播等现代传播手段，广泛宣传传统体育文化的独特价值和意义，提高公众的认识和了解。举办传统体育文化节、展览等活动，让公众通过亲身体验和互动交流，深入感受传统体育文化的魅力。

（4）产业化发展。探索和开发传统体育文化的产业和市场，将其与现代市场需求相结合，创造出具有市场竞争力的体育文化产品。例如，开发与传统体育相关的服装、器材、纪念品等衍生品，形成完整的产业链条。

（5）国际交流与合作。加强国际的交流合作，学习和借鉴其他国家在传统体育文化保护与推广方面的成功经验。通过参与国际性的传统体育赛事和交流活动，展示我国传统体育文化的魅力，推动其走向世界。

这些经验表明，传统体育项目的传承需要不断创新和适应时代的变化，同时通过教育、宣传、产业化和国际交流等多种手段，增强其生命力和影响力。

3. 传统体育项目传承的路径

传统体育项目的传承路径主要包括以下几个方面：

一是教育传承。包括学校教育传承、家庭教育传承、社区教育传承。学校教育传承就是将传统体育文化融入学校教育体系，通过设置专门的传统体育文化兴趣小组和课外活动，引导学生深入了解和学习传统体育文化。家庭教育传承就是在家庭中传承传统体育项目，如通过家庭亲子活动，父母和孩子一起练习传统体育项目，增强家庭对传统体育的认识和兴趣。社区教育传承就是利用社区资源，组织传统体育活动和比赛，让社区居民参与传统体育的实践中，增强社区对传统体育的认同感和参与度。

二是创新与现代化。创新传统体育项目，结合现代体育理念和科技手段，对传统体育项目进行改编和创新，使其更加符合现代人的审美和需求。利用现代科技手段，包括运用大数据、云计算等现代信息技术对传统体育文化进行数字化记录和保存，提高传承的效率和质量。

三是社会宣传与推广。利用社交媒体、网络直播等现代传播手段，广泛宣传传统体育文化的独特价值和深远意义，扩大其影响力和传播范围。

四是产业化发展。开发与传统体育相关的衍生品，如服装、器材、纪念品等，形成具有经济效应的产业标签，打造完整的产业链条。

通过这些路径，可以有效地促进传统体育项目的传承与发展，使其在现代社会中焕发新的活力。

第十五章　乐，乡居生活的独特表达

乐，是我国古代礼乐制度的重要组成部分，是人对外界事物变化所产生的心灵反应。因此，乐能够反映国家社会和政治风俗的盛衰得失。正所谓："治世之音安以乐，其政和；乱世之音怨以怒，其政乖；亡国之音哀以思，其民困。声音之道，与政通矣。"因此，乐不仅是乡居生活中的一种娱乐方式，更是情感支持、文化传承和经济发展的关键元素。它在提升村民生活质量、增强社区凝聚力以及推动乡村文化振兴方面发挥着不可或缺的作用。在乡土文化"嵌入"乡土重构，推进中国式乡村现代化的当下，传承"乐"的文化，助力乡村振兴，意义重大。

第一节　"乐"的表达

一、概念梳理

1."乐"与"音"的关联

"乐"是象形字，甲骨文其字形像鼓鞞，是木上有两束丝的样子，表明制作乐器的材料是丝和木，古代的琴身是由木头制成，弦用丝拧成。在金文、篆文中，在两束丝中间，增加了一个两弦用的器具。"偿"的本义是丝弦乐器，用作所有乐器的总称，后来又引申为泛指音乐。楷书写作"樂"，汉字简化后写作"乐"。①

"音"是会意字。甲骨文有口吹箫、管喇叭等乐器。金文和小篆与甲骨文大致相同。隶变后楷分别写作"音"和"言"。如今二字表意有明确分工。《说文·音

---

①　任犀然编著：《图解汉字》，中国华侨出版社 2017 年版，第 98 页。

部》："音，声也。生于心，有节于外，谓之育。宫、商、角、徵、羽、声；丝竹金石匏土革木。音也。从言，含一。凡音之属皆从音。"也就是说"音乃言语的声音。人人心底产生，受口腔节制的，叫作音。宫、商、角、徵、羽（单独发出的），是乐声，用丝、竹、金、石、匏、土、革、木等乐器发出的，是音乐。由'言'含'一'会意。大凡音的部属都从音。"①在甲骨文和金文中，"音"与"言"常被混用，后来通过在"言"字中加入区别符号来明确区分，音的本义是乐音，即音乐中的声音。

"音"与"乐"合并组成音乐，表示的是一种艺术形式，主要通过有组织的乐音来表达思想和感情，反映现实生活。从声音的组织与表达上看，音乐是由特定的节奏、旋律或和声组成的，通过人声或乐器的声音表达情感，如喜怒哀乐。从历史与文化背景来看，在西方，音乐的概念与古希腊神话中的"缪斯"（Muses）相关，象征着艺术的女神。在中国，《礼记·乐记》中提到音乐是由人心之动产生的声，而《乐经》则强调音乐在儒家教育中的重要性。从音乐的普遍价值上来看，音乐不仅是一种娱乐形式，还能深刻影响人们的情感和行为，提供心灵的慰藉和精神的享受。由此可知，音乐不仅仅是声音的组合，更是一种文化的传承和情感的传达。

2."乐"与"歌"的关联

乐与歌的关联可以追溯到远古时期，歌作为最早的音乐形式之一，与乐有着密切的关系。从起源与早期形式上看，歌最早出现在人类语言和文字出现之前，是人类感情的自然抒发。它伴随人类的生活和劳动，是人心与事物节奏的自然共鸣。乐律的产生促进了乐器的产生，而乐器伴奏的产生，才形成了上古时期真正意义的歌。从发展与结合上来看，文字的出现完善了歌，使歌有了歌词，从而产生了乐章。乐律、乐器、歌声、言辞（唱词、诗词）、舞蹈的组合，才形成真正意义上的上古大乐，也称"庙堂之乐"。在上古大乐中，乐、器、声、舞的元素同心共感，共同创造出一种大型的歌舞乐表演。从文化意义上来看，歌不仅是音乐的一种形式，它还承载了文化和历史的信息。在古代，歌常被用于祭祀、庆典

---

① 任犀然编著：《图解汉字》，中国华侨出版社 2017 年版，第 211 页。

等场合，具有非常重要的社会和文化意义。

综上所述，歌是乐的一种表现形式，而乐律、乐器的发展又促进了歌的进一步发展和丰富。两者相辅相成，共同构成了丰富多彩的音乐文化。

3."乐"与"舞"的关联

乐与舞之间的关系是深刻且多方面的，它们共同构成了一种艺术形式，即舞蹈。音乐是舞蹈的灵魂，它为舞蹈提供了节奏、旋律和情感支持。例如，在《江南 style》中，音乐的节奏感明显，舞蹈动作的设计都严格遵循音乐的节奏和风格。舞蹈则是音乐的直观表达，通过身体动作将音乐中的情感和节奏具体化。舞蹈家通过音乐激发内心的感情，并通过外在的形体动作表现出来。

音乐帮助舞蹈表达情绪和性格，烘托气氛。例如，乌兰诺娃在表演《巴赫奇萨拉伊的水泉》时，将理解音乐作为"起点"，通过音乐指示自己舞蹈动作的表情和意义。音乐还能加强舞蹈的感情色彩，帮助观众更好地理解舞蹈的内容。这种情感的直接传达使观众与舞蹈之间建立了更紧密的联系。

舞蹈与音乐的结合基于共同的节奏性和抒情性。它们都在时间过程中展示，能够同步进行，形成完美的艺术效果。舞蹈动作的设计需要基于音乐的结构和风格，通常是"按照音乐编舞"，确保动作与音乐的高度协调一致。

综上所述，乐与舞之间的关系是互补和增强的。音乐为舞蹈提供了结构和灵魂，而舞蹈则通过身体动作将音乐的美感和情感传达给观众，共同创造出具有深刻艺术感染力的表演。

二、音乐文化

音乐文化是一个广泛的概念，它涵盖了与音乐相关的各种元素、实践、观念和历史。音乐文化不仅包括音乐的创作、表演和欣赏，还涉及音乐与社会结构、历史背景、哲学思想以及人们日常生活的相互关系。

可以将音乐文化定义为人类创造、传播和消费音乐的各种方式的总和。这包括音乐作品的创作技术、音乐风格的发展、演奏方法、音乐理论和音乐的社会价值。音乐文化还反映了社会的文化价值观、历史记忆和审美偏好。音乐文化具有以下几个方面的特点：

（1）多样性。音乐文化因地域、民族、历史时期的不同而展现出丰富的多样性。例如，不同民族的民间音乐、古典音乐和流行音乐都有其独特的风格和特点。

（2）传承性。音乐文化是通过代代相传的方式得以保存和发展的。每个时代的音乐家都在前人的基础上进行创作，从而丰富和完善了音乐文化。

（3）互动性。音乐文化是社会互动的产物，它不仅在音乐会和录音室中传播，还通过广播、电视和互联网等媒体广泛传播，成为人们交流思想和情感的重要媒介。

（4）教育性。音乐文化在教育中占有重要地位，它不仅能够培养人的听觉和审美能力，还能传递道德观念、历史知识和文化价值观。

音乐文化是人类文化多样性的重要组成部分，它有助于促进人类之间的相互理解和尊重。通过学习和理解不同的音乐文化，人们可以更加深入地了解人类社会的复杂性和丰富性。总之，音乐文化是一个包含多个层面的复杂现象，它既是艺术表达的一种形式，也是社会文化和人类历史的载体。

第二节　乡居的实践

一、乡村晚会

乡村晚会，也称为"村晚"，是一种由村民自编、自导、自演的乡村文艺晚会。① 这种晚会通常在春节期间举行，是乡村地区的一项重要文化活动，旨在展示村民的才艺，增强社区凝聚力，并传承和弘扬乡村文化。

"村晚"的节目内容丰富多样，包括歌舞、小品、戏曲等，这些节目往往反映了乡村的生活和风俗，充满了浓厚的乡土气息。村民在晚会上自娱自乐，共同庆祝新年的到来，这种传统已经延续了几十年，成为许多乡村不可或缺的一部分。

随着时代的发展，乡村晚会的形式和内容也在不断创新。现代的"村晚"不

---

① 龚伟亮：《乡村春晚：以农民为主角的文化盛宴》，载《光明日报》2022 年 3 月 14 日。

仅保留了传统元素，还融入了现代文化和艺术，吸引了更多的年轻人参与。此外，乡村晚会也借助网络平台，通过直播等方式将活动传播给更广泛的观众，提高了乡村文化的知名度和影响力。

总的来说，乡村晚会是乡村文化的重要组成部分，它不仅丰富了村民的精神文化生活，还促进了乡村的文化交流和经济发展。

1. 乡村晚会的由来与发展

乡村晚会，通常被称为"乡村春晚"，是一种源自中国乡村的自办文化活动，具有深厚的民间根基和文化意义。最早的乡村春晚起源于1981年，由浙江省丽水市庆元县月山村的村民自发组织。这个晚会最初是由村双委牵头，村文化能人组成"导演"班子，安排晚会的一切事宜。演员包括全村男女老少，从九旬老人到三四岁儿童，他们成为舞台的主角。这是乡村晚会自发的阶段。

随着时间的推移，乡村春晚逐渐受到地方政府的重视和支持。特别是在经济欠发达地区，春节期间乡村文化需求成为"新旺点"，村民对文化的需求非常旺盛。政府通过组织学习观摩、培训宣传等方式，全面推广"月山春晚"模式，使得乡村春晚得以迅速发展。这是乡村晚会政府推动的阶段。乡村春晚发展到一定阶段后，开始与新时代文明实践工作相结合，成为新时代农民重要的自我表达方式。同时，互联网技术的应用也使得乡村春晚从区域"小欢喜"发展成遍及全国的"大联欢"。这是乡村晚会发展融合升级的阶段。

2. 乡村晚会的传承与发展

近几年全国各地的"村晚"又火了起来。如今的"村晚"已经不再指代春晚，从2023年开始贯穿春夏秋冬，变身为"四季村晚"。"村晚"由"一季"变"四季"，不是简简单单地增加活动次数，也不仅仅是乡村文化建设、文化振兴的需要，更有盘活乡村农业，促进"农、文、旅"融合，推动乡村经济快速发展，增加农民收入，实现共同富裕的深层思考。总结全国各地实践，主要有以下几个方面特点：

（1）坚持农民主体：乡村晚会的核心在于农民的参与和主导，农民不仅是晚会的演出者，也是活动的组织者和参与者。这种主体性的参与不仅丰富了晚会的内容，也增强了农民的归属感和幸福感。

（2）文化人，打造有内涵的节目。通过挖掘和培养乡村内部的文艺人才，鼓励他们创作和表演具有地方特色和时代感的节目。这些节目往往融合了传统与现代元素，既展现了乡村的文化魅力，也反映了时代的变迁。

（3）传播时代新风。乡村晚会不仅是娱乐的形式，也是传播新思想和新文化的重要平台。通过晚会，可以宣传党的政策和社会主义核心价值观，引导乡村社会风尚的转变。

（4）弘扬传统文化。乡村晚会经常包含各种传统文化节目，如民族歌舞、戏曲、曲艺等，这些节目的展示不仅有助于传统文化的传承，也增强了村民的文化自豪感。

（5）多元融合，打造有影响的品牌。乡村晚会通过与现代节庆活动、旅游产业等结合，实现了文化和经济的双重发展。这种"村晚+"的模式不仅扩大了晚会的影响，也为乡村的经济发展注入了新的活力。

通过这些经验，乡村晚会不仅成为了农民文化生活的重要组成部分，也成为了推动乡村文化振兴和经济发展的重要力量。

3. 乡村晚会传承的路径

（1）群众自编自导自演。乡村晚会的节目大多由当地村民自编、自导、自演，这种模式不仅增强了村民的参与感和归属感，也使得晚会内容更加贴近村民的生活和实际。

（2）本土文化与现代元素结合。乡村晚会在保留传统本土文化元素的基础上，融入现代文化元素和时尚表演形式，使晚会内容更加丰富多彩，更吸引观众。

（3）利用新媒体传播。随着移动互联网的发展，乡村晚会也积极利用短视频、抖音直播等新媒体平台进行宣传和播出，扩大了晚会的影响力和覆盖面。

（4）多元化的活动内容。乡村晚会不仅限于文艺表演，还结合了公益演出、土特产展销、网络直播带货等多种形式，形成了综合性的文化活动，提升了晚会的商业价值和社会功能。

（5）文化传承与教育。乡村晚会通过表演当地的历史故事、家风家训等，不仅娱乐了村民，也起到了传承文化、教育后人的作用。

这些路径共同促进了乡村晚会的持续发展和繁荣，使其成为了连接村民、传承文化、展示乡村新貌的重要平台。

二、民间音乐

民间音乐是一种源自民间、反映民间生活和文化的音乐形式，具有深厚的历史和广泛的群众基础。民间音乐包括民间歌曲、民间舞蹈音乐、说唱音乐、戏曲音乐、民间器乐、合奏曲如锣鼓乐、弦索乐、丝竹乐和吹打乐等。民间音乐不仅是民众生活的一部分，也是文化传承的重要媒介。它通过多种形式和风格，展现了民间生活的多样性和丰富性。

1. 民间音乐的由来与发展

民间音乐的由来与发展是一个深远且复杂的过程，涉及多个历史时期和文化阶段。远古时期。民间音乐起源于劳动号子，如《淮南子》中提到的人们在抬举重物时呼喊的号子，这是中国最早的有文字记录的音乐形式。西周至春秋战国时期，《诗经》的编纂标志着民间音乐的成熟，其中包含了丰富的民间诗歌，反映了当时的社会生活和人民的情感。中世纪。民间音乐在这一时期开始渗透到城市和宫廷的音乐文化中，反映了普通人的生活、情感和价值观，与当时的宗教和哲学思想紧密相连。唐宋时期。民间音乐得到了进一步的发展，出现了多种流派和风格，如"南音"和"北曲"，显示了民间音乐的多样性和丰富性。明清时期，民间音乐的演奏形式和风格更加多样化，随着音乐流派的交融，民间音乐逐渐走向大众化。这些阶段展示了民间音乐从原始的集体劳动呼声到复杂多样的艺术形式的演变，反映了社会文化的发展和人民生活方式的变化。

民间音乐的特点主要包括以下几个方面：

（1）创作的口头性和集体性。民间音乐主要是劳动人民的自发口头创作，并通过口头形式进行传播。这种创作和传播方式使得民间音乐能够世代相传，并不断被修改和完善。

（2）乡土性。民间音乐深深根植于各地的文化和地理环境中。不同地区的民间音乐在语言、性格、音乐特征等方面都有其独特的表现，反映了当地的文化和生活方式。

（3）即兴性。由于民间音乐主要通过口传心授的方式传承，没有固定的乐谱，因此具有很强的即兴性。这种特性使得民间音乐在表演中可以根据艺人的即兴发挥而展现出不同的风格和魅力。

（4）流传变异性。民间音乐在流传过程中会因地域、情感渲染、表现功能拓宽以及体裁间的互相交叉和渗透而发生变异。这些变异使得民间音乐能够适应不同的社会环境和需求。

（5）人民性。民间音乐长期以来一直是表达人民情感和思想的重要方式，从对劳动的歌颂到对不公正社会现象的批评，都体现了民间音乐的人民性。

（6）多功能性。民间音乐不仅限于自娱自乐，它还可以用于社交场合、仪式活动以及教育和传承等多种功能，显示了其在日常生活中的多功能性和实用性。这些特点共同构成了民间音乐丰富多彩的文化景观，使其成为了中华文化宝库中的瑰宝。

2. 民间音乐传承的意义与实践

乡村传统音乐是乡居生活的独特表达，集乡土性、民族性和地域性于一体，是实现乡村文化振兴的重要内容，是能引起人们乡愁乡思与情感共鸣的艺术形式。传承发展乡村传统音乐，对丰富乡村文化生活，助力乡村振兴具有重要的意义。

（1）保护和弘扬中华民族文化。民间音乐是中华民族文化的重要组成部分，具有独特的艺术魅力和历史文化价值。传承和弘扬民族民间音乐，有助于保护和弘扬中华民族文化，增强民族自豪感和凝聚力。

（2）传承和发展非物质文化遗产。民族民间音乐是非物质文化遗产的重要组成部分，具有不可替代的历史、文化和艺术价值。传承和发展民族民间音乐，有助于保护和传承非物质文化遗产，弘扬中华优秀传统文化。

（3）促进文化交流和国际合作。民族民间音乐具有浓郁的地方特色和民族风格，是不同民族和文化之间交流的桥梁和纽带。传承和发展民族民间音乐，有助于促进文化交流和国际合作，增进不同民族和文化之间的了解和友谊。

通过这些方式，传承民间音乐不仅是对传统文化的保护，也是对社会文化交流和多样性的促进。

总结全国各地在传承传统民间音乐方面的实践，主要有以下几个方面的特点：

(1)与学校教育相结合。学校是传承和发展民族民间音乐的重要阵地。通过课堂教学，教师可以将民族音乐的知识和文化传播给学生，激发学生对民族音乐的兴趣和爱好。

(2)创新与融合。将传统音乐与现代音乐元素结合，通过创作新的音乐作品，使传统音乐更加贴近现代生活，吸引更多年轻人的关注和参与。

(3)举办比赛和活动。通过组织音乐比赛和活动，如中国好声音等，为民间音乐人提供展示平台，同时也能吸引更多人了解和欣赏民间音乐。

(4)一对一师徒制。传统的师徒制方式，通过一对一的教学，让学习者在长期的实践中慢慢领悟和掌握音乐的精髓。

(5)文化能力的自然获得。在长期的实践中，学习者通过不断的练习和表演，自然而然地获得对音乐文化的理解和感悟，这种"经验"的获得是无意识的，但却非常宝贵。这些经验体现了民间音乐传承的多样性和灵活性，通过不同的方式和途径，使得民间音乐得以在现代社会中继续发扬光大。

3. 民间音乐传承的路径和方法

民间音乐文化的价值是多元的。为了彰显民间音乐的文化价值，传承和发展民间音乐文化，赋能乡村振兴，应该注意探索多种路径与方法，促进乡村民间音乐持续健康发展。

(1)自然传承模式。这种传承模式主要发生在没有特定传承人或教育机构的自然环境中。例如，民歌和民间舞蹈通常在家族或社区内部通过口传心授的方式传承。在这种模式下，传承人通常没有系统的教学计划，而是根据个人喜好和自然环境中的文化实践来传授技艺。

(2)民间机构传承模式。这类传承模式由民间机构或非营利组织推动，它们通过聘请教师、组织培训和演出活动来传承民间音乐。例如，有些音乐学校或文化中心会开设专门的课程，教授民间音乐的历史、理论和表演技巧。

(3)国家在场传承模式。在国家的参与下，通过非物质文化遗产保护项目来传承民间音乐。这包括对民间音乐进行记录、研究和展示，以确保其不被遗忘。国家还可能资助相关的研究和表演活动，以提升公众对民间音乐的认识和兴趣。

（4）普通学校传承模式。将民间音乐纳入学校教育体系，使学生能够在学校课程中学习和欣赏民间音乐。通过音乐课程和课外活动，学生可以学习到民族乐器的演奏技巧和民间歌曲的歌词与旋律。

（5）专业教育传承模式。通过专业音乐教育机构，如音乐学院或艺术学院，培养专门的民间音乐人才。这些机构提供系统的音乐教育，包括音乐理论、作曲和表演实践等，旨在保护和发扬民间音乐。

这些传承路径各有特点，但共同目标都是确保民间音乐得以保存和发展，使其能够跨越时间和空间，继续影响和启发未来的艺术家和听众。

三、广场舞蹈

广场舞蹈是一种在公共场所如广场、公园等地进行的集体舞蹈活动。它起源于 20 世纪 90 年代的中国，最初是由退休老人自发组织的健身活动，现已演变成为一种具有社交性质的集体活动，吸引了各年龄段人群参与。它的主要特点是：（1）集体性。参与者通常在几十到几百人之间，通过集体舞蹈增进社区凝聚力。（2）随意性。表演时间可长可短，表演者可以根据需要调整。（3）自娱性。民众参与主要是为了自娱自乐，不追求名利。

广场舞蹈不仅是一种健身方式，也是一种文化表达和社会交往的形式，有助于丰富社区文化生活。广场舞蹈在中国乃至全球都是非常重要的艺术形式，深受各年龄层人群的喜爱。

广场舞作为一种深受群众喜爱的文化形式，其在传承和发展中积累了一些有益的经验。主要表现在以下几个方面：

（1）政府主导与社区参与相结合。政府和社区应共同推动广场舞的发展，提供必要的场地和资源支持。例如，一些地方的文化馆或社区文化活动中心提供免费的广场舞培训和活动场地，吸引了大量参与者。

（2）规范化与个性化并存。广场舞在保持其群众性、娱乐性的同时，也注重规范化发展。通过制定统一的舞蹈动作和规则，确保活动的安全性和秩序。同时，也鼓励个性化创新，丰富舞蹈形式和内容，满足不同参与者的需求。

(3)文化传承与创新发展并重。许多广场舞融入了中国传统文化元素，如扇子舞、水袖舞等，既展现了传统文化的魅力，又赋予了广场舞新的生命力。此外，还通过与现代音乐、时尚元素的结合，创造出新颖的舞蹈形式，吸引更多年轻人的参与。

(4)强化培训与交流。定期举办广场舞培训班，邀请专业舞蹈老师进行指导和教学，提高参与者的舞蹈技能和表演水平。同时，通过组织广场舞比赛和交流活动，为参与者提供展示平台，促进技艺的交流和提升。

(5)利用科技手段推广。利用互联网和移动媒体平台，发布广场舞教学视频和舞曲，方便群众自学和练习。通过线上互动和直播，扩大广场舞的影响力，吸引更多人参与。

(6)注重心理健康与社会功能。广场舞不仅是一种身体锻炼的方式，也有助于参与者的心理健康。通过参加广场舞蹈活动，人们可以释放压力，增强自信心和社交能力，促进社区的和谐与凝聚力。

这些经验表明，广场舞的传承与发展需要政府、社区、学校和社会各界的共同努力，通过规范化管理、技术创新和文化传承，使广场舞成为丰富群众文化生活、促进身心健康。

第五编 乡 贤

　　乡贤是指在乡村社会中具有高尚品德、才华卓越、有领导力和社会影响力的人。他们通常是当地的各界领军人物，能够带领当地居民共同致富、共同发展。乡贤人士通常是勤劳、诚实、真诚和有爱心的人，他们注重富民、强村，以实际行动让当地居民生活得更好。他们不断学习和思考，努力提高自己的素质，为当地的发展和进步提供有益的建议和意见。乡贤人士是乡村发展和社会进步的重要推动力量，是当地人信任和尊重的重要人物。在乡土文化"嵌入"乡土重构，推进中国式乡村现代化的当下，传承和发展乡贤文化，助力乡村振兴，具有重要的社会意义和深远的历史意义。

第十六章　乡贤的意涵及其特质

乡贤文化是我国传统乡土文化的重要组成部分，它承载着丰富的历史和文化价值。在现代社会，乡贤的意涵及其特质均发生了很大的变化。因此，研究和传承乡贤文化，必须首先弄清乡贤的意涵及其特质。

第一节　乡贤的由来及流变

一、乡贤的语义解读

"乡贤"一词始于东汉，最初是指国家对有作为的官员或社会贤达的荣誉称号，用以表彰去世后的社会贡献者。这一称谓是对逝者人生价值的官方肯定。到了明清时期，各州县普遍建立了乡贤祠，用以供奉历史上的乡贤人物。这一传统形成了一套完整的官方纪念和祭奠仪式，显示了"乡贤"在社会文化中的重要地位。随着时间的推移，特别是在清末到民国时期，社会经历了重大变革。传统的文庙、乡贤祠等设施多被废弃或改造，导致"乡贤"这一称谓的使用逐渐减少，语义上也逐渐演变。在这一时期，一些学者和文人开始将"乡贤"用于敬称在世的有德行、有才能的人士，这种用法后来逐渐为大众所接受，使得"乡贤"成为了对地方名流的一种普遍称呼。①

在当代，随着对传统文化的重视和对乡村社会建设的推动，"乡贤"这一概念被重新提及，并被视为一种能够促进社会和谐与文化传承的力量。现代的"乡

---

① 许明观：《乡贤与乡贤文化的历史演进及其时代价值思考》，载《嘉兴日报》2022年4月20日。

贤"不再仅仅是对逝者的纪念，更是一种对在世贤达的认可和鼓励。

通过这一历史演变，我们可以看到"乡贤"一词不仅仅是对个体的称谓，更是反映了社会文化背景和历史变迁的重要词汇，是国家对有作为的官员或有崇高威望、为社会作出重大贡献的社会贤达去世后予以表彰的荣誉称号。乡贤在中国传统社会中扮演了重要的角色，他们在教育、经济、文化等方面发挥了重要作用，在基层社会治理中也起到了积极的作用。乡贤文化在我国源远流长，已有两千多年的历史。古代的乡贤文化具有浓厚的道德教化色彩，被认为是社会教化的主要内容。

二、乡贤的构成及其作用

乡贤在乡村治理和乡村振兴中扮演着重要角色，其构成和作用表现在以下两个方面：

1. 乡贤的分类

乡贤按其所处历史时期，分为传统乡贤和新乡贤。传统乡贤通常指的是地方上的德高望重、有学问、有才能并为乡村社会作出贡献的人士。新乡贤，包括退休干部、教师、医生、技术人员、返乡创业的企业家等。他们以自己的方式反哺乡村，成为推动乡村发展的新乡贤。

而新乡贤，在现代社会，根据其社会角色可以分为政治家、文学家、学者和慈善家。政治家，即在政治舞台上有影响力的人物，以其智慧和领导能力对社会和国家产生重大影响。文学家，即富有艺术天赋和创造力的人，通过诗歌、小说、散文等文学作品表达思想和情感；学者，专注于知识研究和学术发展的人物，以其学识和严谨的思维建构知识体系。慈善家，致力于改善社会和民众生活的慈善家等。

还可根据其所处地域的差异分为：在地乡贤和外地乡贤。在地乡贤，就是在本地出生、本地工作，在乡民心中有威望、口碑好的人；外地乡贤，就是在外创业成功，返乡、热心故乡公益事业的人。长期在当地工作，为当地发展作出突出贡献的外地人。在村里德高望重，对村里大事小事都有影响的人。

这些分类展示了新乡贤在不同领域和地域中的多样性和重要性，他们不仅是各自领域的专家，也是推动社会进步和文化传承的重要力量。

2. 乡贤的地位和作用

新乡贤通常是指在乡村社会中有声望、有知识、有经济实力或专业技能的人士，他们通常对乡村有着深厚的情感，愿意为乡村的发展作出贡献。新乡贤在乡村中不仅享有一定的威望，还往往具备较强的组织能力和资源网络，能够有效地推动乡村振兴的各项工作的开展。他们在乡村振兴中扮演着至关重要的角色，不仅是乡村社会的道德楷模和文化引领者，也是推动乡村经济社会发展的重要力量。

（1）产业振兴的推动者。新乡贤通常拥有一定的商业背景或专业技能，他们可以为乡村引入新技术、新产业，推动乡村经济的多元化发展。例如，一些成功的企业家或专业人士可以通过投资乡村项目，带动当地就业，提高农民收入。

（2）文化振兴的引领者。新乡贤往往具有较高的文化素养和道德修养，他们能够通过自己的社会影响力，推动乡村文化的繁荣和发展。新乡贤可以组织文化活动，提升乡村的文化氛围，增强村民的文化认同感。

（3）社会治理的参与者。新乡贤在乡村治理中发挥着积极的作用，他们可以通过参与乡村治理，提供政策建议，协助解决村民之间的矛盾和纠纷，促进乡村社会的和谐稳定。

（4）乡村教育的支持者。许多新乡贤愿意回馈乡里，支持乡村教育事业的发展。他们可能通过捐资助学、改善教学设施、提供教育资源等方式，提升乡村教育水平，为乡村培养更多人才。

在实践中，许多新乡贤已经通过自己的努力，为乡村振兴作出了显著贡献，发挥了重要的作用。

（1）在文化和社会教育方面，新乡贤通过自身的威望和影响力，参与地方事务的管理，推动地方教育、慈善和公共工程的发展。

（2）在经济推动方面，新乡贤通过返乡投资创业，引入资金和技术，发展乡村产业，带动农民就业。

（3）在基础设施建设和环境保护方面，新乡贤参与乡村基础设施建设和环境保护，改善乡村人居环境。

（4）在社会服务方面，新乡贤通过提供法律咨询、医疗服务、文化活动等方式，丰富乡村社会服务内容。

（5）在乡村治理方面，新乡贤参与乡村治理，通过乡贤理事会等形式，推动乡村治理体系和治理能力现代化。

（6）在乡贤的社会影响利用方面，新乡贤不仅是文化和社会教育的推动者，也是经济和社会发展的关键人物。他们通过自身的专业知识和资源，为乡村的发展贡献力量，促进农业现代化、农村繁荣和农民增收，从而推动乡村振兴和国家治理现代化。

第二节　乡贤文化的意涵及其特质

一、乡贤文化及其特点

乡贤文化是一种深植于中国传统乡村社会的文化现象，具有以下特点：一是地域性与精神文化标识。乡贤文化是特定地域的精神文化标记，连接故土与探寻文化血脉，是文化传统的重要精神原动力。二是传统美德的体现。乡贤文化强调见贤思齐、崇德向善、诚信友爱等美德，这些特点不仅体现了传统文化的共性，也具有鲜明的地域性、人本性和现实性。三是新乡贤的角色。新乡贤是指那些有德行、有才华，成长于乡土并奉献于乡里的人，他们在当地具有较高的威望和良好的口碑。新乡贤文化通过赋予传统"乡贤文化"以新的时代内涵，推动文化传承与创新发展。乡贤文化不仅是道德和知识的体现，也是社会和文化的连接器，对于凝聚人心、促进社会和谐与重构乡村文化具有重要作用。

二、乡贤文化传承的意义

乡贤文化是中国乡土文化的重要组成部分，它承载着丰富的历史和文化价值。① 传承乡贤文化具有以下几个方面的意义：

---

① 刘志秀、孔德永：《乡贤人才参与乡村全面振兴的需求与路径》，载《农业经济》2023年第8期，第109~111页。

（1）文化传承与社会发展。通过传承乡贤文化，可以促进文化的多样性和社会的和谐稳定。

（2）道德引导与价值引领。乡贤文化强调道德修养和社会责任，乡贤通过自身的行为和教化作用，引导村民形成正确的价值观和道德观，从而提升整个社会的道德水平和文化素质。

（3）社会治理与乡村振兴。在现代社会，乡贤文化可以转化为乡村治理的新动能。新乡贤的参与不仅有助于解决乡村面临的人才短缺和治理困难，还能促进乡村经济的发展和社会的全面进步。

（4）增强民族凝聚力与文化自信。乡贤文化的传承和发展有助于增强民族凝聚力和文化认同感。通过弘扬乡贤的精神和事迹，可以激发村民对本土文化的自豪感和归属感，促进文化的传承和创新。

综上所述，传承与发展乡贤文化对于推动社会文化的全面发展、提升公民道德水平、加强社会治理以及促进乡村振兴等方面都具有重要的意义。

三、乡贤理事会的地位和作用

乡贤理事会是一个旨在促进乡村经济发展、社会稳定和文化传承的基层社会组织。它主要由具有一定社会地位和声望的乡贤组成，这些乡贤在乡村社会、经济、文化等方面有所成就并受到尊敬。成立乡贤理事会的目的是整合资源，提供一个协调和整合的平台，使乡贤们能够更好地服务乡村。

乡贤理事会在镇党委、村党支部的领导下开展工作，接受镇政府的监督管理，并接受村（居）委、自然村的业务指导。理事会不采用会员制，不吸纳会员，只设立理事成员。理事成员由自然村（村民小组）推荐提名，经村（社区）党支部审核，报镇党委同意后确认。

乡贤理事会的宗旨是"村事民议、村事民治"，旨在协助推动群众参与基层社会治理，服务农村经济社会建设。

乡贤理事会的活动包括协助推动群众参与基层社会治理，服务农村经济社会建设，激发群众组织活力，实现"共谋、共建、共治、共享"的美丽乡村和美好生活。通过这些活动和组织结构，乡贤理事会不仅有助于推动乡村的经济和社会发展，还有助于维护和传承乡村文化。

　　在传承乡贤文化，助力乡村振兴背景下，我国各级乡镇和乡村均成立了乡贤理事会。各级乡贤理事会，在镇党委、村党支部的领导下，创新乡贤文化，弘扬善行义举，以乡情乡愁为纽带吸引和凝聚各方人士支持家乡建设，同时，强调"乡贤"要"培育文明乡风、优良家风、新乡贤文化"，以卓越的能力和道德参与基层社会治理，服务乡村经济社会建设。在实践中，许许多多在各条战线上的有志人士，一方面积极践行社会主义核心价值观，主动加强自身修养，培育良好的道德品质和优良家风，塑造新乡贤形象，形成新乡贤文化；另一方面，则积极利用各自优势，积极为家乡产业发展、耕读文化延续、文创产品开发、和美乡村建设等出资出智出力，投身公益事业建设和美乡村，推动家乡社会经济发展，赢得了乡镇和村民的认可和肯定。笔者将从返乡创业乡贤、乡间名士、华人华侨三个方面作探讨。

第十七章　返乡创业的类型及特征

第一节　返乡创业的类型及特征

一、返乡创业的类型

返乡创业是指原本居住在城市或其他地区的青年，因各种原因(如城市工作压力、寻求更稳定的生活环境、对家乡的情感纽带等)选择回到自己的家乡创业。这一行为不仅是个人职业生涯的转变，也是推动地方经济发展和乡村振兴的重要力量。返乡创业的群体主要包括外出务工者、在外经商的老板以及返乡大学生和退役军人。这些群体通常具备一定的技能、经济收入或人脉资源，能够利用这些优势在家乡创业。①

创业类型。返乡创业的主要类型包括农业规模经营、工业创办工厂和服务业发展乡村旅游。农业规模经营是最常见的类型，通常涉及 100~200 亩的土地，结合地方特色种植，利用本地的劳动力和土地成本优势。

创业动机。返乡创业的动机多样，包括获取资本收益最大化、开拓农村就业机会和实现个人价值等。特别是返乡大学生，他们通常受到国家政策和个人人生价值实现的影响，选择回乡创业。②

返乡创业有效缓解了农村社会的空巢化现象，促进了农业生产的改革创新。

---

① 周大鸣、刘重麟：《乡村人才振兴与能人返乡创业——以湖南省攸县渌田镇为中心的研究》，载《中国农业大学学报(社会科学版)》2023 年第 3 期，第 152~169 页。

② 贺雪峰：《返乡创业的逻辑》，载微信公众号"新乡土"2025 年 3 月 6 日。

它为全面推进乡村振兴战略注入了新活力，吸引了更多的人才和资源回乡发展。

综上所述，返乡创业是一种具有多重意义的社会现象，它不仅关乎个人职业发展，更是推动地方经济和社会发展的重要途径。

二、返乡创业的特点

返乡创业的特点主要体现在以下几个方面：

(1)产业分布广泛。返乡创业者通常选择与自身技能和经验相关的行业，主要集中在种养业、农产品加工业和餐饮业。这些行业与第一产业密切相关，有助于提升农业的质量和效率。

(2)创业方式以个体经营为主。返乡创业者多采用个体经营的方式，超过84.6%的创业者选择独自创业，显示出小农经济式的经营方式仍然占据主导地位。

(3)企业规模较小，经营绩效较高。返乡创业的企业规模普遍不大，多数雇工人数在10人以下。尽管如此，返乡创业者的企业经营绩效较好，平均毛利润率高于本地创业者。

(4)资金缺口较大。返乡创业者普遍存在资金缺口问题，主要通过向熟人借款的方式解决，这反映了返乡创业者在获取外部资金支持方面的困难。

(5)年轻化趋势。与早期的返乡创业潮相比，新时代的返乡创业群体呈现出年轻化趋势，更多受过教育和培训的年轻人选择回乡创业。

(6)创业成功率提高。随着国家政策的支持和鼓励，返乡创业的成功率有所提高。创业者在项目选择、资金利用、管理经验等方面表现出更强的专业性和自主性。

这些特点共同构成了当前返乡创业的多元化和复杂化的局面，显示出创业者在追求经济效益的同时，也在寻求与家乡发展的更好融合。

第二节　乡贤的实践

返乡创业乡贤是指那些在乡村地区创业并积极回馈社会的人。这种趋势起源于中国的传统乡贤文化，并在现代社会中得到了进一步的发展和强化。随着城市化进程的加速，越来越多的乡村青壮年外出务工或移居城市。然而，近年来，一股"返乡潮"悄然兴起，许多在外取得一定成就的人士选择回到家乡创业，他们被称为"返乡创业乡贤"。

这些返乡创业乡贤通常具备以下特点：一是这些人士通常具有一定的教育背景和专业技能，能够在乡村地区开展创业活动；二是他们不仅追求个人经济利益，还有较强的社会责任感，希望通过自己的努力带动家乡的发展；三是他们的成功故事能够激励更多的村民外出学习并最终返乡，形成良好的示范效应。

返乡创业乡贤对乡村发展有着深远的影响。一是经济贡献大。他们通过引入新技术和管理模式，帮助家乡提升经济发展水平，增加村民收入。二是文化振兴。返乡创业的乡贤往往也参与乡村文化建设，通过文化活动和教育项目提升乡村的文化品质。三是社会治理。他们积极参与乡村治理，提供新的思路和方法，改善乡村的社会治理结构。总之，返乡创业乡贤是当代乡村发展中的重要力量，他们的出现不仅为乡村带来了新的发展机遇，也为传统文化的传承和创新提供了新的路径。我国返乡创业的成功案例较多，如中部省份赣州市南康区，聚焦"打造具有全球影响力的家居制造之都"，做强产业"引凤还乡"、做优配套激发活力，形成产业发展与返乡创业互促互进良性循环，返乡创业物流企业超 600 家，带动就业近 7 万人，成为所在省唯一，全国六个县之一，在国家支持农民工等人员返乡创业试点工作现场会上作典型发言。2021 年 9 月，其典型经验入选返乡创业试点经验。又如中部省份怀远县古城镇，建设返乡创业园，一是通过招商引资吸引在外务工人员回乡办厂，投资项目；二是深化"双招双引"模式，吸引原籍在外成功人士返乡创业，并开展以商招商，带动镇域产业从无到有、优化升级，实现产业发展与返乡创业双向驱动。再如中部省份襄阳市襄城区通过建立组织、搭建平台和建设基地，广泛动员乡贤参与乡村建设，促进了乡村振兴。许多在外发展的乡贤被吸引回村，参与现代农业、乡村旅游、文化项目等多个领域，为乡村的经济发展和社会进步作出了重要贡献。还有中部地区很多城市大力发展"归雁经济"与"回归工程"取得了很显著的成就，尤其是中部九江市回归式产业转移有效地激发了乡贤返乡创业的热情和动力。目前这些乡贤返乡创业分布在该市的各个县区，产业类型非常广泛，取得了明显成效。

许多返乡创业乡贤见贤思齐、崇德向善、诚信友爱、奉献乡里，赢得了社会和村民的赞许。如中部省份孝感市孝南区黄富村乡贤涂亚琼，2012年大学毕业便随着丈夫返回家乡，利用家里的5亩地，开始葡萄创业之旅。经过几年的打拼，他们成立的星雅葡萄种植专业合作社被授予市级先进示范农民合作社。致富后，她不忘众乡邻，积极帮助村民扩大销售，把一粒葡萄做成"共富产业"。截至2023年，合作社共支付土地流转费30万余元，累计带动农户就业150人，让部分困难户、农村留守妇女人均年收入增加5000元。① 与此同时，她还积极进行种植栽培技术的推广与服务，服务面积近400亩，亩产值提高近万元。还有中部省份当阳市庙前镇施久东，参军转业回到家乡，注册公司楚源农业，2007年进入有机土猪养殖行业，长年坚持用三土地长(土猪种、土饲料、土喂法，饲养时间一年以上)，打造特色农产品可复制模式，创下清平有机土猪品牌，曾多次代表省、市和县、当阳参加全国农特产品展销会，被当地接待办和饭店指定为接待党和国家领导人、外国政要等贵宾接待用食材，成为一家集种植、养殖、加工和经营、民宿、农旅于一体的综合型军创企业，被誉为肩扛责任的创富带头人，荣获"市级最美退役军人"。还有中部省份利川市毛坝镇星斗山红茶有限公司卓万凯，生于毛坝农家，毕业于华农农学，返回农家，深耕农业30多年，一路坎坷，历经无数艰难险阻，匠心坚守，开拓进取，一生只为做好"利川红"。目前，该公司的产品"利川红"已成为中国红茶代表性品牌之一，远销欧洲各国。公司帮助500户建档立卡贫困户脱贫，带动2个茶叶专业合作社，参与8个行政村扶贫工作，成为市级参与产业扶贫示范企业。像这样的乡贤群体还有许多，期盼更多德高望重、口碑很好、勇于奉献的新乡贤脱颖而出。

---

① 但文果：《返乡创业当先锋，致富不忘众乡邻——孝南区肖港镇黄富村乡贤涂亚琼》，载孝南区人民政府官网，http://www.xiaonan.gov.cn/xzdt/1920901.jhtml，2024年9月2日访问。

第十八章　乡间名士的类型及特征

第一节　乡间名士的类型及特征

一、乡间名士的类型

乡间名士，在古代，通常指的是居住在乡村地区的士人或有一定社会地位和财富的地主。他们不仅是地方上的文化领袖，还承担着教育、管理和文化传承的重要职责。乡间名士通常通过科举考试或其他途径获得一定的文化或政治地位，他们的行为和决策对地方社会有着深远的影响。①

在中国传统社会中，乡间名士通常受到儒家文化的影响，重视教育和个人修养，他们的社会角色包括调解纠纷、推动地方发展和文化普及等。他们不仅是乡村社区的道德楷模，也是政府与民众之间的桥梁，能够在官方和民间之间起到沟通和调和的作用。

乡间名士的类型主要包括乡绅、隐士、乡士等，他们在乡村社会中扮演着重要的角色，具有不同的社会地位和影响力。在传统中国社会，乡绅，通常指的是在乡村中具有较高社会地位、文化修养和影响力的人士，包括致仕还乡的官员、地方上的文人墨客、富商巨贾以及有威望的宗族族长等。隐士，指那些有才能、有学识，能做官而不做官，也不为此努力的人，他们通常在少年时就颇有成就，饱读诗书，学识渊博，是知识的拥有者。乡士，多指乡村中的知识分子或士绅阶

① 韩星：《儒家的隐者——刘因的出处之道》，载《北学研究》（第三辑），中国社会科学出版社 2023 年版，第 29~45 页。

层，通常是受过教育、有一定社会地位的人，可能参与地方事务。

乡绅在古代中国乡村社会中扮演着重要的角色，特别是在基层治理、文化传承和社会教化方面。他们作为乡村社会的中坚力量，对维护社会秩序、促进文化传承和教育、管理地方事务等方面都发挥了重要作用。隐士是中国古代历史上源远流长的社会现象，他们共同构成了一个社会角色较为特殊的社会群体。隐士阶层的产生和发展，反映了中国古代知识分子在面对现实与理想冲突时的不同选择和追求。乡士作为连接官府与民众的重要纽带，在社会发展中发挥着重要作用。主要发挥文化教育的引领者、道德教化的实施者、经济生活的组织者等作用。

乡绅通常拥有高于普通民众的文化知识和精神素养，有着为官的阅历和广阔的视野，对下层民众的生活有深刻了解。他们既可以将下情上达于官府甚至朝廷，也可以将官方的意旨贯彻于民间。隐士是有才能、有学识，能做官而不做官的人，他们通常在少年时就颇有成就，饱读诗书，学识渊博，是知识的拥有者。乡士作为特殊的社会阶层，与其他社会阶层在权力来源、社会功能、行为方式等方面存在显著差异。

乡间名士在中国古代社会中扮演了重要的角色，他们的存在不仅丰富了乡村社会的文化内涵，也对维护社会秩序和促进地方发展产生了积极的影响。随着社会的发展，乡间名士已被在地乡贤所代替。目前，在地乡贤已在乡村治理中扮演着关键角色。

二、在地乡贤的特征

所谓土地乡贤是指在一个特定地区，如乡村，具有高尚品德、卓越才华、领导力和社会影响力的人。① 他们是当地社区的领袖和模范，能够带领当地居民共同致富和发展。在地乡贤通常在当地社会中享有高度尊重和信任，因为他们不仅在经济上有所成就，还在社会和文化上发挥着重要作用。

它的主要特征：一是品德与才能。在地乡贤通常具备优秀的个人品德和突出的才能，这些品质和才能使他们成为当地民众的榜样。二是社会影响力。他们在

① 刘知宣：《新乡贤如何为乡村贡献新力量——对话陈秋强、刘淑兰、王杰》，载《农民日报》2023年5月25日。

当地社区中具有较强的社会影响力，能够有效地推动社区的发展和进步。三是领导力。在地乡贤往往能够引领和激励社区成员，共同面对挑战，实现目标。四是作用与贡献。五是促进社区发展。他们通过投资、创业或提供专业知识，直接促进社区的经济发展。六是文化传承。乡贤通常对当地的文化遗产和传统有深刻的理解和尊重，他们通过教育、文化活动等方式保护和传承这些宝贵的文化遗产。七是增强社区凝聚力。通过参与和领导社区活动，乡贤有助于增强社区成员之间的联系和凝聚力。如在现实生活中，许多成功的商人、专业人士或退休的官员，当他们在乡村地区有显著贡献时，可以被视作在地乡贤。例如，一些回乡创业的企业家，不仅引入了新的经济模式，还带动了当地就业和经济增长，这样的人物就很好地体现了在地乡贤的角色。

第二节　乡贤的实践

在地乡贤是乡贤文化的重要组成部分。纵观历史，在地乡贤群体在乡村场域内具有独特意义。新时代以来，为解决乡村失衡、共识离散、公益虚化等问题，更需要在地乡贤回归乡土，发挥凝聚乡村振兴合力，助力乡村文化振兴和乡村振兴双重作用。目前，用贤的路径主要有三种模式：一是"新乡贤+项目"模式；二是"新乡贤+治理"模式；三是"新乡贤+公益"模式。总的来说，各地的实践证明：在地乡贤是乡村社会中的宝贵资源，他们的存在对促进社区的和谐发展和文化传承起着至关重要的作用。如我国中部省份罗田县三里畈镇新铺村仓葭冲，位于大别山南麓，始建于明代中叶，先祖从江西迁移至此，繁衍生息，家学浓厚。明清两代共出了3个进士、26个举人、50余个秀才。恢复高考后，又出了29名大学生，10多名硕博士。且古迹遗存错落有致，古祠、古井、古庙、古树等保存完好，特别是超过百年的古树就有48棵，最长树龄近500年。但就是这样一个具有如此丰厚文化资源，且家学文化传承悠久的村落，过去却是个无资源、无产业、无区位优势的贫困村。15年时间，该村从乡村环境整治与提升开始，将原本的脏乱差状态转变为整洁美观。这一改变不仅提升了村民的生活质量，也为后续的乡村发展打下了基础。而后，进入合作社与产业发展阶段。随着环境的改善，苍葭冲成立了合作社，通过引入现代经营理念和推广乡村特色，吸引更多的游客。这一阶段，苍葭冲开始大力发展乡村旅游产业，通过运营理念和推广，增加了村庄的知名度和经济收入。最后，进入文化挖掘与产业融合。苍葭冲进一步深入挖掘家学文化等传统文化资源，将其与现代旅游产业相结合，打造了一系列具有地方特色的文化旅游项目。这不仅丰富了村民的文化生活，也促进了乡村产业的多元化发展，使得更多的游客能够留下来，体验家学文化的魅力。通过这三个阶段的持续发展，过去的张家冲改为了苍葭冲，成为"荆楚家学第一村"，"全国美好环境与幸福生活共同缔造精选试点村"，实现了从"空心塆"向乡村振兴的成功转型。①

如此逆转，既归功于所在地各级政府的领导和支持，但也与乡贤的担当与作为有着密切的关系。一是新乡贤的引入与作用。苍葭冲通过新乡贤的引入，激活了乡村的内生动力。新乡贤通常是指那些有思想、有道德、有学识、有能力、有热情、有贡献的人士，他们在乡村治理、产业发展等方面发挥着重要作用。例如，退休的统计局局长丁汉平作为乡贤之一，推动了苍葭冲的人居环境改善和产业发展。二是新乡贤与家学文化的传承。仓葭冲被誉为"荆楚家学第一村"，拥有深厚的家学文化底蕴。新乡贤在挖掘和传承当地家学文化方面发挥了关键作用。例如，通过吸引高校师生、社会组织等新乡贤力量，苍葭冲不仅恢复了传统的手工作坊，如丁豆腐、油面、酒坊等，还通过举办文化活动和教育项目，如"乡侬学堂"等，进一步推广家学文化。三是新乡贤参与乡村治理。在乡村治理方面，新乡贤也积极参与公共事务的决策咨询、基层民主协商、规划方案设计和评审等，构建起基层协商民主的新途径。通过村民夜会、塆组会等形式，新乡贤和村民共同为乡村发展出谋划策，推动美丽乡村建设。四是新乡贤与新村民的互动。苍葭冲还吸引了一批有胆识、有见识、有思想的创业青年成为"新村民"。新乡贤与新村民的互动不仅为乡村带来了新的活力，也促进了传统与现代文化的融合。综上所述，仓葭家学第一村与乡贤之间的关系是相互促进、共同发展的。新乡贤的引入不仅提升了乡村的治理水平和经济发展潜力，还有效地保护和传承

① 张芹：《湖北罗田苍葭冲：共同缔造"唤醒"诗意乡村》，载北青网，https://baijiahao.baidu.com/s？id=1773355749677510045&wfr=spider&for=pc&searchword=%E8%AF%97%E6%84%8F%E8%8B%8D%E8%91%AD%E5%86%B2；%E8%8D%86%E6%A5%9A%E5%AE%B6%E5%AD%A6%E7%AC%AC%E4%B8%80%E6%9D%91，2023年8月5日访问。

了当地的家学文化。

　　仓葭的乡贤实践说明，乡贤文化的传承与发展必须以建立社会信任为"嵌入点"，从小事做起，以小见大，见微知著，从而形成社会资源向社会资本的转化，最后获得社会效益和经济效益。这种以社会信任为主导的传承模式值得关注和重视。

第十九章　华人华侨的类型及特征

第一节　华人华侨的类型及特征

一、华人华侨的类型

华人华侨是对具有中国血统或文化背景的海外群体的统称。

根据国籍、身份和文化认同的不同，华人华侨可分为以下几种：（1）华侨。指定居在国外的中国公民。分为定居华侨、归侨、侨眷三类。定居华侨是指那些在国外定居的中国公民，通常需要满足在住在国连续居留一定时间的条件。归侨是指放弃原住在国长期、永久或合法居留权并依法办理回国落户手续的华侨。侨眷是指华侨、归侨在国内的眷属，包括他们的配偶、父母、子女及其配偶，兄弟姐妹，祖父母、外祖父母，孙子女、外孙子女，以及同华侨、归侨有长期抚养关系的其他亲属。（2）外籍华人。指已加入外国国籍的原中国公民及其外国籍后裔。主要为旅居华人，他们是那些已经取得住在国长期或者永久居留权，并在那里连续居住两年以上的中国公民。这些人在海外的生活和工作状态通常被视为华侨的一种形式，他们可能因为工作、学习或其他原因离开原籍地，并在海外建立了长期居住的地点。这些分类反映了华人华侨群体在不同国家的生活方式和法律地位，每个类别都有其独特的定义和背景。

二、华人华侨的特点

华人华侨的特点主要体现在以下几个方面：

（1）人口统计特征的变化。华人华侨的人口规模自21世纪以来成倍增长，与

20世纪90年代相比，翻了一番。来源地遍及全国各地，改革开放以来，随着出国政策的日益宽松，全国各地民众通过留学、技术、投资、婚姻、务工等渠道走向国外。地域分布更加广泛，华人华侨分布在198个国家和地区，不仅是东南亚、北美等传统移居地，非洲、拉美、欧洲等地中国移民也日益增多。

（2）内部关系的变化。内部的差异性日益显著，包括来源地差异、居住地差异、语言差异、阶层差异、代际差异、新老移民差异等多个方面。

（3）认同的变迁与多元化，华人华侨的认同越来越多元化，既不完全是落叶归根，也不完全是落地生根，而是出现了归化、跨国、循环、回归等多种形式并存的认同状态。

（4）祖籍国关系的变化。联系更加密切，改革开放以后，随着侨务战线的拨乱反正，海外关系被视为"好关系"，是中国打开大门与世界交往的桥梁与纽带，华人华侨重新恢复了与祖籍国的各种联系。特别是随着改革开放进程的不断推进，中国的发展吸引了世界的目光，华人华侨与祖籍国各方面的联系与交往也日益密切，对祖籍国的认同不断增强。

这些特点展示了华人华侨群体在全球化背景下的动态变化和发展，以及他们如何在全球范围内适应和融入新的生活环境。

第二节　乡贤的实践

华人华侨乡贤是在海外生活或定居的，具有中华民族血统，并与祖国保持密切联系，同时为家乡发展作出贡献的杰出人士群体。华人华侨乡贤在侨居国通常有着重要的影响力，并在经济、文化、社会等多个领域发挥作用，同时他们也积极参与和支持中国的发展，促进中外文化交流。

华人华侨乡贤的特点主要体现在以下几个方面：

（1）文化传承者。华人华侨乡贤往往在海外传播和弘扬中华文化，他们通过组织文化活动、开设中文学校、推广中国传统艺术等方式，有效地将中国文化带入侨居国，同时也将侨居国的文化带回中国，促进了文化的交流与融合。

（2）社会服务提供者。许多华人华侨乡贤在海外担任社区领袖和组织负责人，他们为当地社区提供教育、医疗、社会福利等支持，帮助解决社区问题，提升居民的生活质量。

(3)经济贡献者。华人华侨在侨居国往往通过创办企业、投资经济项目等方式，为当地经济发展作出贡献。他们的经济活动不仅促进了当地经济的增长，也为华侨社区提供了就业机会。

(4)爱国爱乡情怀。华人华侨乡贤具有深厚的爱国爱乡情怀，他们关心祖国的发展，积极参与和支持家乡的经济建设和社会发展。许多华侨还通过捐款捐物、回乡投资等方式，为家乡的扶贫济困、教育医疗等事业提供支持。

(5)桥梁纽带作用。作为连接中国与侨居国的重要桥梁，华人华侨乡贤在促进两国人民之间的相互了解和友好交往中发挥着关键作用。他们通过组织文化交流活动、参与国际会议等方式，增进两国人民的友谊和理解。

这些特点共同构成了华人华侨乡贤这一群体的立体形象，他们在海外的生活和活动中，不仅实现了个人的发展，也为祖国和家乡的建设贡献了自己的力量。

华人华侨乡贤在助力乡村振兴方面采取了多种路径，这些路径主要包括：

(1)投资兴业。许多作为华人华侨乡贤通过返乡投资创业，引入资金和技术，发展乡村产业，带动农民就业。例如，某乡贤回到家乡后，发现当地的特色农产品由于缺乏销售渠道而难以卖出好价钱。于是他投资建立了一个农产品加工厂，并通过自己的商业网络，将加工后的农产品销售到全国各地，不仅提高了农产品的附加值，也为当地农民提供了就业机会。

(2)文化教育。华人华侨乡贤通过设立奖学金、资助教育项目等方式，支持乡村教育，提高农民的文化素质。他们还可能邀请城市的优秀教师到乡村学校支教，提高乡村教育的质量。

(3)乡村建设。华人华侨乡贤通过参与乡村基础设施建设和环境保护，改善乡村人居环境。他们通过参与乡村规划，推动乡村基础设施的改善。此外，华人华侨乡贤还可能引入环保理念，推动乡村的绿色发展，如推广清洁能源、改善污水处理等。

(4)社会服务。华人华侨乡贤通过提供法律咨询、医疗服务、文化活动等方式，丰富乡村社会服务内容。他们可能组织志愿者团队，为乡村提供各种服务。

(5)乡村治理。华人华侨乡贤参与乡村治理，通过乡贤理事会等形式，推动乡村治理体系和治理能力现代化。他们帮助村民理解政策，提高村民的法治意识。

通过这些路径，华人华侨乡贤不仅为乡村的发展提供了资金支持和技术指导，还促进了文化交流，提升了乡村的治理水平，为乡村振兴作出了重要贡献。

第六编　乡　约

乡约为教化内之一要事。乡约行，则一乡之善恶无所逃，盗息民安，风移俗易，皆得之于此。有记善簿、记恶簿，又须有改过簿，许令自新。此乃明朝高攀龙在其《责成州县约》所说。然杨开道先生在其《中国乡约制度》自序中开宗明义说道：乡约制度是中国古来昔贤先觉建设乡村的一种理想、一种试验。他试验过多少次，有时成功，有时失败。然而理论一天一天地完成，工作一天一天地具体，整个实现，整个成功的时机大约也快到了。为此杨开道先生要求，研究乡约制度的进展，一定要先了解整个农村组织的进展，乡约制度在中国乡治里面的地位，在中国乡治里面的贡献，尤其要了解整个农村组织的进展。[1] 在乡土文化"嵌入"乡土重构，推进中国式乡村现代化的当下，研究和探讨乡约在我国乡村治理中的地位，在我国乡村治理中的贡献，进而更好地传承乡约文化，助力乡村振兴，同样具有重大意义。

---

① 杨开道著：《中国乡约制度》，商务印书馆 2015 年版，第 3 页。

第二十章　乡约的意涵及其特质

乡约是什么？为什么研究乡约制度必须先要了解整个中国农村组织的进展？乡约具有什么样的管理功能？乡约走过怎样的历史演变过程？要研究和探讨乡约制度，必须先要了解和弄清上述这些问题。

第一节　乡约的由来及流变

一、什么是乡约

前面文中，对于"乡"的字义已作了阐述，此处不再赘言。仅就"约"字作解读。"约"字从糸，勺声，本义是缠束也。其中"糸"象征细丝，而"勺"则代表食具，象征进食，整体表示限制或约束的行为。这意味着"约"最初的意思是对事物的限制或约束。约也可作动词使用。在日常用语中，"约"可以表示邀请，如"我约你明天见面"。此外，"约"还可以表示预先约定或相互约定，如"我们约好了下周一起去看电影"。这些用法都展示了"约"作为动词的多种可能性。由此可见，乡约是一个具有多重含义的汉语词语，最初是指一种乡里公约，即一种适用于本乡本地的规约，用于规范乡民的行为和活动。在明清时期，乡约不仅是规约，还指一种官方任命的职务，负责传达政令和调解纠纷。乡约的职位由县官任命，类似于现在的乡镇长或村委会主任。①

本书所说的乡约，是介于国法与家规中间的一种具体的规范乡民行为和活动的规约形式，而不是指官职的乡约。具体来说，乡约是中国古代农村基层的一种

---

① 王宏伟：《明清时期中原乡约的历史演变》，载《青海日报》2024 年 4 月 3 日。

组织管理形式，主要目的是通过乡民受约、自约和互约来保障乡土社会成员的共同生活和共同进步，同时用封建宗法思想和儒家伦理纲常对乡村社会进行教化。

二、乡约的起源与发展

乡约的起源可以追溯到北宋时期，由吕大钧和吕大临兄弟在 1076 年制定并实施了《吕氏乡约》。这是中国历史上第一部成文的乡约，标志着乡约制度的正式形成。南宋时期，朱熹对《吕氏乡约》进行了修订，增加了更多礼仪教化的内容，使其更加强调道德教化和行为规范。明朝时期，乡约得到了进一步的发展，王阳明推出的《南赣乡约》将乡约与保甲制度合并，形成了更为完整的管理体系。

乡约的主要功能是道德教化和行为规范，通过设立善恶簿和改过簿等方式，鼓励乡民进行自我反省和改正错误。乡约不仅有助于维护乡村社会秩序，还促进了儒家文化和传统道德的传播，对乡村社会产生了深远的影响。

从历史演变来看，从最初的自发组织到政府的推动设立，乡约的组织性质和功能随着历史的发展而发生了变化。明清时期，乡约不仅是道德教化的工具，还承担了更多的行政和治理职责。清代以后，随着国家权力的进一步介入，乡约逐渐失去了其原有的民间自治特征，成为皇权向乡村延伸的一种形式。

综上所述，乡约是中国古代农村社会管理的重要组成部分，其历史发展反映了社会政治、经济和文化的变迁。

第二节　乡约的特质及要素

正如杨开道所说，乡约制度是由士人阶级的提倡，乡村人民的合作，在道德方面、教化方面去裁制社会的行为，谋求大众的利益。① 乡约与乡约制度、乡约与乡规民约均既有联系又有区别。

一、乡约与乡约制度的异同

乡约与乡约制度在中国古代社会中扮演着重要的角色，它们既有联系也有区

---

① 杨开道著：《中国乡约制度》，商务印书馆 2015 年版，第 27 页。

别。乡约是中国古代农村基层的一种组织管理形式，主要通过乡民受约、自约和互约来保障乡土社会成员的共同生活和共同进步。乡约强调的是邻里之间的互助互勉，以道德教化为核心，目的是在乡村社会中形成以儒家士大夫伦理为主导的社会秩序。乡约具有自觉性、自治性、民间性和义务性等属性，受到儒家思想的深刻影响。

乡约制度的发展经历了几个阶段。最初，乡约是由乡村士绅自主起草的，旨在规范乡民的道德行为和推动社区发展。然而，随着时间的推移，乡约的管理逐渐由政府接管，乡约的宗旨也发生了变化，开始更多地宣讲圣谕，约束官员与士绅。在后期，乡约甚至承担起了征收赋税、处理地方事务等原本属于里甲和保甲的职责。

乡约与乡约制度的区别：（1）管理方式不同。乡约主要是由乡民自主管理，而乡约制度在后期更多地受到政府的控制和管理。（2）宗旨变化。乡约初期主要是为了邻里之间的相互劝勉和道德教化，而乡约制度后期则更多地承担了政治和社会管理的职能。（3）权力结构。在乡约制度中，约长等职位的权力和责任有所扩大，有时会成为官府的派出机构，而在乡约中，这些职位更多的是由社区内有影响力的人士担任。总的来说，乡约是乡约制度的基础，而乡约制度则是乡约实践的发展和延伸，两者在功能和管理方式上存在明显的区别。

二、乡约与乡规民约的异同

乡约和乡规民约是中国传统乡村组织的两个核心概念，它们在功能和历史背景上有着明显的区别。

乡约是一种民间基层组织，主要目的是进行社会教化。它不仅仅是行为规范的集合，而是具有一套完整的组织和管理体系，如定期的聚会和固定的活动场所。乡约的历史可以追溯到北宋时期的《吕氏乡约》，并在明清时期与保甲、社仓等制度融合，形成了以德化为核心的乡治体系。

乡规民约则是村民基于共同生活需要，通过相互协议形成的行为规范。它更侧重于生产生活互助、共同资源的维护和利用等方面，是一种自发形成的民间规约。乡规民约的历史可以追溯到春秋战国时期，中华人民共和国成立后虽经历社会主义改造，但改革开放后重新焕发生机。

　　乡约不仅是一种行为规范，更是一种具有组织性质的民间团体，通过教化和社区活动来维护社会秩序和道德标准。乡规民约则更多地体现在村民对公共事务的自我管理上，它反映了民间自生自发的秩序，是乡土社会中礼治传统的重要体现。

　　尽管乡约和乡规民约在某些方面存在交集，但它们在性质、功能和历史背景上有着本质的区别。乡约更侧重于通过组织化和教化来维护社会秩序，而乡规民约则侧重于村民对公共事务的自主管理。理解这些差异有助于深入把握中国传统乡村社会的治理机制和文化特征。

三、乡约与礼约风俗的异同

　　乡约与礼约风俗在中国古代社会中均扮演了重要的角色，但它们在定义、起源、功能和实施方式上存在显著差异。

　　乡约是指中国古代农村基层的一种组织管理形式，通过乡民受约、自约和互约来保障乡土社会成员的共同生活和共同进步，用封建宗法思想和儒家伦理纲常对乡村社会进行教化。乡约最早产生于北宋熙宁九年（1076 年），由关中蓝田地区人称"三吕"的吕大忠、吕大钧和吕大临三兄弟发起拟定，具体由吕大钧起草、实行，俗称"吕氏乡约"或"蓝田乡约"。[①]

　　礼约风俗是指在中国古代社会中，由于经济落后和自然灾害、婚丧嫁娶等大事件的影响，乡绅们组织起来进行互相救助的一种风俗。其中，"约礼"是指大家共同约定遵守的礼仪规范，而"风俗"则是指这种约定俗成的行为规范在民间广泛流传并成为一种习惯。礼约风俗最早可以追溯到古代中国的乡绅组织，这些组织通常由当地的士人、富商、乡绅等人士组成，他们会在遇到自然灾害、婚丧嫁娶等大事件时，组织大家捐款捐物，对遇到困难的家庭进行救助。

　　乡约与礼约风俗的区别：乡约侧重于通过组织管理和教化来维护乡村社会秩序，具有更强的组织性和规范性。礼约风俗侧重于通过约定俗成的礼仪规范来维护社会关系，更多地体现了民间的自发性和互助精神。乡约与礼约风俗在维护社会秩序和人际关系方面各有侧重，共同构成了中国古代社会复杂而丰富的文化

---

　　① 杨开道著：《中国乡约制度》，商务印书馆 2015 年版，第 13~14 页。

现象。

四、乡约制度的意涵及其特质

通过上述梳理和分析，可以看出乡约制度不仅仅是一个规约，更是一种具有显著特点的中国乡村基层组织管理形式，具有以下几个显著的特点：

(1)人民公约性质。乡约是由人民主动主持、起草并实行的，不是官府的命令，具有人民自治的特点。

(2)成文法则。乡约的内容被明确记载，这使得其更容易被广大民众接受和实行。

(3)以乡为单位。乡约制度是以乡为单位进行管理的，从小处着手，易于取得成效。

(4)自愿加入。乡约的参与者是自愿加入的，没有强制性，这增加了其灵活性和广泛性。

(5)民主选举。乡约的领导者(如约正、约副等)是通过民主选举产生的，保证了领导层的公正性和代表性。

(6)聚会形式。乡约通过定期的聚会(如每月一次)来加强成员间的交流和合作，促进社区的团结和和谐。

(7)赏罚公开。乡约中的赏罚都是公开进行的，这增加了制度的透明度和公正性。

(8)议事民主。对于乡约中出现的问题，成员们可以通过民主讨论来共同决定解决方案，体现了民主原则。

这些特点使得乡约制度能够有效地促进农村社会的自我管理和自我服务，同时也有助于维护社会稳定和促进道德风尚的提升。

第二十一章　民俗的类型及特征

第一节　民俗的类型及特征

一、民俗的类型

民俗，又称民间文化，是指一个民族或社会群体在长期的生产实践和社会生活中逐渐形成并世代相传、较为稳定的文化事项。这些文化事项可以简单概括为民间流行的风尚和习俗。① 民俗的类型可以从多个角度进行分类，主要包括乌丙安、陶立璠、张紫晨以及现代非物质文化遗产名录中的分类方法。以下是详细的分类概述：

按乌丙安的分类方法，民俗可以分为：(1)经济的民俗：涉及与经济活动相关的民俗。(2)社会的民俗：包括社会组织、岁时节日、人生礼俗等。(3)信仰的民俗：涉及民间信仰和宗教活动。(4)游艺的民俗：包括游戏、竞技等娱乐活动。

按陶立璠的分类方法，民俗可以分为：(1)物质民俗：涉及与物质生活相关的民俗。(2)社会民俗：包括社会组织、岁时节日、人生礼俗等。(3)口承语言民俗：涉及口头传承的语言和故事。(4)精神民俗：包括信仰、传说、故事、谚语等民间精神世界。

按张紫晨的分类方法，民俗可以分为：(1)巫术民俗：涉及巫术和占卜的民俗。(2)信仰民俗：包括各种宗教信仰和仪式。(3)服饰、饮食、居住之民俗：

---

① 王娟：《民俗学概论(第二版)》，北京大学出版社 2021 年版，第 18~23 页。

涉及日常生活的具体习俗。(4)建筑民俗：与建筑相关的民俗。(5)制度民俗：涉及社会制度和规则的民俗。(6)生产民俗：包括农业、渔业等生产活动的民俗。(7)岁时节令民俗：与节日和庆典相关的民俗。(8)生仪礼民俗：涉及人生重要仪式的民俗。(9)商业贸易民俗：与商业交易和贸易相关的民俗。(10)游艺民俗：包括游戏、竞技等娱乐活动的民俗。

而按现代非物质文化遗产名录中的分类方法，民俗则分为：(1)传统生产知识：包括农业生产、牧业生产、渔猎生产、手工艺生产等方面的知识与技能。(2)传统生活知识与技能：涉及传统服饰制作、饮食制作、建筑、交通等方面的知识与技能。(3)传统仪式：包括解决人与人、人与社会之间关系以及解决人与自然之间关系的仪式。(4)传统节日：具有重要历史、艺术、文化以及科学价值的节庆活动。

这些分类展示了民俗的多样性和丰富性，反映了不同文化和历史时期的特色。

二、民俗的特征

民俗不仅是一种历史文化传统，也是人民现实生活中的一个重要部分。它起源于人类社会群体生活的需要，在特定的民族、时代和地域中不断形成、扩散和演变，为民众的日常生活服务。民俗具有以下几个主要特征：

(1)传承性。民俗通常是世代相传的，具有跨越时空的特点。一次活动虽然在此地此时发生，但其活动方式如果不被其他人再次实施，就不是民俗。

(2)广泛性。民俗的涵盖范围广泛，包括生产民俗、商贸民俗、饮食民俗、服饰民俗、居住民俗、交通通信民俗以及民间医疗民俗等。

(3)稳定性。民俗一旦形成，就成为规范人们行为、语言和心理的一种基本力量，同时也是民众习得、传承和积累文化创造成果的重要方式。

第二节　乡约的实践

民俗与乡约在中国的历史和文化中紧密相连，共同构成了乡村社会的重要组成部分。乡约是一种具有约束力的基层自治规范，旨在通过道德教化和行为规范来维护社会秩序和促进乡村和谐。而民俗则是指一个地区或民族长期传承的生活方式、风俗习惯和文化传统。它们两者关系主要体现在以下三个方面：一是教化功能。乡约通过宣讲圣谕、规约等，对村民进行道德教化，引导他们遵守社会规范，这与民俗中的许多规范和习惯相辅相成。例如，许多乡约内容强调了孝顺父母、和睦邻里等社会美德，这些美德在民俗中也有深厚的体现。二是规范行为。乡约通过明确的行为标准来规范村民的行为，如禁止偷盗、赌博等，这些规范与民俗中的禁忌和习俗相一致，共同维护了乡村的社会秩序。三是促进和谐。乡约通过组织聚会、调解纠纷等方式，增强了村民之间的凝聚力和和谐感，这与民俗中强调的团结和互助精神相呼应。

此外，乡约在民俗传承中的作用：一是记录与传承。乡约作为一种特殊的民间组织，其形成和运作过程中积累了大量的经验和知识，这些经验和知识被记录在乡约文本和传说中，成为民俗传承的重要组成部分。二是创新与变化。随着时代的变迁，乡约的内容和形式也会发生变化，这种变化反映了民俗的动态性和适应性，同时也促进了民俗的创新和发展。三是强化社区意识。乡约通过组织活动和仪式，增强了村民的社区意识和归属感，这种社区意识和归属感是民俗的核心要素之一。

综上所述，民俗与乡约之间存在着密切的相互影响和相互依存的关系。乡约通过教化和规范来维护和传承民俗，而民俗则为乡约提供了丰富的内容和生命力。

仅以"转转工"村民自助模式为例，这个产生于中部省份来凤县的村民自治互助模式，是一种传统的互助形式，主要在农忙季节，村民之间互相帮助，集中进行农活劳作，不收取任何劳务费用，仅主人为帮忙的村民提供饭食。这种模式有助于增强村民间的团结和互助精神，同时也是一种低成本、高效率的劳动力调配方式。这种村民互助模式从 20 世纪 90 年代开始，随着市场经济的深入发展，"转转工"逐渐消失，取而代之的是收费形式的劳务工。同时，大量精壮劳动力外出务工，大多数农村家庭"两老带几小""妇孺带几小"或是"两老守独巢"，村里乡邻之间联系减少、关系疏远，基于乡土熟人社会的信任联结出现了裂缝，对乡村治理带来挑战。要传承和发展这种"转转工"村民自治互助模式，必须适应新时代的发展需要，探索"民俗+乡约"模式，一方面发挥乡约的组织功能、道德教化和行为规范的作用，以此维护和传承民俗。为此，他们成立以党员干部牵头、同时吸纳驻村工作队队员加入的"转转工"农活帮帮团，组织带头人带领"转转工"农活帮帮团帮助村民完成农忙时节的播种、收割等农活，同时采用"积分制管理"，长期开展活动。通过村民参加"转转工"活动进行积分兑换，根据"积分兑换公约"和"积分兑换清单"为村民兑换相应服务和物品。这种村支"两委"实现从"参与者"到"领导者"的转变，有序引导村民自发参与，社工逐步退出，整个过程正是乡约在民俗传承中的作用体现，有效地传承了民俗，让这种自治互助模式有了充分的民意基础，必将长远发展。另一方面，这种"转转工"村民自治互助模式也为乡约提供了丰富的内容和生命力。一是形成互补性。"转转工"村民互助模式可以为乡约的实施提供具体的支持和补充。通过实际的互助活动，村民们更加深刻地理解和体验乡约中倡导的团结、互助和公平原则。二是文化延续。"转转工"作为传统的互助形式，与乡约所承载的传统文化相呼应，有助于保持和传承乡村的文化特色和社会习俗。三是治理实践。乡约中的规范可以通过转转工村民互助模式得到实施和验证。互助活动不仅有助于解决眼前的问题，也有助于培养村民的公民意识和责任感，从而促进了乡村治理的成效。综上所述，"转转工"村民互助模式与乡约在中国农村社会治理中相辅相成，共同促进了乡村的和谐与稳定。

第二十二章 民约的类型及特征

第一节 民约的类型及特征

一、民约的类型

民约，亦称为村规民约，它是一种村民群众在村民自治的起始阶段，依据党的方针政策和国家法律法规，结合本村实际，为维护本村的社会秩序、社会公共道德、村风民俗、精神文明建设等方面制定的约束规范村民行为的一种规章制度。民约的内容主要分为两个方面：一方面是规定村民的行为，应该怎么做；另一方面则是规定村民违反和破坏规章制度的处罚条款，主要有进行教育、给予批评、作出书面检查等内容。

民约的类型可以根据其具体内容和作用进行分类，主要包括以下几个方面：

(1)维护生产秩序方面。如封山育林、护山护林，保护水利设施、合理用水，禁止乱放家禽、牲畜，禁止乱砍滥伐，保护生态环境等。

(2)维护社会治安方面。涉及遵纪守法、不偷盗、不赌博、不吸毒、不打架斗殴，维护社会公共秩序。

(3)履行法律义务方面。如依法纳税、响应国家号召服兵役，实行计划生育，爱护公物、爱护集体财产，并履行其他应尽的义务。

(4)精神文明建设方面。提倡热爱祖国、热爱共产党、热爱社会主义、热爱劳动；讲礼貌、尊老爱幼、团结互助，帮助困难户，不虐待老人、妇女和儿童；讲文明、讲卫生，搞好环境美化绿化；学科学、学文化、移风易俗，反对封建迷信；积极参加各种公益活动。

民约的制定过程通常包括调查研究、拟定草案、提交村民大会审议通过、公布等步骤。这些规定旨在通过村民的自我管理、自我教育和自我服务，促进农村的和谐发展和法治建设。

二、民约的特征

民约是一种基于当地传统文化习惯，并在特定村(社区)范围内适用于该区域内人群的，由该区域内的村(居)民们经过共同商议、表决后订立，要求全体村(居)民自觉遵守的，具有广泛影响力和约束力的行为规范的总和。它是村(居)民实现自我教育、自我管理和自我服务的自治章程。民约的基本特征包括以下几个方面：

(1)地域性和有限性。民约只能在一定的区域范围内才具有相应的效力，超出这个范围则失去约束力。

(2)普遍性与广泛性。民约作为一种规范形式在目前我国的村庄社会中广泛存在，被普遍推广和使用。

(3)权威性与自治性。民约通常能够体现乡村社会权威(政府、村级组织、乡村精英)的意志，且在一定程度上反映了村民们的意愿并被大家用于自我管理。

(4)稳定性与变通性。民约的稳定性是指其一经产生，便会长时间被执行，不受或极少受外力打破，而其变通性是指随着社会大环境的改变，民约的内容或形式也会发生根本性变化。

(5)外显性与内隐性。部分民约以文字形式展现，而部分民约则没有文字作为载体，仅仅是靠口口相传或约定俗成来执行。

这些基本特征使得民约成为乡村治理中不可或缺的工具，帮助维护社区秩序和促进社区发展。

第二节　乡约的实践

民约和乡约在中国乡村社会中扮演着重要的角色，它们都是村民自我管理和自我约束的机制，但各有其特点和历史背景。相同点：一是基层性。两者都起源于基层，是村民在基层层面共同制定的行为规范。二是社会性。都是村民为了维护社会秩序和促进社会和谐而制定的。三是教化功能。在历史上，乡约常被用作教化乡民的工具，强调道德和礼仪的重要性。二者的区别在于：一是起源与发展。民约通常指近现代由村民自发或半自发地制定的规范，如村规民约，其历史相对较短，但在现代乡村治理中扮演着重要角色。乡约起源于北宋的《吕氏乡约》，是一种更为古老的组织形式，具有深厚的历史背景和文化意义。二是功能与影响。民约更侧重于反映村民当前的需求和规范其行为，是现代乡村治理的一部分。乡约除了具有民约的功能外，还承载着更多的文化和教化功能，是传统乡村社会秩序的维护者。

民约和乡约虽然在功能和形式上有所不同，但都是中国乡村社会中重要的社会规范形式。它们共同构成了中国乡村社会治理的多层次、多维度的体系，反映了中国社会的丰富性和复杂性。在现代社会治理中，理解和尊重这些传统规范仍然具有重要意义。

中部某省份十堰市针对基层治理中存在的基层群众自治虚化、群众参与基层治理不充分等问题，积极探索"村规民约+积分制"管理，传承乡约文化，助力乡村振兴。他们的主要做法是：调研组先后深入竹溪县蒋家堰镇黑龙洞村、中峰镇庙耳沟村、鄂坪乡黄花沟村、龙坝镇肖家边村，对4个村开展的"村规民约+积分制"管理工作进行了调研。其中，黄花沟村、肖家边村是省级美好环境与幸福生活共同缔造试点村，黑龙洞村、庙耳沟村是县级试点村。4个村都是在2022年运用共同缔造理念开展了村规民约修订和积分制试点工作，它们有以下三个共同特点：

1. "规"由群众定

黄花沟村变"干部定"为"群众议"，村党支部先后组织召开10余次户院会、3次村民代表会议、1次群众大会集中讨论，请村民就村规民约还需要怎么改谈想法、提建议。肖家边村先后召开50多场村民小组长、村民代表、户代表会议，由群众提出需要进一步规范和解决的问题。4个村经过充分做群众工作，针对群众关心的问题，在密切沟通和互动过程中总结出共同的治理愿景和行为规范。内容既包含了规范日常行为、维护公共秩序、保障群众权益、调解群众纠纷、引导民风民俗等共性内容，又结合了每个村的实际情况，做到了"一村一规"。黑龙洞村村规民约是"三字经"式，分为遵纪守法篇、文明礼貌篇、家庭建设篇、邻里和睦篇、个人修养篇；庙耳沟村村规民约是"四字经"式，分为村风篇、民风篇、家风篇；黄花沟村是条款式，共38条，针对滥办酒席、薄养厚葬、拒绝赡养老人、侵犯妇女权益等问题，提出了约束内容和相应惩戒措施；肖家边村村规民约是章节式，共5章16条。

2."约"由群众守

4个村采取村务公开栏、小册子、明白纸等形式，加大宣传力度，让村规民约深入民心，成为群众看得到、听得见的共同行为规范。庙耳沟村健全完善奖惩机制，增强村规民约的权威性，在全村形成"我制定、我遵守、我执行"的良好氛围。黑龙洞村要求村"两委"成员、党员、村民代表、村民小组长等骨干带头学习遵守村规民约，倡导将村规民约纳入小学生课外必读必背内容，通过"小手牵大手"，在家庭中督促家长遵守村规民约。

3."分"由群众评

4个村都制定了积分兑换的标准和方案，每月由群众代表评定1次积分，每季度审议和公布1次积分情况，将村规民约执行情况转化为可量化的指标。4个村都建立了"积分超市"平台，积分除了作为村里表彰和评先树优的参考依据外，1个积分对应1元商品，村民可用积分兑换日常生活用品，每半年或1年兑换一次。

"村规民约+积分制"实现了人的改变。通过"村规民约+积分制"管理，现在4个村的群众发动起来了，环境变好了，村子变美了，家庭和谐了，邻里和睦了，乡风文明了，群众的幸福感更强了。在环境改变的同时，更重要的是实现了对人的改变。

应该看到，这个案例就是乡约文化的传承与发展。从其负责单位来看，一是它体现了人民公约性质，乡约由人民主动主持、起草并实行，不是村党支部的命令。二是它做到成文法则。乡约的内容被明确记载，广大群众更容易接受与实行。三是它以乡为单位进行管理，从小处着手，易于取得成效。四是它体现民主选举的特质，从定到守到评，贯穿民主原则，保证了公正性和代表性。五是"村规民约+积分制"与传统乡约都体现了"广教化而厚风俗"、维持乡村秩序的功能。

第二十三章　乡治的类型及特征

第一节　乡治的类型及特征

一、乡治的类型

乡治是指在农村地区进行的自我管理和自我治理，与现代社会所说的"社会自治"相近。① 这一概念最早见于《周礼》和《管子》等古代文献，其中提到了"乡遂之制"和"朝不合众，乡分治"等思想，强调了朝廷不必召集天下民众集中办事，这些事由各乡自行处理，构成天下之治的基础。②

随着时间的推移，乡治经历了多次变革和发展，汉代在乡里社会设乡三老、县三老等乡官，其职责是率众为善和率民参政，体现了乡治的传统。宋代因皇权扩张，士人和民间社会应对行为出现新的乡治模式"乡约"，这是一种由乡民自愿组成的互助和自治组织。明代黄佐著《泰泉乡礼》，提出乡约不仅是管理乡校、社仓、乡社、保甲等公共事务的组织，而且是一乡之自治组织，乡约领导人之选举及乡约事务之管理纯由乡人自为，官府不得干预。乡治可以从以下几个方面进行分类：

（1）传统自然村落。这种治理类型主要以自然家庭为单位，具有相对固定的居住形态和农业生产方式。主要依靠家庭、家族和村级组织的力量进行自我管

---

① 俞荣根：《梁启超的"乡治"论及其启示——兼论"茶坑"应成为"乡治"文化名片》，载《五邑大学学报（社会科学版）》2014 年第 1 期，第 1~6 页。

② 张晋藩：《善教化民，兴学育才，代有兴革，绵延不绝，积累了丰富经验——乡教与乡治：古代善治因素》，载《北京日报》2021 年 7 月 5 日。

理，发挥传统习俗和道德规范的引导作用。随着城市化进程的加速，这种治理模式正面临许多挑战。

（2）现代城市化乡村。通过城市化进程形成的一种具有城市形态和功能的农村社区。主要依靠村级组织和基层政权进行管理，重视法治化和规范化建设。在提高农民生活质量、推动农村经济发展等方面表现出较强的优势。然而，城市化进程中也存在一些问题，如土地纠纷、环境污染等。

（3）特色小镇。依托当地自然人文资源，通过发掘和利用特色产业、历史文化和现代科技等元素形成的农村社区。主要依靠多元化的治理主体，包括政府、企业、社会组织和农民等。重视协商民主和可持续发展，在传承历史文化、推动产业升级和促进农民增收等方面具有积极意义。特色小镇的建设需要大量的资金和技术支持，同时也需要处理好各种利益关系。这些治理类型反映了乡村社会在不同历史和社会背景下的发展和变化，每种类型都有其独特的特点和面临的挑战。

二、乡治的特征

村民自治是建设社会主义法治国家的重要组成部分，"乡治"对当下的村民自治仍具有借鉴意义。在当下，"乡治"的特征主要体现在以下几个方面：

（1）政治治理。乡治以乡镇人民代表大会制度为根本政治制度，乡镇人民政府负责执行本级人民代表大会的决议和上级国家行政机关的决定和命令。乡镇财政为职权职责的落实提供了坚实的经济基础，各项治理制度已经比较完善健全。

（2）经济治理。以集体土地所有权法定且唯一授予为标志，村治重在经济治理。不同类型的土地所有制对应不同的村级组织性质及机构，村级社会土地实行国家所有制，村级组织的性质只能是一个经济组织。

（3）社会与文化治理。乡治通过宗族、乡约、讲会等模式，形成了较完备的组织结构，承担了较多治理职能，产生了较大的社会影响。宗族、乡约与讲会具备了比较完善的组织结构与运行机制，承担了较多的社会治理职能，堪称儒家思想与明代社会互动以解决社会治理问题的典型方案。

（4）互助互济机制。乡治中的互助互济机制是面对灾荒等突发事件的重要社会保护机制，体现了乡治的社会性特征。

这些特征共同构成了乡治的多维度治理模式，旨在实现乡村社会的全面和谐与发展。

第二节　乡约的实践

乡约起源于周朝，最初是作为一种社区互助和行为规范的形式存在。随着时间的推移，乡约逐渐发展成为一种具有教化和治理功能的组织，特别是在宋代，乡约开始被广泛应用于地方社会的治理中。

到了明代，乡约与保甲、社仓、义学等基层组织紧密结合，形成了一套较为完整的基层治理体系。乡约不仅负责道德教化，还参与社区的日常管理和服务，如保甲的组织和运作，显示了乡约在乡治中的核心地位。实现乡约与乡治的结合。从宋代的民办到明代的官办，乡约的性质发生了显著变化。明代政府通过制定相关法律和政策，如《吕氏乡约》和《南赣乡约》，将乡约纳入国家行政体系，使其成为乡村治理和社会秩序维护的一部分。乡约进入制度化与官方化时期。

在现代视角下，乡约不仅是历史文化遗产的一部分，也为现代乡村治理提供了参考。通过乡约的形式，可以促进社区的团结与和谐，提升居民的道德和文化水平，同时也有助于政府的行政管理和社会服务的有效实施。总结来说，乡约与乡治之间存在着密切的联系。乡约从一个简单的社区互助组织，演变成为具有深厚历史文化根基的现代乡村治理工具，其功能和作用在不断地发展和变化中，继续在现代社会中发挥其应有的作用。

"枫桥经验"起源于1963年的浙江省诸暨市枫桥镇，是一种基层社会治理的典型样本。乡约制度，特别是《吕氏乡约》，是中国最早的成文乡约，诞生于北宋时期，对后世乡村治理模式有重大影响。近年来，蓝田县将"枫桥经验"和古老的乡约结合起来，创造性地提出"枫桥经验+乡约"警务模式，使得全县连续多年未发生极端暴力犯罪或重大"民转刑"案件，辖区内发案数连年下降，从而有效化解了社会矛盾和纠纷。

（1）社会治理与纠纷解决。通过结合"枫桥经验"和乡约制度，蓝田县成功实现了社会治理体系和治理能力的现代化，特别是在矛盾纠纷的预防和解决上。乡约文化在蓝田县得到了深度发掘和现代化应用，如"三治"融合（自治、法治、德治）策略，有效提升了基层治理的效率和效果。

（2）文化价值与现代应用。《吕氏乡约》不仅是一种道德规范，也是法律与社会习俗之间的桥梁，有助于填补法律与乡村习俗之间的管理真空。在现代社会治理中，乡约文化通过社会舆论、邻里监督等方式，促进了乡村自治和道德建设，成为中华优秀传统文化的现代实践。这种结合不仅提升了治理效率，也丰富了社会治理的文化内涵，展示了传统与现代社会治理的创新融合。

第七编　启　示

　　地域文化是最能体现一个空间范围内有特点的文化类型，它涵盖很广、范围很宽，涉及生产和生活的方方面面。评判地域文化的标志在于一个空间范围有特点的文化类型要有与其他周围区域有较为明显的差异。正如葛剑雄先生在其《中国的地域文化》一文所说：如果这是某一个地域文化，但是它跟旁边的地方或其他地域并没有的明显差异，划分也就没有什么意义。既然要划分，这个空间叫作某种文化，那它必定跟周边至少有一点明显的差别。

笔者在研究和探讨《地域文化与中国式乡村现代化》课题所涉相关概念、范畴、要素和方法等过程，既有逻辑梳理后的欣慰，也深感地域文化"变"与"不变"的宏大。借此后述，略谈几点启示。

一、训诂梳理，是研究地域文化的基本条件

所谓地域，它既是一个空间范围的概念，更是一个意义符号的概念。因此，判断一个空间范围的某个地域是否是某个地域，不能只看它空间范围的差异，还应追溯和解读它的意义符号的差异；不能只看它词义概念的现实表达，更应追溯和解读它的潜在意义的差异。为此，要透彻分析清楚一个单元文化真正的意义符号，必须梳理词义、概念，在训诂上下工夫。笔者仅此粗浅尝试，但感训诂基础太差，未能全面理顺各个文化部分的关联与特质。

二、跨界研究，是研究地域文化的本质要求

地域文化，包罗万象，既涉衣、食、住、行、乐等人类日常生活，更及天文地理、人间烟火，各行各业、各学各科，应涉应及，必须跨界研究，彼学此习、拾遗补阙，才能以小见大、见微知著，断面截纵，博文通理，取长补短，贯通一个单元文化的前世今生，理络通筋。

三、系统思维，是研究地域文化的基本方法

天、地、人，共存于一一个时空，彼此相依、命运与共，你中有我，我中有你，虽是单元文化事象，其实只是相对分割，分分合合，不可偏执，辩证、全面、历史地看待天、地、人的生命系统，以链为核，探寻传承与创新之道。

四、知行合一，是研究地域文化的基本路径

百闻不如一见。地域文化关键在于地域二字，见天、见地、见人，才能见地域，才能观文脉，才能体礼俗，才能察差异，才能将论文写在大地上，写在工地上，写在天地上。知与行，相格而致，知行合一。

正因为地域文化的广博与宏大，但笔者才识学浅，所研及所论之事象、物理和心理仅涉地域文化之分毫，还请各位学界先生、同位给予海涵。

参 考 文 献

一、期刊论文

[1]任柳.明清时期蜀道交通地理研究[D].重庆：西南大学，2021.

[2]范佳.文献所见南方丝绸之路丝茶文化及交流研究[D].成都：四川师范大学，2021.

[3]陈俊宇.清代民国四川分驻佐杂及其辖区地理研究[D].重庆：西南大学，2021.

[4]徐辉.中国西南风土建筑文化技术研究[D].重庆：重庆大学，2020.

[5]张钦.清代川藏交通研究[D].西安：陕西师范大学，2020.

[6]丛海霞.晚清民国巴蜀词坛研究[D].长春：吉林大学，2020.

[7]王廷法.明季巴蜀第一禅僧：聚云吹万广真研究[D].福州：福建师范大学，2020.

[8]邓新航.唐宋时期巴蜀观音图像研究[D].南京：东南大学，2019.

[9]涂庆红.清代巴蜀方志文学文献专题研究[D].成都：西南交通大学，2020.

[10]林海涛.庄蹻入滇与国家统一[D].昆明：云南大学，2019.

[11]邓仕海.唐代西南边政与边吏研究[D].昆明：云南大学，2017.

[12]向明文.巴蜀古史的考古学观察[D].长春：吉林大学，2017.

[13]任军.巴蜀作家的近现代历史叙事研究[D].武汉：华中师范大学，2017.

[14]刘军.19世纪末20世纪初外国人著述中的川滇形象[D].昆明：云南大学，2017.

[15]孙俊.战国秦汉西南族群演进的空间格局与地理观念[D].昆明：云南师范大学，2016.

[16]吴玲玲.唐宋西南竹枝词及其地域文化研究[D].西安：陕西师范大

学，2016.

[17]贾天骄.成都平原新石器时代以来地震与古洪水等事件环境考古研究[D].
　　南京：南京大学，2016.

[18]秦立凯.汉代西南体育地理研究[D].成都：西南大学，2013.

[19]郑涛.唐宋四川佛教地理研究[D].成都：西南大学，2013.

[20]蒋孟.巴族地区青铜艺术研究[D].武汉：武汉理工大学，2013.

[21]詹颖.邛窑器物设计的审美文化研究[D].成都：西南交通大学，2013.

[22]李柯.隋唐五代巴蜀仙道文学研究[D].成都：四川师范大学，2012.

[23]苟安经.巴蜀地区农村文化建设研究[D].咸阳：西北农林科技大学，2011.

[24]李松兰.穿越时空的古琴艺术[D].上海：上海音乐学院，2011.

[25]冯棣.巴蜀摩崖建筑文化环境研究[D].重庆：重庆大学，2010.

[26]戴彦.巴蜀古镇历史文化遗产适应性保护研究[D].重庆：重庆大学，2008.

[27]赵逵.川盐古道上的传统聚落与建筑研究[D].武汉：华中科技大学，2007.

[28]金生杨.宋代巴蜀易学研究[D].成都：四川大学，2007.

[29]曾超.巴人尚武精神研究[D].北京：中央民族大学，2005.

[30]张海.前后蜀文学研究[D].成都：四川大学，2005.

[31]姚乐野.汉唐间巴蜀地区开发研究[D].成都：四川大学，2005.

[32]郭奇龙."湖广填四川"背景下的明清川(渝)东南汉族移民研究[D].成都：
　　西南大学，2020.

[33]米昊阳.文学景观视野下的成都古典园林[D].武汉：武汉大学，2019.

[34]熊锐.刘咸炘史学批评研究[D].武汉：武汉大学，2019.

[35]孙文周.民国四川词坛研究[D].南京：南京师范大学，2019.

[36]李恒.成都平原地域景观体系研究[D].北京：北京林业大学，2018.

[37]杨宇振.中国西南地域建筑文化研究[D].重庆：重庆大学，2002.

[38]沈穷竹.袍哥文化与四川现代小说研究[D].苏州：苏州大学，2016.

[39]姚青石.川渝地区传统场镇空间环境特色及其保护策略研究[D].重庆：重
　　庆大学，2015.

[40]肖冠兰.中国西南干栏建筑体系研究[D].重庆：重庆大学，2015.

[41]袁昊.晚清民国时期成都文学与文化[D].南京：南京大学，2015.

［42］孙振涛. 唐末五代西蜀文人群体及文学思想研究［D］. 天津：南开大学，2012.

［43］孙越川. 四川西南官话语音研究［D］. 杭州：浙江大学，2011.

［44］汤洪. 屈辞外来地名研究［D］. 成都：四川师范大学，2010.

［45］崔海亮. 廖平"今古学"研究［D］. 武汉：武汉大学，2010.

［46］贾玲利. 四川园林发展研究［D］. 成都：西南交通大学，2009.

［47］田义贵. 历史形态与文化表征［D］. 成都：四川大学，2006.

［48］佐佐木正治. 汉代四川农业考古［D］. 成都：四川大学，2005.

［49］罗二虎. 西南汉代画像与画像墓研究［D］. 成都：四川大学，2002.

［50］包中华. 李劼人与中国现代文学［D］. 南京：南京师范大学，2016.

［51］李畅. 乡土聚落景观的场所性诠释［D］. 重庆：重庆大学，2015.

［52］杨帅. 民国时期四川商号分布与变迁研究［D］. 成都：西南大学，2015.

［53］杨文华. 清代四川津渡地理研究［D］. 成都：西南大学，2013.

［54］刘小路. 成都漆器艺术研究［D］. 成都：西南交通大学，2013.

［55］杨钊. 杨慎研究——以文学为中心［D］. 成都：四川师范大学，2010.

［56］吴冬. 清代基层僧侣诉讼研究［D］. 武汉：华中师范大学，2020.

［57］罗映光. 蒙文通道学思想研究［D］. 成都：四川大学，2006.

［58］李霜琴. 杜甫两川诗研究［D］. 福州：福建师范大学，2004.

［59］裴儒弟. 民国前期康区政治态势及治理研究（1912—1928）［D］. 西安：陕西师范大学，2017.

［60］印洪. 神·形·意——三星堆视觉造型研究［D］. 杭州：中国美术学院，2017.

［61］王凤英. 明清鄂西南地区传统宗教与民间信仰研究［D］. 武汉：华中师范大学，2016.

［62］肖遥. 峨眉山风景名胜区寺庵景观理法研究［D］. 北京：北京林业大学，2016.

［63］熊梅. 川渝传统民居地理研究［D］. 西安：陕西师范大学，2015.

［64］李欣韵. 成都代表性道教宫观环境研究初探［D］. 北京：北京林业大学，2014.

［65］万曼璐.《华阳国志》的文献和语法研究［D］. 上海：复旦大学，2011.

［66］陈苇. 甘青地区与西南山地先秦时期考古学文化及互动关系［D］. 长春：吉林大学，2009.

[67]彭邦本. 先秦禅让传说新探[D]. 成都：四川大学，2006.

[68]付顺. 古蜀区域环境演变与古蜀文化关系研究[D]. 成都：成都理工大学，2006.

[69]苏芸. 从应试诗看唐代社会风气及士人心态[J]. 北京大学学报，2004.

[70]余建华. 关于社会学研究本土化的若干问题的思考[J]. 东方论坛，2006(4).

[71]桂胜. 韩非社会思想管窥[J]. 武汉大学学报(哲学社科版)，1999(5).

[72]杜文玉. 唐代社会开放的特点及历史局限[J]. 河北学刊，2008(3).

[73]刘玉峰. 唐代社会生活概述[J]. 历史教学，2000(2).

[74]李红霞. 唐代士人的社会心态与陷逸的嬗变[J]. 北京大学学报(哲学社会科学版)，2004，41(3).

[75]王公伟. "权"与中国哲学诠译传统[J]. 鲁东大学学报(哲学社会科学版)，2006，23(3).

[76]李建兵. 榆林方言与地域文化研究[D]. 贵阳：贵州大学，2008.

[77]孙静. 基于地域文化的地铁站空间特色表达研究[D]. 西安：西安建筑科技大学，2017.

[78]王晓习. 论骆宾基小说的地域文化特色[D]. 上海：上海师范大学，2007.

[79]马秀勇. 试论唐代民间信仰中的当朝人物崇拜[D]. 北京：首都师范大学，2003.

[80]杨兵. 中国乡村社区的旅游吸引物权产权实践过程及机制研究——以阿者科计划为例[D]. 广州：中山大学，2022.

[81]张美娟. 家族文化视野下明清徽州戏曲研究[D]. 广州：暨南大学，2022.

[82]林西朗. 制造地域文化：宋元以降闽南地区的历史书写与文化变迁[D]. 厦门：厦门大学，2022.

[83]金鑫虹. 体育舞蹈运动员节奏感知的行为特征及其机制研究[D]. 上海：上海体育学院，2021.

二、著作类

[1]黎翔凤. 管子校注[M]. 北京：中华书局，2004.

[2]孙诒让. 墨子闲诂[M]. 北京：中华书局，2001.

[3]王先慎. 韩非子集解[M]. 北京：中华书局，1998.

[4]王先谦. 荀子集解[M]. 北京：中华书局，1988.

[5]王先谦. 庄子集解 庄子集解内篇补正[M]. 北京：中华书局，1987.

[6]魏源. 老子本义[M]. 上海：上海书店，1987.

[7]杨伯峻. 孟子译注[M]. 北京：中华书局，2005.

[8]杨伯峻. 春秋左传注[M]. 北京：中华书局，1990.

[9]朱熹. 四书集注[M]. 南京：凤凰出版社，2008.

[10]张觉. 商君书校注[M]. 长沙：岳麓书社，2006.

[11]冯友兰文集(第一卷)[M]//三松堂自序. 长春：长春出版社，2008.

[12]冯友兰文集(第二卷)[M]//中国哲学史(上). 长春：长春出版社，2008.

[13]冯友兰文集(第三卷)[M]//中国哲学史(下). 长春：长春出版社，2008.

[14]冯友兰文集(第四卷)[M]//贞元六书(上). 长春：长春出版社，2008.

[15]冯友兰文集(第五卷)[M]//贞元六书(下). 长春：长春出版社，2008.

[16]冯友兰文集(第六卷)[M]//中国哲学简史. 长春：长春出版社，2008.

[17]冯友兰文集(第七卷)[M]//中国哲学史新编(一、二). 长春：长春出版社，2008.

[18]冯友兰文集(第八卷)[M]//中国哲学史新编(三、四). 长春：长春出版社，2008.

[19]冯友兰文集(第九卷)[M]//中国哲学史新编(五、六). 长春：长春出版社，2008.

[20]冯友兰文集(第十卷)[M]//哲学论文集. 长春：长春出版社，2008.

[21]韦伯作品集(Ⅰ)[M]//学术与政治. 桂林：广西师范大学出版社，2005.

[22]韦伯作品集(Ⅱ)[M]//经济与历史. 桂林：广西师范大学出版社，2005.

[23]韦伯作品集(Ⅲ)[M]//支配社会学. 桂林：广西师范大学出版社，2005.

[24]韦伯作品集(Ⅳ)[M]//经济行动与社会团体. 桂林：广西师范大学出版社，2005.

[25]韦伯作品集(Ⅴ)[M]//中国的宗教. 桂林：广西师范大学出版社，2005.

[26]韦伯作品集(Ⅵ)[M]//非正当性的支配—城市的类型学. 桂林：广西师范大学出版社，2005.

[27]韦伯作品集（Ⅶ）[M]//社会学的基本概念. 桂林：广西师范大学出版社，2005.

[28]韦伯作品集（Ⅷ）[M]//宗教社会学. 桂林：广西师范大学出版社，2005.

[29]杨开道. 中国乡约制度[M]. 北京：商务印书馆，2019.

[30]桂胜. 周秦势论研究[M]. 武汉：武汉大学出版社，2000.

[31]宫志刚. 社会转型与秩序重建[M]. 北京：中国人民公安大学出版社，2004.

[32]博登海默. 法理学[M]//邓正来等译. 北京：中国政法大学出版社，1999.

[33]葛兆光. 思想史研究课堂讲录[M]//北京：生活·读书·新知三联书店，2006.

[34]本杰明·史华兹. 古代中国的思想世界[M]. 南京：江苏人民出版社，2004.

[35]C. 恩伯，M·恩伯. 文化的变异[M]. 沈阳：辽宁人民出版社，1988.

[36]曹天予，钟雪萍，廖可斌. 文化与社会转型[M]. 杭州：浙江大学出版社，2006.

[37]陈来. 古代宗教与伦理——儒家思想的根源[M]. 北京：生活·读书·新知三联书店，1996.

[38]卡尔·雅斯贝斯. 历史的起源与目标[M]. 魏楚雄，俞新天，译. 北京：华夏出版社，1989.

[39]戴维·波普诺. 社会学[M]. 李强，等译. 北京：中国人民大学出版社，2007.

[40]卡尔·曼海姆. 意识形态与乌托邦[M]. 北京：商务印书馆，2007.

[41]克利福德·格尔茨. 文化的解释[M]. 韩莉，译. 北京：译林出版社，1999.

[42]陆学艺，王处辉. 追寻中国社会的自性[M]. 桂林：广西人民出版社，2004.

[43]陆学艺，王处辉. 中国社会思想史资料选辑——隋唐卷[M]. 桂林：广西人民出版社，2005.

[44]E. A. 罗斯. 社会控制[M]. 北京：华夏出版社，1989.

[45]鲁思·本尼迪克特. 菊与刀——日本文化的类型[M]. 吕万，等译. 北京：商务印书馆，1990.

[46]李瑜青等. 人本思潮与中国文化[M]. 北京：东方出版社，1998.

[47]李晃生. 儒家的社会理想与道德精神[M]. 南昌：百花洲文艺出版社，2006.

[48]冯天瑜. 中华元典精神[M]. 武汉：武汉大学出版社，2006.

[49]刘泽华. 中国传统政治哲学与社会整合[M]. 北京：中国社会科学出版社，2000.

[50]兰德尔·柯林斯，迈克尔·马科夫斯基. 发现社会之旅——西方社会学思想述评[M]. 北京：中华书局，2006.

[51]刘易斯·科塞. 理念人——一项社会学的考察[M]. 郭方，等，译. 北京：中央编译出版社，2001.

[52]郑杭生. 社会学概论新修[M]. 北京：中国人民大学出版社，2003.

[53]赵荣光. 中华饮食文化[M]. 北京：中华书局，2012.

[54]徐德明. 中华丝绸文化[M]. 北京：中华书局，2012.

[55]周晓虹. 孙本文文集9[M]. 北京：社会科学文献出版社，2012.

[56]周晓虹. 孙本文文集8[M]. 北京：社会科学文献出版社，2012.

[57]周晓虹. 孙本文文集7[M]. 北京：北京：社会科学文献出版社，2012.

[58]周晓虹. 孙本文文集6[M]. 北京：社会科学文献出版社，2012.

[59]周晓虹. 孙本文文集10[M]. 北京：社会科学文献出版社，2012.

[60]周晓虹主编. 孙本文文集4[M]. 北京：社会科学文献出版社，2012.

[61]周晓虹. 孙本文文集3[M]. 北京：社会科学文献出版社，2012.

[62]周晓虹. 孙本文文集2[M]. 北京：社会科学文献出版社，2012.

[63]周晓虹. 孙本文文集9[M]. 北京：社会科学文献出版社，2012.

[64]钱穆. 中国文化史导论[M]. 北京：商务印书馆，2005.

[65]王处辉. 中国社会思想史(第二版)[M]. 北京：中国人民大学出版社，2009.

[66]孙立群. 中国古代的士人生活[M]. 北京：商务印书馆，2003.

[67]司马云杰. 文化悖论[M]. 济南：山东人民出版社，1992.

[68]汤一介. 中国传统文化中的儒道释[M]. 北京：中国和平出版社1988.

[69]吴根友. 中国社会思想史[M]. 武汉：武汉大学出版社，1997.

[70]王处辉. 中国社会思想史[M]. 北京：中国人民大学出版社，2002.

[71]王处辉. 中国社会思想早熟轨迹[M]. 北京：人民出版社，1996.

[72]乔治·瑞泽尔. 当代社会学理论及其古典根源[M]. 杨淑娇，译. 北京：北京大学出版社，2005.

［73］徐彬译. 卡尔·曼海姆精粹［M］. 南京：南京大学出版社，2002.

［74］约瑟夫·A. 马克斯威尔. 质的研究设计——一种互动的取向［M］. 朱光明，
译，陈向明，校. 重庆：重庆大学出版社，2007.

［75］于洪卫，王洪军. 中国传统思想［M］. 中国石油大学出版社，1992.

［76］安东尼·古登斯. 社会理论与现代社会学［M］. 文军，赵勇，译. 北京：社会
科学文献出版社，2003.

［77］珞珈讲坛［M］. 武汉：武汉大学出版社，2008.

［78］于海. 西方社会思想史［M］. 上海：复旦大学出版社，2004.

［79］殷志强，多丽梅. 中华玉文化［M］. 北京：中华书局，2012.

［80］乔纳森·特纳，勒奥纳德·毕福勒，查尔斯·鲍尔斯. 社会学理论的兴
起［M］. 侯钧生，等译. 天津：天津人民出版社，2006.

［81］张承汉. 中国社会思想史［M］. 台北：三民书局，1992.

［82］张荫麟. 中国史纲［M］. 上海：上海古籍出版社，2006.

［83］詹姆斯·博曼. 社会科学的新哲学［M］. 李霞，等译. 上海：上海人民出版
社，2006.

［84］安东尼·古登斯. 社会学［M］. 赵旭东，齐心，王兵，马戎，阎书昌，等译，
刘琛，张建忠，校译. 北京：北京大学出版社，2003.

［85］詹姆斯·S. 科尔曼. 社会理论的基础（上、下）［M］. 邓方，译. 北京：社会科
学文献出版社，1999.

［86］陈向明. 质的研究方法与社会科学研究［M］. 北京：教育科学出版社，2000.

［87］徐儒宗. 人和论——儒家人伦思想研究［M］. 北京：人民出版社，2006.

［88］乔纳森·H. 特纳. 社会学理论的结构［M］. 邱泽奇，张茂元，等译. 北京：华
夏出版社，2006.

［89］帕特里夏·A. 阿德勒，彼得·阿德勒. 当代社会学读本［M］. 北京：北京大
学出版社，2005.

［90］凯莱特. 宗教的故事［M］. 曹国臣，刘宗峨，译，王月清，李卫东，审校. 南
京：江苏人民出版社，1999.

［91］齐尔格特·鲍曼. 社会学［M］. 高华，吕东，徐庆，薛晓源，译，刘琛，张建
忠，校译. 北京：社会科学文献出版社，2002.

[92]弗·伊·多博林科夫，阿·伊·克拉夫琴科. 社会学[M]. 张树华，冯玉民，杜艳钧，等译，张达楠，校. 北京：社会科学文献出版社，2006.

[93]李沛良. 社会研究的统计应用[M]. 北京：社会科学文献出版社，2002.

[94]谢立中. 中国社会学经典读本[M]. 北京：北京大学出版社，2007.

[95]车铭洲. 现代西方思潮概论[M]. 北京：高等教育出版社，2001.

[96]徐新. 西方文化史(第二版)[M]. 北京：北京大学出版社，2007.

[97]塞缪尔·亨廷顿. 文明的冲突与世界秩序的重建[M]. 周琪，刘绯，张立平，王圆，译. 北京：新华出版社，2002.

[98]梁漱溟. 梁漱溟全集(第一卷)[M]. 济南：山东人民出版社，2005.

[99]梁漱溟. 梁漱溟全集(第二卷)[M]. 济南：山东人民出版社，2005.

[100]梁漱溟. 梁漱溟全集(第三卷)[M]. 济南：山东人民出版社，2005.

[101]蒋旨昂. 战时的乡村社区政治[M]. 北京：商务印书馆，2023.

[102]梁漱溟. 梁漱溟全集(第四卷)[M]. 济南：山东人民出版社，2005.

[103]梁漱溟. 梁漱溟全集(第五卷)[M]. 济南：山东人民出版社，2005.

[104]梁漱溟. 梁漱溟全集(第六卷)[M]. 济南：山东人民出版社，2005.

[105]梁漱溟. 梁漱溟全集(第七卷)[M]. 济南：山东人民出版社，2005.

[106]梁漱溟. 梁漱溟全集(第八卷)[M]. 济南：山东人民出版社，2005.

[107]安德义. 论语解读[M]. 北京：中华书局，2007.

[108]辞海(1989年版)缩印本[M]. 上海：上海辞书出版社，1990.

[109]陈新汉，吴惠之. 马克思主义哲学原理新编[M]. 上海：上海财经大学出版社，1995.

[110]余华青. 权术论[M]. 桂林：广西师范大学出版社，2006.

后　　记

　　甲辰龙年，历经四年的辛勤笔耕，终于即将迎来了付梓之时，心中念意众多，感慨中孕育着欣慰，欣慰中藏匿着感慨。一地一域、一区一郡、一石一屋、一丝一线，汇集成一地之文，一方之化，构成地域文化。它生于乡土，惠及乡村，延绵传统，接续现在，恩及未来。这就是国之根，民之魂。因此中国式乡村现代化离不开地域文化。数字化、智慧化、全域化、全链化……一乡一土、一行一业、一符一号、一字一文，变化中有份坚守，坚守中涌动变化，变是必然，不变自然，向何处变化，变向何方，地域文化必须定向决方，顺趋应势，至此地域文化也离不开中国式乡村现代。这种互存、互依、互辅、互导，构成了此书的一篇一章，一文一节。由此，感谢于助之付印的各位编辑、各位先生、各位同位、各位朋友的鼎力支持，更感激家人的辛苦付出，特别向我的至爱之孙右右，奉献此礼，冀续文接脉，绵帛织锦。

笔者

2024 年冬至 于武汉